CHAPTER 1

'핀셋 증세'에 맞서는 다주택자 맞춤 세테크
2020년 부동산 세금

CHAPTER 2

아는 만큼 돈이 되는
2020년 세제 파헤치기

CHAPTER 3

단골 확보만큼 중요한
자영업자·소상공인 세테크

CHAPTER 4

CHAPTER 5

CHAPTER 6

상속·증여세 다이어트 솔루션
부모님 효도 세테크

CHAPTER 7

세금 때문에 울고 웃는 사연
절세극장

우리가 삶을 유지하는 데 쓰이는 모든 재화에는 세금이 붙어 있습니다. 삶에서 세금이 차지하는 비중이 이렇게 크다 보니, 재테크는 세테크로부터 시작될 수밖에 없습니다. 그런데 세금이라고 하면 낯설고 두려운 감정이 먼저 듭니다. 세금 관련 용어가 너무 어렵고 규정도 복잡한데다 자주 바뀌기까지 하니 영 친해지기 힘듭니다. 국세청 안내문이나 신문기사를 읽으면 읽을수록 두통이 밀려옵니다.

『2020 세금 완전정복』의 존재 가치는 바로 여기 있습니다. 세상 모든 '세알못(세금을 알지 못하는 사람)'의 답답함과 갈증을 시원하게 해소하는 것입니다. 이 책은 과세당국의 입장이 아니라 철저하게 독자의 시선, 즉 납세자의 눈높이에서 출발합니다. 세금을 처음 접하더라도 쉽게 이해할 수 있도록 친절한 해설을 곁들였습니다. 실제로 얼마의 세금을 내야 할지 계산해보고, 세금 때문에 울고 웃은 생생한 사례들을 곁들였으며, 절세 팁과 주의사항도 빠짐없이 담았습니다.

2018·2019년 판에 이어 세 번째로 독자 여러분을 만나게 된 『2020 세금 완전정복』은 훨씬 풍성하고 알찬 내용을 담았습니다. 세금 분야에서 가장 뜨거운 관심을 받고 있는 부동산세를 올해도 1장에 수록해 심층 분석했습니다. 취득세·양도소득세 등 거래세, 종합부동산세와 재산세를 포함한 보유세, 임대사업자가 내야 할 임대소득세까지 부동산과 관련된 세목을 최대한 쉽고 자세하게 다뤘

습니다. 공시가격과 임대사업자 등록 여부에 따라 달라지는 건강보험, 국민연금 등 보험료와 관련된 궁금증도 명쾌하게 풀었습니다. 올해는 공익사업 토지 수용과 재건축 등 다루는 부동산 세금의 폭을 좀 더 넓혔습니다.

2장에서는 2020년에 주목해야 할 최신 절세 트렌드를 직장인·소비자·투자자·집주인 입장에서 찾아봤습니다. 연말정산·저축·부동산 분야에서 가장 많이 사용하는 절세 수단도 꼼꼼하게 체크할 수 있습니다. 초보자가 무료로 세무서비스를 이용하는 방법, 과세당국을 상대로 승소하는 비법도 상세하게 다뤘습니다.

3장부터 5장은 자영업자와 소상공인, 샐러리맨, 기업 CEO가 알아야 할 절세 전략이 담겨 있습니다. 골목식당과 프랜차이즈가 세금을 덜 내는 방법을 모색해보고, 유튜브와 인스타그램에서 발생하는 세금 문제를 따져봤습니다. 최근 요식업 사장님들이 간과할 수 없는 배달앱 관련 세금 이야기도 놓치지 않았습니다.

연말정산, 매년 하는데도 어렵습니다. 올해는 '90년생'을 대상으로 연말정산의 기초부터 고수들의 노하우까지 집중적으로 파헤쳤습니다. 15~34세 청년층만 누릴 수 있는 중소기업 청년 세액 감면, 학자금 대출상환액을 가장 효율적으로 공제받는 법까지 사회 초년생을 위해 더 쉽고 친절하게 설명됐습니다.

경영에서도 세금은 큰 이슈입니다. 세금을 얼마나 절세하느냐에 따라 적자에서 흑자로, 경영 성과를 뒤바꿀 수도 있기 때문입니다. 5장에서는 기업을 위한 절세 지도를 비롯해 세무조사 대응법과 법인 전환 방법 등 말 그대로 절세 경영 노하우를 듬뿍 담았습니다.

6장은 재산 문제로 고민하는 분들을 위한 절세 플랜입니다. 상속을 하는 사람과 받는 사람 입장에서 어떤 점을 대비해야 하는지 살펴봤습니다. 최저 세율로 최대 금액을 증여할 수 있는 '증여의 황금비율'도 찾아봤습니다. 증여금액에 따라 실제 세금을 얼마나 내는지 조견표를 보면서 증여 계획을 세워볼 수 있을 것입니다.

마지막 7장은 재미로 보고 세금도 배우는 '절세극장'입니다. 세금을 둘러싼 각양각색의 사연을 드라마 형식으로 풀어냈습니다. 부담 없이 술술 읽다 보면 저절로 세금 공부가 됩니다. 각 편에서는 일상생활에서 유용하게 쓸 수 있는 절세 팁을 보너스로 제공합니다.

세금을 제대로 알고 대비하면 돈이 보입니다. 과세당국의 눈을 피해 탈세를 저지르던 시대는 이미 끝났습니다. 세금 문제를 정확하게 이해하고 절세하는 방법을 찾아야 합니다. 『2020 세금 완전정복』은 떳떳하게 절세하고 싶은 당신에게 노하우를 알려드립니다.

CHAPTER 1

'핀셋 증세'에 맞서는
다주택자 맞춤 세테크

2020년
부동산 세금

세놓는 집주인
무조건 세금 내나요?

월세나 전세로 임대수익을 내고 있는 집주인은 2019년부터 세금 부담을 꼼꼼히 따져봐야 한다. 그동안 세금을 내지 않던 연간 임대수입 2000만원 이하 집주인까지 과세 대상에 포함됐기 때문이다. 월세와 전세보증금 액수에 따라 실제로 내야 할 임대소득세는 얼마인지 계산해봤다.

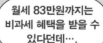

월세 83만원까지는 비과세 혜택을 받을 수 있다던데….

🏢 연간 임대소득 2000만원 이하도 과세 시행

1주택자도 9억원 초과 주택의 월세 임대소득 과세, 전세 놓은 집주인은 3주택 이상 보유한 경우 과세

임대소득 과세는 고가 주택이나 다주택을 보유한 집주인에게 적용한다. 1주택자가 공시가격 9억원 이하 주택에서 월세를 받고 있다면 임대소득세를 낼 필요가 없다. 다만 공시가격 9억원을 넘는 주택을 보유한 경우 월세 임대소득은 과세 대상이다.

2주택 이상 보유하면서 월세를 받고 있으면 임대소득세를 내야 한다. 전세만 놓은 집주인은 3주택 이상 보유한 경우 보증금 합계액에 대해 간주임대료(국세청 고시 이자율로 환산한 임대소득금액)를 계산해 임대소득세를 과세한다. 연간 임대수입이 2000만원을 넘으면 1년간 벌어들인 소득을 다른 소득과 합산한 후, 누진세율(6~42%)로 종합소득세액을 산출해 다음해 5월 관할 세무서에 신고·납부한다.

2018년까지 임대수입이 2000만원 이하인 경우 비과세 혜택을

▼ 임대소득 과세 대상자

주택수 및 가격		월세	전세
1주택	9억원 이하	비과세	비과세
	9억원 초과	과세	
2주택		과세	비과세
3주택 이상		과세	과세

*주택가격은 공시가격 기준

▼ 분리과세-종합과세 세율 비교

분리과세	종합과세	
세율	과세표준	세율
15.4%	1200만원 이하	6.6%
	4600만원 이하	16.5%
	8800만원 이하	26.4%
	1억5000만원 이하	38.5%
	3억원 이하	41.8%
	5억원 초과	46.2%

*지방소득세(소득세액의 10%) 포함

받았지만, 2019년부터는 과세 의무가 생겼다. 임대수입에 각종 필요경비와 공제를 적용한 후 소득세율 15.4%(지방세 포함)를 적용하는 '분리과세' 방식으로 납부한다.

　다만 근로소득과 사업소득 등 다른 소득과 모두 합산해서 세율을 적용하는 '종합과세' 방식을 선택할 수도 있다. 임대수입과 다른 소득을 합쳐 1200만원을 넘는다면 16.5% 이상의 세율구간이 적용되기 때문에 분리과세 방식이 유리하다. 반면 다른 소득이 없고 임대수입이 1200만원 이내라면 종합과세 방식으로 최저세율 6.6%(지방세 포함)를 적용받는 것이 낫다.

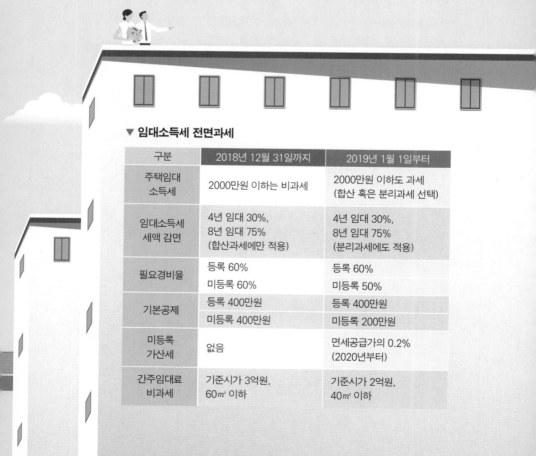

▼ **임대소득세 전면과세**

구분	2018년 12월 31일까지	2019년 1월 1일부터
주택임대 소득세	2000만원 이하는 비과세	2000만원 이하도 과세 (합산 혹은 분리과세 선택)
임대소득세 세액 감면	4년 임대 30%, 8년 임대 75% (합산과세에만 적용)	4년 임대 30%, 8년 임대 75% (분리과세에도 적용)
필요경비율	등록 60% 미등록 60%	등록 60% 미등록 50%
기본공제	등록 400만원 미등록 400만원	등록 400만원 미등록 200만원
미등록 가산세	없음	면세공급가의 0.2% (2020년부터)
간주임대료 비과세	기준시가 3억원, 60㎡ 이하	기준시가 2억원, 40㎡ 이하

임대사업자로 등록하면 세금 ↓

주택 임대수입 2000만원 이하인 집주인이 분리과세 방식을 선택하면 예상세액을 손쉽게 계산할 수 있다. 필요경비와 공제금액을 차감한 후 세율을 적용하면 된다. 필요경비는 연간 총수입금액의 50%, 공제금액은 200만원이다.

> **임대소득세**
> **(임대주택**
> **미등록)** ➤ { 임대수입금액 ×(1 – 필요경비 50%) – 200만원 } × 세율 15.4%

연간 임대수입이 600만원이면 필요경비 50%를 뺀 300만원에서 공제 200만원을 적용하면 임대사업 소득금액은 100만원이 산출된다. 여기에 15.4%의 세율을 적용하면 분리과세를 통한 최종세액은 15만4000원이 된다[(600만원×50%-200만원)×15.4%=15만4000원].

세무서와 구청에 임대사업자로 등록한다면 세금이 훨씬 줄어든다. 필요경비 60%와 공제금액 400만원의 혜택을 받기 때문이다. 추가로 세액공제도 받을 수 있는데 8년 이상 임대하면 75%, 4년 이상 임대하면 30%의 세액을 감면받게 된다.

전세는 보증금 합계액을 임대수입으로 환산하는 '간주임대료' 계산 방식을 활용한다. 집주인이 보증금을 은행에 예금했다고 가정하고 이자율만큼 임대수입을 따져보는 것이다. 간주임대료는 먼저 전세보증금에서 3억원을 공제한 후 필요경비 60%와 국세청장이 정한 이자율 2.1%(2019년 기준)를 적용해 산출한다.

보증금 5억원짜리 전세 3채를 보유한 집주인일 경우 총 보증금 15억원 중 3억원을 공제한 다음, 필요경비 60%를 공제한 7억

▼ 2019년 임대소득세 조견표

(단위: 만원)

임대수입(연간)	월세	전세(보증금)	임대소득세액 임대사업 미등록	임대소득세액 임대사업 등록	임대수입(연간)	월세	전세(보증금)	임대소득세액 임대사업 미등록	임대소득세액 임대사업 등록
200	17	4억5873	0	0	1100	92	11억7302	54	2
250	21	4억9841	0	0	1134	95	12억	57	2
252	21	5억	0	0	1200	100	12억5238	62	3
300	25	5억3810	0	0	1260	105	13억	66	4
360	30	5억8571	0	0	1300	108	13억3175	69	5
378	32	6억	0	0	1320	110	13억4762	71	5
400	33	6억1746	0	0	1386	116	14억	76	6
480	40	6억8095	6	0	1400	117	14억1111	77	6
500	42	6억9683	8	0	1440	120	14억4286	80	7
504	42	7억	8	0	1500	125	14억9048	85	8
600	50	7억7619	15	0	1512	126	15억	86	8
630	53	8억	18	0	1560	130	15억3810	89	9
700	58	8억5556	23	0	1600	133	15억6984	92	9
720	60	8억7143	25	0	1638	137	16억	95	10
756	63	9억	27	0	1680	140	16억3333	99	10
800	67	9억3492	31	0	1700	142	16억4921	100	11
840	70	9억6667	34	0	1764	147	17억	105	12
882	74	10억	37	0	1800	150	17억2857	108	12
900	75	10억1429	39	0	1800	150	17억2857	108	12
960	80	10억6190	43	0	1890	158	18억	115	14
1000	83	10억9365	46	0	1900	158	18억794	116	14
1008	84	11억	47	0.1	2000	167	18억8730	123	15
1080	90	11억5714	52	1					

임대사업 미등록자 비과세 기준금액

임대사업 등록 (8년 이상) 비과세 기준금액

임대소득 분리과세 선택 가능 기준금액 (초과시 종합과세 적용)

※ 등록 임대사업 소득세액은 8년 이상 장기임대 기준

임대소득세는 지방세 포함 15.4%(소득세 14%+지방소득세 1.4%) 분리과세 세율 적용

월세 임대소득세: 공시가격 9억원 초과 1주택자, 2주택 이상자 과세

전세 임대소득세: 3주택 이상자 전세보증금 합계액 기준 과세

전세 임대소득은 간주임대료 계산식 적용

임대주택 등록: 필요경비 60%, 공제금액 400만원, 세액공제 75% 적용

임대주택 미등록: 필요경비 50%, 공제금액 200만원 적용

[계산식]

전세 간주임대료=(전세보증금 합계액−3억원)×필요경비 60%×국세청장 이자율 2.1%

임대주택 등록={임대수입금액×(1−필요경비 60%)−400만원}×세액공제 25%×세율 15.4%

임대주택 미등록={임대수입금액×(1−필요경비 50%)−200만원}×세율15.4%

2000만원에서 이자율 2.1%를 적용하면 임대수입금액은 1512만원이다. 월세와 비교하면 월 126만원을 받는 집주인과 맞먹는 수준이다.

전세
간주
임대료
수입
→ (전세보증금 합계액 - 3억원) × 필요경비 60%
× 국세청장 이자율 2.1%

월세 33만원 이하, 전세보증금 합계 6억1746만원 이하 비과세

임대사업자로 등록하지 않은 경우 임대수입 400만원 이하는 세금을 낼 필요가 없다. 필요경비 50%와 공제 200만원을 적용하면 임대소득금액이 없기 때문이다. 월세 기준으로는 33만원 이하, 전세보증금 합계로는 6억1746만원 이하가 임대소득 비과세 대상이다. 8년 이상 임대사업자로 등록한다면 임대수입 1000만원 이하까지 비과세 혜택을 받는다. 월세는 83만원, 전세 보증금 합계는 10억9365만원 수준이다. 임대수입 1000만원인 미등록 집주인은 임대소득세 46만원을 내지만, 임대사업자로 등록하면 세금이 없다.

임대수입 2000만원(월세 167만원, 전세 18억8730만원)이라면 임대사업 미등록자는 분리과세를 통해 123만원의 소득세를 내야 한다. 8년 이상 임대사업자로 등록했다면 소득세 부담액은 15만원으로 88%의 감면 혜택을 받게 된다.

8년 장기임대 등록시 월세 83만원까지 비과세
미등록 땐 46만원 내야

🏠 미등록 임대사업자에 대한 공격적 차등과세

2019년부터 임대소득에 대한 전면과세가 시행됐다. 그동안 소액으로 구분돼 비과세 혜택을 받았던 연 2000만원 이하의 임대소득이 과세 대상으로 전환된 것이다. 물론 워낙 소액이라 세금이 무겁지는 않지만, 세금 한 푼 없는 과세 사각지대에서 국세청의 관리영역으로 들어왔다는 것만으로도 충분한 의미를 갖는다.

특히 이번 임대소득 전면과세는 과세 자체보다는 미등록 임대사업자에 대한 공격적인 차등과세로 주목받는다. 미등록 임대사업자에게는 소득세를 계산할 때 기본으로 빼주는 기본공제 400만원을 200만원으로 깎고, 필요경비율도 50%로 종전보다 10%나 낮춰서 적용한다. 게다가 1년간 유예는 됐지만 미등록 가산세 0.2%까지 더해졌다. 미등록 임대사업자들을 과세지대로 완전하게 몰아넣겠다는 전략이다.

전면적이고 공격적인 과세당국의 압박이 시작됐지만 불과 1년 전까지만 해도 임대소득에 대한 과세압박은 아주 약했거나 거꾸로 완화되는 추세였다. 실제로 이번 임대소득 전면과세방안에 한 줄 끼어들어간 간주임대료 비과세 대상 축소의 경우, 종전에도 아주 조금씩 축소됐던 규정이다. 대상자들조차 바뀐 규정을 알기 어려울 정도로 아주 미세조정됐을 뿐이다.

간주임대료 대상 주택, 40㎡ 이하 기준시가 2억원 이하로 축소

간주임대료는 월세와 전세의 과세형평을 위해 전세보증금에 대해서도 일정액 이상이 되면 임대소득이 있는 것으로 간주해서 세금을 부과하는 제도인데, 2011년까지는 3주택 이상 보증금 합계액 3억원이 넘는 경우 과세한다는 규정만 있었다. 그러다 소규모 주택은 좀 봐주자는 차원에서 2012년에 예외 규정이 들어왔다. 국민주택규모인 85m^2 이하이면서 기준시가 3억원 이하인 주택은 보증금을 합하는 3주택의 주택수에서 빼주는 내용이다. 작은 주택은 간주임대료를 계산하지 않겠다는 비과세 규정인데, 기준시가가 낮은 국민주택규모 주택은 몇 채를 전세 주든 간주임대료를 내지 않을 수 있는 허점이 존재했다.

> 기본공제 깎고 필요경비율도 낮춰 적용
> 1년 뒤엔 가산세까지 0.2% 더해져
> 간주임대료 비과세 기준도 축소

간주임대료 비과세 대상은 2017년 60m^2 이하이면서 기준시가 3억원 이하인 주택으로 면적 기준만 좀 좁혀졌다. 이번에 40m^2 이하이면서 기준시가 2억원 이하인 주택으로 면적과 가액 기준까지 함께 좁혀진 것은 비교적 큰 변화다. 최근 기준시가가 크게 상승하면서 체감하는 과세 대상은 더 넓어질 수 있다.

이와 관련, 임대소득 과세제도 중 1주택 임대사업자에 대한 과세는 역으로 완화되는 추세였다. 1주택 임대사업자도 주택가액이 일

▼ **간주임대료에 대한 과세**

개정	과세	비과세
2010년 1월 1일		-
2012년 1월 1일	3주택 이상 보증금 합계액 3억 원 초과	85m^2 이하&기준시가 3억원 이하는 주택수 배제
2017년 1월 1일		60m^2 이하&기준시가 3억원 이하는 주택수 배제
2019년 1월 1일		40m^2 이하&기준시가 2억원 이하는 주택수 배제

정액 이상인 '고가 주택'의 경우 임대소득세를 내도록 하고 있는데, 그동안은 이 고가 주택의 범위가 점점 좁아지기만 했다. 2002년까지는 고가 주택 기준이 실거래가 6억원 초과였지만, 2003년부터 '기준시가' 6억원 초과인 경우로 완화됐고, 2009년에는 기준시가 9억원 초과로 과세 대상이 더 줄었다. 그마저도 임대소득이 2000만원 이하였다면 소득세를 내지 않았는데, 이번에 임대소득 전면과세가 시행되면서 1주택 임대사업자들도 제도권으로 훅 들어오게 된 것이다.

　내집 한 채만 보유하고 있으면서 자신은 월세 살고, 보유주택은 임대를 주고 있는 경우 임대소득이 소액일 수밖에 없다. 이 경우 그동안은 비과세로 세금을 내지 않았다면, 2019년부터는 세금을 계산해서 내야 한다.

🏠 임대사업자 등록할 때도 절세 타이밍이 있다

임대소득세를 아끼기 위해 임대사업자로 등록하려면 타이밍에 각별히 신경써야 한다. 실제 임대소득세를 국세청에 신고·납부하는 시기는 2020년 5월 종합소득세 신고기간이지만, 과세 대상 임대수입은 2019년 1월부터 합산되기 시작했다. 연간 임대수입 2000만원 이하인 집주인이라면 가급적 빨리 임대사업자로 등록해야 절세 혜택을 최대한 누릴 수 있다.

　연중에 임대사업자로 등록하면 미등록 기간과 등록 기간의 임대소득금액을 따로 분리해서 소득세를 계산한다. 예를 들어 3월 초에 임대사업자로 등록했다면 1월과 2월 임대소득세는 미등록 상태로 계산하고, 3월부터 12월까지는 등록 임대사업자의 세금 감면 혜택

▼ 월세 100만원 집주인 세 부담 비교

임대사업자 등록월	임대소득세 부담액(원)		
	등록	미등록	합계
1월	3만1000	0	3만1000
2월	2만8000	5만2000	8만
3월	2만6000	10만2000	12만8000
4월	2만3000	15만4000	17만7000
5월	2만1000	20만5000	22만6000
6월	1만8000	25만7000	27만5000
7월	1만5000	30만8000	32만3000
8월	1만3000	35만9000	37만2000
9월	1만	41만1000	42만1000
10월	8000	46만2000	47만
11월	5000	51만3000	51만8000
12월	3000	56만4000	56만7000

*등록일은 매월 초, 8년 장기임대사업 등록 기준

을 적용하는 방식이다.

3월 중순 이후 임대사업자로 등록하면 3월은 미등록 상태로 간주된다. 임대기간 개시일을 기준으로 15일 이상 채워야 1개월로 보기 때문이다. 따라서 가급적 매월 15일 이전에 등록하는 것이 절세 측면에서 유리하다.

미등록 임대사업자는 임대수입금액에서 필요경비 50%와 공제 200만원만 적용해 세액을 계산하지만, 임대사업자로 등록하면 필요경비 60%와 공제 400만원을 적용하게 된다. 8년 이상 장기 임대사업자는 세액의 75%(4년 이상은 30%)를 감면받을 수도 있다.

2019년 월세로 100만원씩 연간 1200만원의 임대수입을 올린 미등록 임대사업자는 분리과세 방식으로 61만6000원의 소득세를 내야 한다. 하지만 1월 이전부터 8년 장기 임대사업자로 등록한 경우 임대소득세는 3만1000원에 불과하다.

2월 초에 8년 장기 임대사업자로 등록했다면 소득세는 8만원으로 늘어나고 3월 초에 등록한 경우 소득세는 12만8000원 수준이다. 6월 말에서 7월 초 사이에 임대사업자로 등록하는 경우 소득세 부담액은 32만3000원이다. 2019년 12월 초에 뒤늦게 임대사업자로 등록하면 56만7000원의 소득세를 내야 하는 것으로 추산됐다.

🏠 임대사업자 등록하면 건강보험료 괜찮을까?

임대사업자로 등록하면 절세가 가능하다고 하지만, 오히려 건강보험료가 늘어날까봐 걱정하는 사람도 많다. 임대사업자로 등록하기 전에 어떤 점을 유의해야 하는지 세무법인 다솔 박정수 세무사와 이야기 나눠봤다.

임대소득 과세 대상은 누구인가? 2주택 이상 소유하면서 월세를 준 집주인, 3주택 이상 소유하면서 전세를 준 집주인이 과세 대상이다. 1주택자 중에서도 공시가격 9억원을 넘는 고가 주택을 갖고 있으면 해당된다. 주택 2채 가진 사람이 한 채를 월세 주고, 다른 한 채에 살고 있더라도 임대소득세를 내야 한다.

월세로 80만원 받고 있다면 임대소득세는 얼마나 나올까? 월세 80만원이면 1년에 벌어들이는 임대소득이 960만원이다. 임대소득세는 43만원을 내야 한다. 월세로 50만원을 받고 있더라도 15만원의 임대소득세를 내게 된다. 연간 임대수입이 400만원 이하, 월세 기준으로 33만원 이하인 경우에는 임대소득세가 없다.

전세의 경우 보증금이 얼마를 넘어야 과세 대상인가? 전세를 통한 보증금합계액이 3억원을 초과하는 부분에는 '간주임대료'라는 개념을 통해 임대소득을 계산한다. 전세보증금 합계액이 6억 7000만원을 넘으면 과세 대상이며, 임대사업자로 등록하면 12억 2500만원이 임대소득세 과세 기준선이다.

임대소득세를 절세할 수 있는 방법엔 어떤 게 있을까? 주택임대사업자로 등록하면 여러 세제 혜택이 있다. 8년 이상 임대사업자로 등록하면 임대소득세 75% 감면, 4년 이상은 50%를 감면받을 수 있다. 월세 80만원 받는 분들은 8년 이상 장기임대사업자로 등록하면 임대소득세가 없다. 월세 120만원 받는 경우 연간 임대소득세가 80만원 나오지만, 8년 임대로 등록하면 7만원만 내면 된다.

임대사업자로 등록하면 건보료 부담이 늘어나지 않나? 피부양자 상태에서 소득이 없던 사람이 임대사업자 등록을 하면 소득이 발생해 건보료를 내게 된다. 월세 80만원 받는 사람이 재산 5억원, 4000만원 이하 자동차를 보유했다면 임대주택 등록을 안 하면 월 14만원씩, 연간 170만원을 낸다. 월세 120만원 받으면 월 16만원씩, 연간 192만원의 보험료를 내게 된다. 월세 80만원인 경우에는 임대사업자로 등록해도 추가 보험료 부담이 없다. 월세 120만원이면 임대사업자로 등록해도 8년 장기임대 등록하면 월 3만원씩 연간 36만원의 건보료를 더 납부하게 된다.

국민연금보험료 추가 부담은 얼마일까? 국민연금은 발생 소득의 9%를 납부하는데, 월세 80만원이면 월 7만원, 연간 84만원을 낸다. 월세 120만원이면 월 10만원, 연간 120만원을 낸다. 건보료와 연금보험료는 각각 처한 상황이 다르기 때문에 직접 확인해보는 게 좋다.

임대사업자 등록하기 전에 주의할 점은 무엇이 있을까? 등록하려면 빨리 하는 게 좋다. 2019년 3월에 임대사업자로 등록했다면 1·2월치 12분의2는 미등록 상태로 임대소득세를 계산하게 된다. 연중에 등록한 경우 월별로 등록 여부를 따져보기 때문이다. 15일 이전에 등록했으면 그 달에 임대사업자로 등록한 것으로 간주하고, 15일 이후 등록하면 다음 달에 등록한 것으로 계산한다. 이렇게 2019년치 임대소득에 대한 세금을 계산한 후 2020년 5월 관할 세무서에 자신 신고를 해야 한다.

**임대사업자로 등록하면
좋은 점은 무엇인가?**
보유하는 동안 세제 혜택이 크다. 임대소득세뿐만 아니라 재산세나 종합부동산세 감면도 있다. 장기임대등록한 주택을 처분할 때도 장기보유특별공제·중과세 배제 등의 혜택이 있다. 공동주택이나 오피스텔은 임대사업자로 등록하면 취득세를 감면받을 수 있다. 건강보험료도 2019년부터 보유기간에 따라 80%까지 감면받을 수 있다. 장기임대주택을 등록하고 거주주택을 팔면 양도소득세 비과세 혜택을 받을 수도 있다.

**그렇다면 임대사업자의
단점은 무엇인가?**
여러 가지 의무가 생긴다. 장기임대주택으로 등록하면 의무임대기간을 충족해야 하고, 임대료 상한제로 인해 임대료를 연간 5% 넘게 올리지 못한다. 임차인이 바뀌면 임대차변경 신고서를 시·군·구청에 일일이 신고해야 한다.

**임대사업자는
어떻게 등록하나?**
거주지 관할 시·군·구청에 방문해서 직접 신분증과 등기권리증·임대차계약서 등을 제출해야 한다. 요즘은 '렌트홈(임대등록시스템)'이라는 온라인 신청 홈페이지(https://www.renthome.go.kr)가 있다. 세무서에도 자동으로 등록해주는 서비스가 있으니 참고하면 좋겠다.

공동주택 공시가격 대폭 상승,
우리집 보유세도 오를까?

서울 아파트 공시가격이 14% 이상 올랐다. 2007년 (28.4%) 이후 12년 만에 최대 상승폭이다. 시세 9억원 이상인 중·고가 아파트 가격이 크게 상승해 이를 반영한 영향이다. 전반적으로 보유세 부담은 커질 전망이다. 다만 아파트 공시가격 현실화율 (공시가격과 시세의 차이)은 2018년 수준을 유지했다. 대신 가격대별 현실화율 차이가 있어 형평성을 개선하는데 주력했다.

▼ **주요 공동주택 공시가격 및 보유세 부담액** (단위: 만원)

보유세 변동	555만원		315만원		313만원		347만원		139만원	
보유세 상승률	50.0%		50.0%		50.0%		49.9%		48.4%	
세부담상한		1665		945		939		1042		426
합계	1110	1803	630	1096	626	1142	695	1224	287	426
종부세	406	968	149	472	147	503	175	559	11	85
재산세	704	835	481	624	479	639	520	665	276	341
상승률	17%		26%		29%		25%		19%	
공시가격 2019년 2018년	20억 9600	24억 4800	14억 9600	18억 8000	14억 9000	19억 2000	16억	19억 9200	9억 4400	11억 2000
아파트 명 [주소] 건물 연면적	트리마제 (성동구 성수동1가) 152㎡		위례중앙 푸르지오 2단지 [송파구 장지동] 187㎡		용산 푸르지오 써밋 [용산구 한강로2가] 189㎡		반포 자이 [서초구 반포동] 132㎡		한강 대우 [용산구 이촌동] 136㎡	

※60세 미만, 5년 미만 보유 1세대 1주택자 기준 / 재산세는 도시지역분·지방교육세 포함 / 종부세는 농어촌특별세 포함

030

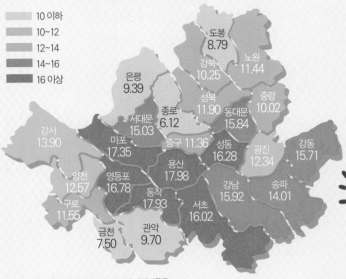

▼ 서울 자치구별 공동주택 공시가격 변동률 (단위: %)

- 10 이하
- 10~12
- 12~14
- 14~16
- 16 이상

도봉 8.79
강북 10.25
노원 11.44
은평 9.39
성북 11.90
중랑 10.02
서대문 15.03
종로 6.12
동대문 15.84
강서 13.90
마포 17.35
중구 11.36
성동 16.28
광진 12.34
강동 15.71
양천 12.57
영등포 16.78
용산 17.98
강남 15.92
송파 14.01
구로 11.55
동작 17.93
서초 16.02
금천 7.50
관악 9.70

※2018년 1월 1일 대비 2019년 1월 1일 가격변동률

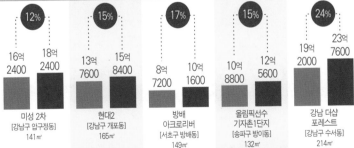

	321만원		208만원		84만원		111만원		207만원	
	45.2%		37.5%		33.7%		29.5%		21.6%	
		1031		763		333		487		1165
	710	1031	555	763	249	333	376	487	958	1165
	181	428	119	249	–	31	47	95	319	437
	529	603	436	514	249	302	329	392	639	728

12%	15%	17%	15%	24%
16억 2400 → 18억 2400	13억 7600 → 15억 8400	8억 7200 → 10억 1600	10억 8800 → 12억 5600	19억 2000 → 23억 7600
미성 2차 [강남구 압구정동] 141㎡	현대2 [강남구 개포동] 165㎡	방배 아크로리버 [서초구 방배동] 149㎡	올림픽선수 기자촌1단지 [송파구 방이동] 132㎡	강남 더샵 포레스트 [강남구 수서동] 214㎡

자료: 박정수 세무법인 대솔 세무사 시뮬레이션 의뢰

🏠 시세 9억~15억원대 아파트, 공시가격 상승률 18%

국토교통부에 따르면 2019년 전국 공동주택 공시가격은 5.32% 상승했다. 2018년보다 0.3%포인트 오른 숫자다.

지역별로 보면 서울은 14.17% 상승해 전국에서 가장 높았다. 2018년에 이어 2년 연속 두 자릿수 상승률을 기록했다. 재건축을 비롯해 각종 개발사업 이슈로 서울 집값이 급등했고, 이는 공시가격 상승으로 이어졌다.

자치구별로는 용산구가 17.98%로 서울 내에서 가장 높은 상승률을 기록했다. 동작구(17.93%)와 마포구(17.35%)·영등포구(16.78%) 등이 그 뒤를 이었다. 용산과 영등포는 2018년 박원순 서울시장의 '여의도~용산 통개발' 이슈로 집값이 이상 급등한 지역이다. 2018년 초 재건축 단지를 중심으로 집값이 급등한 강남구(15.92%)와 서초구(16.02%)를 비롯해 성동구(16.28%) 등도 서울 평

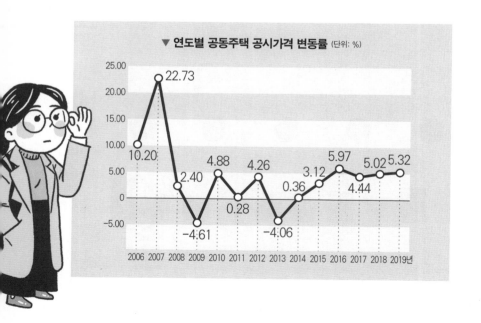

▼ 연도별 공동주택 공시가격 변동률 (단위: %)

균을 웃돌았다.

수도권으로 범위를 넓히면 경기 과천시가 23.41% 급등해 전국 최고 상승률을 기록했다. 과천시의 경우 과천 지식정보타운 개발과 다수의 재건축 단지가 있고, 서울 강남 접근성이 좋다는 지리적 요건에 힘입어 집값이 큰 폭으로 오른 곳이다. 특히 2018년 말 3기 신도시로 지정돼 여전히 집값이 높은 수준을 유지하고 있다. 이외에 경기 성남시 분당구(17.84%)와 광명시(15.11%)·하남시(12.13%) 등도 상승률이 높았다. 반면 지역 주력산업 침체가 이어지고 있는 거제(-18.11%)와 울산(-10.5%) 등은 공시가격이 떨어졌다.

현실화보다 형평성 개선

앞서 발표된 표준 단독주택(9.13%)과 표준지(9.4%)에 비해 아파트 공시가격 상승률은 크지 않았다. 아파트 현실화율이 단독주택이

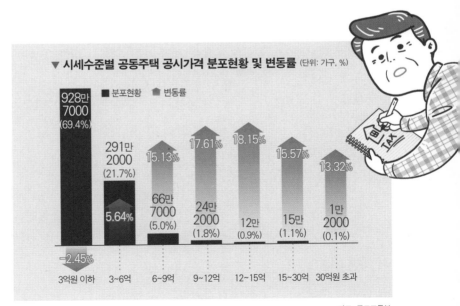

▼ 시세수준별 공동주택 공시가격 분포현황 및 변동률 (단위: 가구, %)

자료: 국토교통부

나 토지보다 높은 점을 감안, 지난 1년간 시세 변동분을 반영하는 수준으로 산정했기 때문이라는 게 국토부 설명이다.

이로 인해 2019년 아파트 공시가격 현실화율은 2018년과 같은 68.1%를 유지했다. 단독주택 현실화율은 51.8%에서 53%로, 표준지 공시지가는 62.6%에서 64.8%로 개선된 바 있다.

대신 아파트 내에서도 가격대별로 현실화율 차이가 나는 것을 개선하기 위해 고가 주택 공시가격 산정 시 적극 반영했다. 이로 인해 시세 12억원(공시가격 9억원 수준) 초과 고가 주택은 상대적으로 공시가격 상승폭이 컸다.

가격대별로 보면 시세 12억~15억원 수준인 아파트 공시가격 상승률이 18.15%로 가장 컸다. 9억~12억원 주택은 17.61% 올랐다. 15억~30억원 주택은 15.57%, 30억원 초과인 초고가 주택은 13.32%의 상승률을 보였다.

이문기 국토부 주택토지실장은 "아파트 내에서도 가격대별로 현실화율이 달라 이런 부분을 공시가격 산정에 반영했다"며 "특히 12억원 초과 주택에 대한 불균형을 적극 개선했다"고 말했다. 이어 "30억원 초과인 초고가 주택은 2018년 공시가격 산정 과정에서 현실화율을 많이 높였고, 2018년 발표된 9.13 대책 이후 집값 하락폭이 커 전체적으로 집값 상승폭이 크지 않았다"며 "이에 반해 9억~15억원 수준 주택은 상대적으로 집값 변동률이 컸고, 이는 공시가격 산정에도 영향을 줬다"고 설명했다.

부동산 공시가격은 조세 부과와 건강보험료 산정, 기초노령연금 수급대상자 결정을 비롯해 재건축 부담금 산정 등 각종 행정 분야에 활용된다. 이전보다 상승률이 확대된 만큼 서민들의 세금 부담이 늘어날 수 있다는 우려가 제기된다.

이에 정부는 2019년 1월 표준단독주택 가격공시 발표 때와 마찬가지로 관계부처 합동으로 면밀하게 분석, 서민 부담이 최소화될 수 있도록 관련 조치를 취한다는 방침이다.

국토부 관계자는 "97.9%에 해당하는 대다수 중·저가 주택(시세 12억원 이하)은 공시가격 상승률이 높지 않아 세금 부담이나 건강보험료, 복지 수급에 미치는 영향은 제한적일 것"이라고 말했다.

🏠 공시가격만큼 보유세도 '헉' 소리 나게 상승한 초고가 아파트

국토교통부가 고가 공동주택(아파트 등)의 공시가격을 가장 높은 수준으로 올렸다. 앞서 발표한 표준단독주택·표준지 공시지가 인상과 같은 맥락에서다. 다만 고가 주택으로 분류한 시세 12억원 넘는 아파트라고 해도 앞서 발표했던 고가 부동산(단독주택·토지)의 공시가격 인상률보다는 낮은 수준이다.

대신 저가 아파트를 제외한 시세 6억~30억원대의 아파트 공시가격 상승률이 평균 15~18%대 수준으로 비교적 높은 수준에서 고르게 인상된 점이 눈에 띈다. 2018년 이들 아파트의 시세가 급등한 영향이다.

보유세 부담도 불가피하다. 특히 초고가 아파트의 경우 세 부담 상한까지 부담액이 커진다.

시세 20억~30억원대의 초고가 아파트의 보유세 부담은 불가피할 전망이다. 국토부는 시세 12억원(공시가격 9억원 수준)을 넘는 고가 주택 중에 상대적으로 그동안 공시가격과 시세의 격차가 컸던 일부 주택에 대해 현실화율을 개선했다.

이 때문에 공시가격 10억원대 아파트 1채를 보유한 경우

2018년보다 30~40% 늘어난 보유세를 내고, 일부 아파트는 세 부담 상한선(세액이 전년대비 150%를 넘지 못하는 규정)인 50%에 육박하는 것으로 계산됐다.

박정수 세무법인 다솔 세무사에 시뮬레이션을 의뢰한 결과 추정시세 35억원에 달하는 강남 더샵포레스트(전용 214㎡)는 2019년 공시가격이 23억7600만원으로 23.8% 올랐다. 2019년 보유세는 1165만원으로 2018년도의 958만원보다 207만원(21.6%) 늘어난다.

추정시세 29억4000만원의 반포자이는 공시가격이 16억원에서 19억9200만원으로 24.5% 올랐다. 이 경우 보유세는 세 부담 상한을 넘긴다. 2019년 보유세부담은 1042만원으로 2018년보다 347만원(50%)을 더 내야 한다.

약 28억원 수준의 용산푸르지오써밋은 공시가격이 14억9000만원에서 19억2000만원으로 28.9%나 상승했다. 이 역시 보유세 세 부담 상한을 넘겨 939만원의 보유세를 내야 한다. 2018년보다 313만원 증가한다.

서울 성수동 트리마제(152㎡)의 2019년 보유세는 1665만원으로 2018년보다 555만원 더 내게 된다. 2018년 20억9600만원이었던 공시가격이 24억4800만원으로 17% 상승하면서 보유세도 50% 늘어난 것이다. 원래 2019년 보유세는 1803만원이 산출되지만 세 부담 상한선 50%를 적용받아 138만원을 덜 내게 됐다.

이촌동 한강대우(135㎡)는 2018년 보유세 287만원에서 2019년 426만원으로 139만원(48.4%) 늘었다. 전년대비 공시가격 상승률이 19%에 달하면서 세 부담 상한선을 턱밑까지 추격했다.

강남지역 아파트도 보유세 급등세가 두드러진다. 압구정동 미성 2차(141㎡)는 2018년보다 321만원(45.2%)을 더 내게 되고, 개포동 현대2차(165㎡)의 보유세는 208만원(37.5%) 늘어나는 것으로 나타났다.

방이동 올림픽선수기자촌1단지(132㎡)와 방배동 방배아크로리버(149㎡)는 각각 111만원(29.5%)과 84만원(33.7%)씩 보유세를 더 내는 것으로 조사됐다.

공시가격 6억원대 아파트, 보유세 34만원 증가

반면 12억원 미만 아파트의 경우 보유세 부담액은 크지 않은 편이다. 국토부 시뮬레이션에 따르면 시세 9억~12억원 구간에 있는 성남 분당구 수내동의 한 공동주택은 공시가격이 2018년 6억300만원에서 6억5500만원으로 8.6% 상승했다. 이에 따른 보유세 부담은 148만7000원에서 168만9000원으로 20만원(13.6%) 오른다.

대구 수성구 만촌동 공동주택의 공시가격은 5억9300만원에서 2019년 6억8400만원으로 15% 올랐다. 보유세는 145만원에서 178만8000원으로 33만8000원(23%) 오른다.

시세 6억~9억원 사이에 있는 서울 성동구 금호동의 한 공동주택은 공시가격이 2018년 4억1700만원에서 2019년 4억5900만원으로 10% 올랐다. 보유세는 88만5000원에서 97만3000원으로 8만8000원(10%) 오르는데 그친다.

시세 6억원 미만인 경우 보유세 인상분은 더 미미했다. 서울 노원구 하계동의 한 공동주택은 공시가격이 2억9800만원으로 2018년보다 8% 올랐다. 보유세는 51만3000원에서 53만8000원으로 2만5000원(4.9%) 올랐다.

우병탁 신한은행 부동산투자자문센터 팀장(세무사)은 "고가 아파트의 경우 보유세 부담이 커지긴 하지만 1주택자라면 시장에 매물로 내놓을 정도로 감내하기 어려운 수준은 아닌 듯하다"면서 "다만 다주택자의 부담은 크게 늘어날 것"이라고 말했다.

🏠 종부세 과세 대상에 편입된 뉴페이스

2019년 공동주택(아파트) 공시가격은 시세 6억~15억원 구간 주택이 평균 17% 가량 상승해 전체 평균을 끌어올렸다. 특히 이 구간에 포함된 공시가격 9억원(시세 12억원) 이상 주택이 2018년보다 56% 이상 증가했다. 공시가격 9억원 이상(1주택자 기준) 주택은 종합부동산세 부과 대상에 포함돼 보유세가 2018년보다 큰 폭으로 증가할 전망이다. 국토교통부에 따르면 2019년 아파트 공시가격 9억원을 초과한 주택은 21만9862가구로 2018년보다 56.1% 증가했다. 이들 주택은 종부세 부과 대상이다.

2019년 새롭게 종부세 부과 대상에 포함된 주택을 대상으로 시뮬레이션해 분석한 결과, 서울 강남구 개포동에 위치한 개포주공1단지 주택(전용 42㎡) 공시가격은 2018년 7억6800만원에서 2019년 9억9200만원으로 29% 상승했다.

이 주택은 새롭게 종부세 부과 대상이 되었다. 이 주택의 2019년 보유세는 재산세 293만원에 종부세 24만원 등 총 317만원이다. 다만 2018년도 보유세의 50% 이상은 올릴 수 없는 세 부담 상한에 걸려 실제 보유세는 50%(105만원) 상승한 315만원이 될 것으로 예상된다.

개포주공1단지는 2018년 3.3㎡ 당 실거래가가 1억6287만원(경제만랩 조사)에 달해 평당 실거래가가 전국에서 가장 높았다. 강남 최

▼ 2019년 신규 종부세 부과 대상 아파트 보유세

(단위: 만원)

아파트명		2018년	2019년	상승률
개포주공1단지 (42㎡)	공시가격	7억6800	9억9200	29%
	보유세	210	315(+105)	50%
방배 래미안 (115㎡)	공시가격	7억1000	9억2000	30%
	보유세	189	272(+83)	44%
개포주공7단지 (73㎡)	공시가격	7억9200	9억6000	21%
	보유세	219	298(+79)	36%
한강대우 트럼프월드 (173㎡)	공시가격	7억8800	9억4400	20%
	보유세	218	288(+70)	32%
용산 파크자이 (162㎡)	공시가격	8억7200	9억6800	11%
	보유세	249	302(+53)	21%
옥수동 모닝빌 (209㎡)	공시가격	8억4000	9억1200	9%
	보유세	237	267(+30)	13%

※60세미만, 5년 미만 보유 1세대 1주택자 기준
※재산세는 도시 지역분 · 지방교육세 포함
※종부세는 농어촌특별세

대 재건축 단지인 만큼 집값이 큰 폭으로 오르면서 세금 부담도 상한을 꽉 채웠다.

마찬가지로 인근 또 다른 재건축 단지인 개포주공7단지 주택(전용 73㎡) 2019년 공시가격은 9억6000만원으로 책정돼 종부세 대상이 됐다. 이 주택 보유세는 2018년대비 36.1%(79만원) 늘어난 298만원이 부과될 전망이다.

우리동네 단독주택 보유세 얼마나 오를까?

마당이 있는 2층 단독주택에서 산다면 보유세를 얼마나 내야 할까? 2019년 단독주택 공시가격이 대폭 오르면서 2018년보다 더 내야 할 보유세는 얼마나 될지, 서울 25개구 주요 단독주택의 보유세를 계산했다.

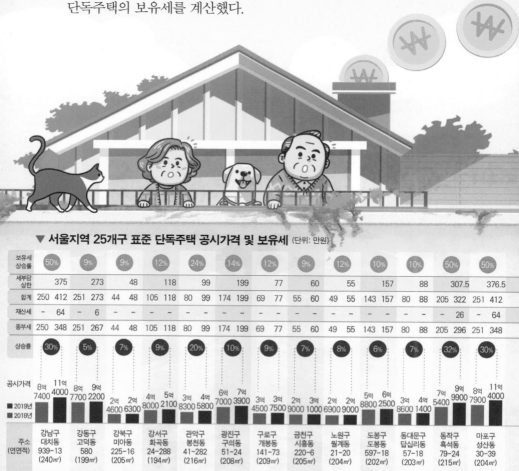

▼ **서울지역 25개구 표준 단독주택 공시가격 및 보유세** (단위: 만원)

■ 2019년　■ 2018년

주소 (연면적)	보유세 상승률	세부담 상한	합계 (2018/2019)	재산세 (2018/2019)	종부세 (2018/2019)	상승률	공시가격 2018년	공시가격 2019년
강남구 대치동 939-13 (240㎡)	50%	375	250 / 412	- / 64	250 / 348	30%	8억7400	11억4000
강동구 고덕동 580 (199㎡)	9%	273	251 / 273	- / 6	251 / 267	5%	8억7700	9억2200
강북구 미아동 225-16 (205㎡)	9%	48	44 / 48	-	44 / 48	7%	2억4600	2억6300
강서구 화곡동 24-288 (194㎡)	12%	118	105 / 118	-	105 / 118	9%	4억8000	5억2100
관악구 봉천동 41-282 (216㎡)	24%	99	80 / 99	-	80 / 99	20%	3억8300	4억5800
광진구 구의동 51-24 (208㎡)	14%	199	174 / 199	-	174 / 199	10%	6억7000	7억3900
구로구 개봉동 141-73 (209㎡)	12%	77	69 / 77	-	69 / 77	9%	3억4500	3억7500
금천구 시흥동 220-6 (205㎡)	9%	60	55 / 60	-	55 / 60	7%	2억9000	3억1000
노원구 월계동 21-20 (204㎡)	12%	55	49 / 55	-	49 / 55	8%	2억6900	2억9000
도봉구 도봉동 597-18 (205㎡)	10%	157	143 / 157	-	143 / 157	6%	5억8800	6억2500
동대문구 답십리동 57-18 (203㎡)	10%	88	80 / 88	-	80 / 88	7%	3억8600	4억1400
동작구 흑석동 79-24 (215㎡)	50%	307.5	205 / 322	- / 26	205 / 296	32%	7억5400	9억9900
마포구 성산동 30-39 (204㎡)	50%	376.5	251 / 412	- / 64	251 / 348	30%	8억7900	11억4000

보유세의 기준이 되는 공시가격은 국토교통부의 〈2019년 표준단독주택 공시가격〉 발표자료를 토대로 산출했다. 대단지 아파트와 같은 동(洞)에 소재한 200㎡ 안팎의 단독주택을 표본으로 선정했다. 보유세는 재산세와 종합부동산세의 합산 세액을 기준으로 했다. 종부세는 1세대 1주택자 가운데 세액공제를 받지 않는 '60세 미만, 5년 이하 보유'로 한정했다.

🏠 공시가격 인상 타겟은 고가 단독주택

2019년 표준단독주택의 공시가격이 9%대로 크게 올랐지만 평균 현실화율은 53% 수준으로 여전히 토지나 공동주택(아파트 등)과 비교하면 낮은 수준인 것으로 나타났다. 2018년 기준으로 단독주택의 공시가격 현실화율은 51.8%, 토지 62.6%, 공동주택 68.1%다. 다만 초고가 주택의 현실화율을 공동주택 수준까지 상향했다는 점

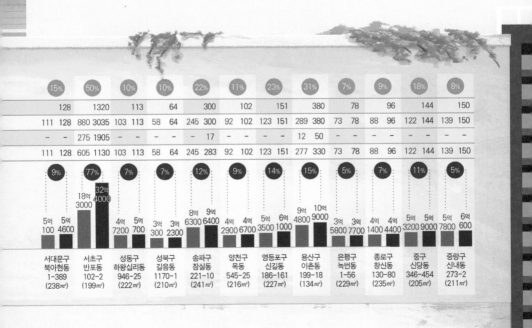

▼ 공시가격 인상에 따른 보유세 및 건보료 변화

시세 15억원 이하

구분	주택예시 (시세)	서울 A주택 (10억4000만원)	광주 B주택 (11억4000만원)	경기 C주택 (13억8000만원)
공시가격 (만원)	2018년	5억8500	5억9100	6억8500
	2019년	6억3700	6억4500	7억8000
	변동률	8.89%	9.14%	13.87%
보유세 (원)	2018년	142만	144만3000	179만2000
	2019년	161만4000 (+19만4000)	164만3000 (+20만)	214만6000 (+35만4000)
	변동률	13.60%	13.90%	19.70%
건강보험료 (원)	2018년	16만1000	15만2000	19만7000
	2019년	16만1000	15만2000	20만2000 (+5000)
	변동률	–	–	2.70%
비고		종합소득 연 105만원	–	연금소득 연 1738만원
		연금소득 연 316만원		

시세 9억원 이하

구분	주택예시 (시세)	서울 A주택 (6억5500만원)	경북 B주택 (7억2600만원)
공시가격 (만원)	2018년	3억7800	4억9300
	2019년	3억9100	4억9000
	변동률	3.44%	−0.61%
보유세 (원)	2018년	78만2000	108만6000
	2019년	81만6000 (+3만4000)	107만8000 (−0.8)
	변동률	4.35%	−0.70%
건강보험료 (원)	2018년	19만	39만
	2019년	19만5000 (+5000)	39만
	변동률	2.60%	–
비고		종합소득 연 567만원	종합소득 연 4379만원
		승용차 2200cc 1대	승용차 3000cc 1대

시세 6억원 이하

구분	주택예시 (시세)	서울 A주택 (4억4500만원)	경남 B주택 (4억6900만원)	충남 C주택 (4억9900만원)
공시가격 (만원)	2018년	2억4900	3억2300	3억1100
	2019년	2억7200	2억9800	3억1500
	변동률	9.24%	−7.74%	1.29%
보유세 (원)	2018년	44만2000	63만7000	60만5000
	2019년	46만4000 (+2만2000)	57만1000 (−6만6000)	61만6000 (1만1000)
	변동률	5.00%	−11.60%	1.70%
건강보험료 (원)	2018년	13만3000	12만8000	26만8000
	2019년	13만3000	12만3000 (−5000)	26만8000
	변동률	–	−4.00%	–
비고		종합소득 연 243만원	연금소득 연 438만원	종합소득 연 1615만원
		연금소득 연 177만원		승용차 3800cc 1대

※1세대 1주택자 기준, 지역가입자인 경우로 가정, 재산세는 지방교육세, 도시계획세 등 포함
　건강보험료: 지역가입자 − 직장가입자, 피부양자의 경우 공시가격 변동에 따른 건강보험료 변화는 없음

을 고려하면 이들 주택의 현실화율은 60~70%에 이를 것으로 추정된다.

국토교통부는 공동주택과 비교해 현실화율(시세반영률)이 크게 낮아 불균형이 심각했고 단독주택 내(혹은 공동주택 간)에서도 시세가 급등한 고가 주택의 현실화율이 낮아 불균형을 초래하고 있는 것으로 파악했다. 이에 따라 2019년 표준단독주택 공시가격 산정에선 사실상 고가 주택(시세 15억원 초과)의 현실화와 형평성을 제고하는데 초점을 맞췄다.

가령 2018년 공시가격 기준 용산구 한남동 단독주택의 추정시세는 34억5000만원이지만 2018년 공시가격은 13억원에 불과했다. 시세반영률은 37.7% 수준이다. 시세 71억3000만원에 달하는 마포구 서교동 단독주택의 2018년 공시가격은 15억3000만원으로 시세반영률은 21.4%에 불과했다. 반면 대전 중구의 3억원짜리 단독주택은 같은해 공시가격이 2억원으로 시세반영률이 무려 66.6%에 이르는 식이었다.

단독주택과 공동주택간 불균형도 마찬가지다. 울산 남구 5억원대 아파트의 공시가격은 4억2000만원으로 이 주택 소유자의 재산세는 90만원이다. 반면 시세 15억원의 마포구 연남동 단독주택의 공시가격은 3억8000만원에 불과하다. 재산세 역시 80만원으로 오히려 적은 수준이다. 들쭉날쭉한 현실화율로 인한 조세 불평등 개선과 함께 일부 고가 주택의 공시지가보다 주택공시가격이 낮은 역전현상도 적극 해소됐다.

🏠 시세 10억짜리 단독주택 보유세 19만원 ↑

대다수를 차지하는 시세 15억원 이하의 중저가 단독주택은 시세

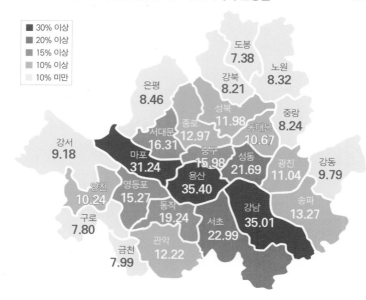

▼ **2019년 서울 시군구별 표준 단독주택 공시가격 변동률** (단위: %)

■ 30% 이상
■ 20% 이상
■ 15% 이상
■ 10% 이상
□ 10% 미만

도봉 7.38
노원 8.32
은평 8.46
강북 8.21
성북 11.98
중랑 8.24
서대문 16.31
종로 12.97
동대문 10.67
강서 9.18
마포 31.24
중부 15.98
성동 21.69
광진 11.04
강동 9.79
용산 35.40
양천 10.24
영등포 15.27
동작 19.24
송파 13.27
구로 7.80
서초 22.99
강남 35.01
금천 7.99
관악 12.22

상승률 수준만큼을 반영해 전체 평균 현실화율은 2018년과 유사한 수준을 유지했다. 국토부가 공시가격 인상에 따른 보유세 및 건강보험료(건보료) 변화를 시뮬레이션한 결과 시세 15억원 이하 주택의 보유세 부담은 크지 않은 것으로 나타났다. 1가구 1주택 기준, 지역가입자인 경우로 가정했다. 재산세는 지방교육세·도시계획세 등을 포함했다.

서울에 있는 시세 10억4000만원 주택의 2019년 공시가격은 6억3700만원으로 8.89% 올랐다. 보유세는 2018년 142만원에서 2019년 161만4000원으로 19만4000원(13.6%) 오르는 데 그쳤다. 건보료 변동은 없다. 시세 13억8000만원의 경기도 주택의 경우 공시가격은 7억8000만원으로 13.87% 올랐지만 보유세는 179만 2000원에서 214만6000원으로 35만4000원(19.7%) 오른다. 건보

평균 현실화율 53%, 2018년보다 1.2%p ↑
초고가 주택 현실화로 조세 불평등 완화
시세 15억 이하는 보유세·건보료 변동 적어

료는 19만7000원에서 20만2000원으로 5000원 오른다. 서울 소재 6억5500만원짜리 주택의 2019년 공시가격은 3억9100만원으로 3.4% 올랐다. 보유세는 78만2000원에서 81만6000원으로 3만4000원(4.35%) 오르는 데 그쳤다. 건보료는 19만5000원으로 5000원 인상된다.

정부 관계자는 "전체의 98%에 달하는 중저가 표준주택은 공시가격 변동률이 높지 않아 건보료 변동도 크지 않을 것"이라고 말했다. 직장가입자와 보험료를 납부하지 않는 대부분의 피부양자는 공시가격이 올라도 건보료에는 영향이 없다.

🏠 서울 역세권 상가주택 보유세는 얼마일까?

상가와 주거용 공간이 혼합돼 있는 주상용건물(상가주택)은 일반적인 단독주택보다 실거래가가 낮고, 공시가격 역시 상대적으로 낮게 형성돼 있다. 하지만 이런 상가주택도 공시가격 현실화의 파도는 피하지 못했다. 서울 주요 역세권 상가주택의 경우 2018년보다 40% 이상 공시가격이 오른 사례도 확인됐다. 이에 따라 보유세(재산세+종합부동산세) 역시 크게 늘어날 전망이다.

11곳의 서울 주요 역세권에 소재한 상가주택의 보유세를 계산했다. 보유세는 1월 24일 국토교통부가 발표한 〈2019년 표준 단독주택 공시가격〉을 토대로 산출했다. 강남역·신사역·잠실새내역(옛 신천역)·사당역·신림역·홍대역·종각역·수유역·건대역·명동역· 영등포역 등 11개 전철역의 인접상권에 소재한 연면적 기준 200㎡ 안팎의 상가주택 1채씩을 대표 표본으로 선정했다. 보유세는 1세 대 1주택자 가운데 종부세 세액공제를 받지 않는 60세 미만 5년 이하 보유자가 소유한 경우로 제한해서 계산했다.

공시가격과 이에 따른 보유세가 가장 많이 오른 곳은 강남역 세권 소재 상가주택이었다. 강남구 역삼동(강남역과 역삼역 사이) 의 연면적 191㎡, 지상2층 지하1층 상가주택은 공시가격이 12억 3000만원으로 2018년(9억1300만원)보다 35%나 올랐다. 이 주택 주는 1주택자로 가정하더라도 2019년 재산세 382만원과 종부세 88만원 등 2018년보다 76% 오른 470만원의 보유세를 내야 하는 데, 실제로는 세 부담 상한(세액이 전년대비 150%를 넘지 못하는 규정) 을 적용해 400만원의 보유세를 부담하는 것으로 산출됐다.

가로수길로 유명한 신사역세권의 지상7층 지하1층 규모 상가주 택(196㎡)은 공시가격이 9억4800만원으로 2018년(6억6400만원)보 다 43%나 급등했다. 보유세 부담은 재산세 277만원 종부세 13만 원으로 1년 전보다 69% 많은 290만원이 산출됐지만, 역시 세 부 담 상한 때문에 실제 부담액은 256만원으로 조정됐다.

연면적 기준 200㎡ 안팎 상가주택의 경우 보유세 중 종합부동산 세 부담은 강남과 신사 역세권에서만 발생했다. 다른 역세권에서는 1주택자로 가정할 경우 종부세를 부담할 만큼 공시가가 높지 않은 것으로 조사됐다.

영등포역세권의 연면적 173㎡, 지상 6층의 상가주택은 공시가 격이 2억4200만원에 그친다. 하지만 이 역시 1년 전에 비해서는

▼ 서울 주요 11개 역세권 상가주택 보유세

(단위: 만원)

역세권	주소 (연면적)	공시가격 *2018년 *2019년	상승률	재산세	종부세	합계	세부담 상한	보유세 상승률
신사역세 (가로수길)	강남구 신사동 533-8(196㎡)	6억6400	43%	171	–	171		50%
		9억4800		277	13	290	256.5	
강남역세	강남구 역삼동 632-4(191㎡)	9억1300	35%	264	3	267		50%
		12억3000		382	88	470	400.5	
잠실새내역세 (구신천역)	송파구 잠실동 195-10(189㎡)	6억3100	16%	159	–	159		23%
		7억2900		196	–	196	196	
사당역세	관악구 신림동 94-73(181㎡)	4억6100	10%	100	–	100		13%
		5억800		113	–	113	113	
신림역세	관악구 신림동 94-73(220㎡)	3억2000	6%	63	–	63		8%
		3억3900		68	–	68	68	
홍대역세	마포구 창전동 5-78(211㎡)	3억7300	13%	77	–	77		17%
		4억2200		90	–	90	90	
종각역세	종로구 낙원동 59-4(174㎡)	4억8300	9%	106	–	106		13%
		5억2500		120	–	120	120	
수유역세	강북구 수유동 4654(228㎡)	3억6000	1%	73	–	73		3%
		3억6500		75	–	75	75	
건대역세	광진구 자양동 57-26(201㎡)	3억4200	10%	69	–	69		12%
		3억7500		77	–	77	77	
명동역세	중구 남산동2가동 40-1(176㎡)	2억7600	9%	51	–	51		14%
		3억200		58	–	58	58	
영등포역세	영등포구 영등포동1가동 98-13(173㎡)	2억600	17%	36	–	36		19%
		2억4200		43	–	43	43	

17%나 올랐다. 보유세도 2018년 36만원에서 2019년 43만원으로 19% 증가할 전망이다. 잠실새내역으로 이름을 바꾼 옛 신천역 세권에서도 공시가격과 보유세 부담이 크게 늘었다. 신천역부근의 189㎡, 지상4층 지하1층 상가주택은 공시가격이 6억3100만원에서 7억2900만원으로 16% 올랐고, 보유세는 159만원에서 196만원으로 23% 급증하는 것으로 산출됐다.

이밖에 홍대역세권에서 공시가격 13% 인상으로 보유세 부담이 17% 늘어나는 상가주택이 확인됐고, 사당역세권·건대역세권에서도 공시가격과 보유세 부담이 2018년보다 각각 10%대 초반 수준으로 증가하는 것으로 조사됐다.

공시가격 인상폭이 가장 적은 역세권은 수유역세권으로 해당 지역 지상3층 지하1층의 상가주택(228㎡)의 경우 공시가격이 3억6000만원에서 3억6500만원으로 1% 올랐고, 보유세 부담은 73만원에서 75만원으로 3% 증가할 전망이다.

> 서울 연면적 200㎡ 안팎 상가주택 중
> 강남과 신사 역세권만 종부세 부담

구해줘! 양도세
10년 보유한 당신의 집,
시원하게 세금 계산해드립니다!

　서울을 비롯해 경기·부산·세종 등 조정대상지역
에서 집을 팔면 양도세를 훨씬 더 많이 내야 한다. 주택 한 채만 갖
고 있다면 그나마 양도세 부담이 덜하지만, 두 채 이상 보유한 경우
에는 50%가 넘는 중과세율을 고스란히 감수해야 한다. 서울의 주
요 아파트 집주인들이 당장 집을 판다면 얼마의 양도세를 내게 되
는지 계산해 봤다.

🏠 1주택자와 2주택자 양도세 차이 3억원 넘는 아파트는 어디일까?

양도세는 각각 1주택자와 2주택자, 3주택자로 구분해 세 부담을 따져봤고, 지방자치단체에 따로 내는 지방소득세(양도세액의 10%)는 제외했다. 다만 서울 종로구는 입주 10년이 넘은 1000가구 이상 대단지 아파트가 없기 때문에 나머지 24개구를 비교 대상으로 정했다. 취득가격과 양도가격은 국토교통부 실거래가 기준이며, 국세청 홈택스 모의계산을 이용해 최종세액을 산출했다.

서울 24개구 대표 아파트 가운데 지난 10년 사이 가격이 가장 많이 오른 단지는 서초구 서초래미안이었다. 2009년 당시 8억6000만원이었던 실거래가는 2019년 15억7000만원으로 뛰었다. 양도차익만 7억1000만원이며 상승률은 83%를 기록했다.

▼ **서울지역 대단지 아파트 양도차익 및 양도세 비교** (단위: 만원)

양도차익액 순, 84㎡기준, 목동신시가지14단지는 83㎡

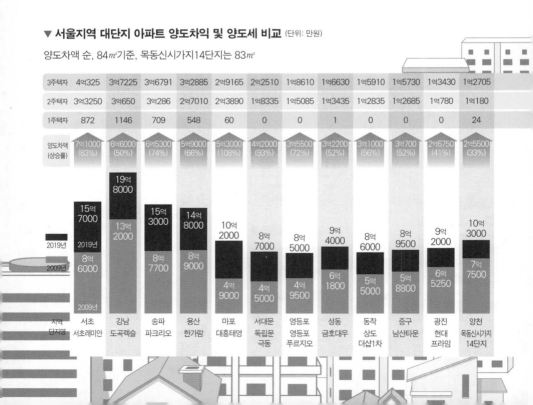

지역 단지명	서초 서초래미안	강남 도곡렉슬	송파 파크리오	용산 한가람	마포 대흥태영	서대문 독립문극동	영등포 영등포푸르지오	성동 금호대우	동작 상도1차	중구 남산타운	광진 현대프라임	양천 목동신시가지14단지
3주택자	4억325	3억7225	3억6791	3억2885	2억9165	2억2510	1억8610	1억6630	1억5910	1억5730	1억3430	1억2705
2주택자	3억3250	3억650	3억286	2억7010	2억3890	1억8335	1억5085	1억3435	1억2835	1억2685	1억780	1억180
1주택자	872	1146	709	548	60	0	0	1	0	0	0	24
양도차익 (상승률)	7억1000 (83%)	6억6000 (50%)	6억5300 (74%)	5억9000 (66%)	5억3000 (108%)	4억2000 (93%)	3억5500 (72%)	3억2200 (52%)	3억1000 (56%)	3억700 (52%)	2억6750 (41%)	2억5500 (33%)
2019년	15억7000	19억8000	15억3000	14억8000	10억2000	8억7000	8억5000	9억4000	8억6000	8억9500	9억2000	10억3000
2009년	8억6000	13억2000	8억7700	8억9000	4억9000	4억5000	4억9500	6억1800	5억5000	5억8800	6억5250	7억7500

　10년 전 취득한 서초래미안을 파는 1주택자는 양도세 872만원을 내야 한다. 1주택자는 양도가격에서 9억원이 넘는 부분에만 과세하고 장기보유특별공제율도 80%까지 받을 수 있어 양도세가 적게 나오는 편이다.

　2주택 이상 보유한 경우에는 세 부담이 급상승한다. 장기보유특별공제 혜택을 받지 못하고, 양도세 기본세율(6~42%)에서 10~20%포인트 높은 중과세율을 적용하기 때문이다. 서초래미안

※서울 조정대상지역 25개구 중 1000세대 이상 대단지 최근 실거래가 비교
종로구는 10년 넘은 1000단지 이상 대단지 아파트 없음
2009년 취득, 2019년 매도 10년 보유 아파트 기준 양도세 계산

을 파는 2주택자는 양도세로 3억3250만원을 내고, 3주택자의 양도세는 4억325만원에 달한다. 여기에 지방소득세까지 포함하면 최종 세 부담은 2주택자 3억6575만원, 3주택자 4억4358만원이다. 2주택자는 양도차익(7억1000만원)의 52%를 부담하고, 3주택자는 62%를 세금으로 내는 셈이다.

강남구 도곡렉슬과 송파구 파크리오도 10년간 6억원 넘게 가격이 급등했다. 도곡렉슬의 실거래가는 2009년 13억2000만원에서 2019년 19억8000만원으로 6억6000만원(50%) 올랐고, 파크리오는 같은 기간 6억5300만원(74%) 상승했다. 도곡렉슬 1주택자는 양도세 1146만원을 내고, 파크리오 1주택자는 709만원의 양도세를 부담한다. 하지만 이들 주택의 2주택자 양도세는 3억원을 넘어서고, 3주택자는 각각 3억7000만원 수준의 양도세를 내는 것으로 조사됐다.

용산구 한가람과 마포구 대흥태영, 성동구 금호대우, 양천구 목동신시가지14단지도 2019년 실거래가 9억원을 돌파했다. 대흥태영은 10년 전과 비교해 두 배가 넘게 올랐고, 서대문구 독립문극동은 93%의 상승률을 보였다. 독립문극동과 영등포푸르지오, 동작구 상도더샵1차, 중구 남산타운 등의 1주택자는 2019년 실거래가 9억원 미만으로 양도세 부담이 없다. 다만 이들 아파트의 2주택자는 1억원대의 양도세를 내야 하는 것으로 분석됐다.

3주택자 기준으로는 강서구 우장산아이파크이편한세상과 관악구 관악푸르지오, 구로구 신도림대림, 은평구 라이프미성이 1억원 넘는 양도세를 내게 된다.

이밖에 중랑구 건영2차와 성북구 월곡 두산위브 2주택자는 각각 6000만원대의 양도세를 부담하고, 강동구 강동롯데캐슬퍼스트와

강북구 삼각산아이원을 보유한 2주택자는 5000만원대 양도세를 부담한다.

3주택자 중에서는 노원구 공릉풍림아이원과 도봉구 북한산아이파크가 각각 5000만원에 가까운 양도세를 내고, 금천구 벽산5단지의 2주택자와 3주택자는 2500만원에서 3500만원 수준의 양도세를 내는 것으로 나타났다.

⛪ 집 팔기 전에 양도세 직접 계산해보자

주택이나 토지를 팔 때 차익을 남겼다면 양도소득세를 내야 한다. 양도세는 워낙 「세법」이 자주 바뀌고 규정이 복잡하기 때문에 세무 전문가들 사이에서도 악명이 높은 세목이다. 집주인이 처한 상황에 따라 비과세나 감면 혜택도 받을 수 있지만, 「세법」 곳곳에 숨어있는 폭탄 규정들을 피하는 것도 만만치 않은 작업이다.

부동산을 취득할 당시보다 가격이 떨어졌다면 양도세를 낼 필요가 없다. 하지만 조금이라도 가격이 올랐다면 양도세 과세 대상 여부를 따져보고, 팔기 전에 세액을 계산해보는 것이 절세의 지름길이다.

양도세 과세의 기준점이 되는 양도차익은 양도가액에서 취득가액을 빼면 간단히 계산할 수 있다. 양도가액은 부동산을 팔 때 실제로 받은 금액, 즉 '실거래가'를 뜻한다. 취득가액은 부동산을 살 때 지급한 매입가격에서 취득세와 법무사비용·중개수수료 등을 제외한 금액을 따져보면 된다.

양도차익에서 장기보유특별공제를 적용하면 양도소득금액이 산출되며, 여기에서 양도소득기본공제 250만원을 추가로 공제하면 양도세의 최종 관문인 '과세표준'을 구할 수 있다. 과세표준에서 양도세율을 곱하면 실제로 납부하게 될 최종 세액을 알 수 있다.

장기보유특별공제란 보유한 기간에 따라 양도차익에서 일정 비율을 빼주는 제도로서 상당한 절세 효과가 있다. 1주택자가 3년 보유하면 24%의 공제율이 적용되며, 1년에 8%포인트씩 공제율이

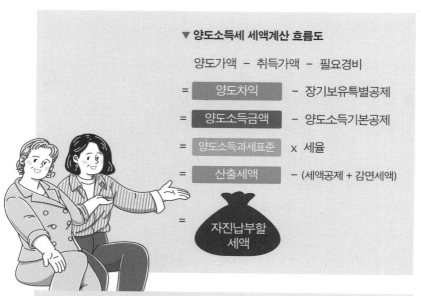

▼ 양도소득세 세액계산 흐름도

양도가액 - 취득가액 - 필요경비

= 양도차익 - 장기보유특별공제

= 양도소득금액 - 양도소득기본공제

= 양도소득과세표준 x 세율

= 산출세액 - (세액공제 + 감면세액)

= 자진납부할 세액

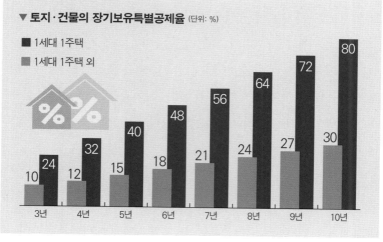

▼ 토지·건물의 장기보유특별공제율 (단위: %)

■ 1세대 1주택
■ 1세대 1주택 외

	3년	4년	5년	6년	7년	8년	9년	10년
1세대 1주택	24	32	40	48	56	64	72	80
1세대 1주택 외	10	12	15	18	21	24	27	30

올라간다. 5년 보유하면 40%, 10년 보유하면 80%의 공제율이 적용된다.

1주택자가 고가 주택 기준인 9억원 이내에 팔 경우에는 양도세를 낼 필요가 없다. 다만 비과세 혜택을 받으려면 2년 넘게 보유해야 하며, 양도가액이 9억원을 넘으면 초과 부분에 대해 양도세를 내게 된다.

예를 들어 5년 전 6억원에 취득한 주택을 10억원에 판다면 실제 양도차익은 4억원으로 양도가액의 40% 수준이다. 하지만 양도가액 9억원을 넘는 부분은 1억원이기 때문에 양도가액의 40%인 4000만원을 양도차익으로 보고 계산한다.

여기에 5년 장기보유특별공제율 40%를 적용한 1600만원을 공제하고 나면 양도소득금액은 2400만원이 되고, 기본공제(250만원)까지 빼면 과세표준은 2150만원이 산출된다.

양도세 기본세율은 과세표준 1200만원 이하 6%, 4600만원 이하 15%를 적용하기 때문에 최종 세액은 215만원(72만원+143만원)이 된다. 양도세액의 10%는 지방자치단체에 다시 지방소득세로 납

▼ 양도소득세율

과세표준	기본세율	2주택자	3주택자
1200만원 이하	6%	16%	26%
1200만원 초과 4600만원 이하	15%	25%	35%
4600만원 초과 8800만원 이하	24%	34%	44%
8800만원 초과 1억5000만원 이하	35%	45%	55%
1억5000만원 초과 3억원 이하	38%	48%	58%
3억원 초과 5억원 이하	40%	50%	60%
5억원초과	42%	52%	62%

부하기 때문에 실제로 부담하는 세금은 237만원이다.

조정대상지역(서울 전지역, 경기·세종 등 39개 지역)에서 다주택을 소유한 집주인이 집을 팔면 양도세는 훨씬 무거워진다. 10~20%포인트를 가산한 중과세율을 적용하고, 장기보유특별공제도 받을 수 없기 때문이다.

서울의 2주택자가 양도차익 4억원짜리 집을 판다면 과세표준은 3억9750만원(기본공제 250만원 적용)이며, 최고 50%의 세율을 적용한 1억7335만원을 양도세로 내야 한다. 3주택자일 경우에는 최고 60% 세율을 적용하면서 양도세액이 2억1310만원에 달하게 된다.

🏠 서울은 전지역 '다주택자 지뢰밭'

정부가 발표하는 부동산 대책을 보면 '조정대상지역'이라는 용어가 자주 등장한다. 조정대상지역은 주택 가격이 너무 많이 올라 정부가 규제하겠다고 선언한 지역이다. 정부가 조정대상지역으로 지정하면 해당 지역의 집주인들은 분양권 전매제한과 양도소득세 중과세율 적용 등 규제를 받기 때문에 각별한 주의가 필요하다.

2019년 11월 발표된 조정대상지역을 보면 전국에 39개 지역이 지정돼 있다. 서울과 경기·세종시에서 집값 상승폭이 큰 지역을 다시 세분화해 조정대상지역으로 지정한 것이다.

서울은 25개구 전 지역이 모두 조정대상지역이다. 경기는 13개 지역이 지정됐는데 과천시, 성남시, 하남시, 광명시, 구리시, 안양 동안구, 수원 팔달구, 용인 수지구·기흥구, 광교택지개발지구, 동탄 2신도시, 고양시(삼송택지개발지구, 원흥·지축·향동 공공주택지구, 덕은·

킨텍스 1단계·고양관광문화단지 도시개발지역)·남양주시(다산동·별내동) 등이다.

광교택지개발지구는 수원시 영통구 이의동·원천동·하동·매탄동, 장안구 연무동 일원에 지정된 지역이다. 동탄2신도시는 화성시 반송동·석우동, 동탄면 금곡리·목리·방교리·산척리·송리·신리·영천리·오산리·장지리·중리·청계리 일원에 지정된 택지개발지구로 보면 된다.

이밖에 세종시는 연기·공주지역의 행정중심복합도시 건설 예정지역이 조정대상지역에 해당한다.

> **집값 급등한 전국 39곳 양도세 중과**
> **2주택 이상 세율 최대 52~62% 적용**

조정대상지역의 주택을 파는 집주인이 2주택 이상 보유하면 양도세 중과 대상이다. 1세대 2주택자는 기본세율(6~42%)에서 10%포인트를 가산한 16~52% 세율을 적용하며, 3주택자는 20%포인트를 추가한 26~62%의 세율로 양도세를 매긴다.

1주택을 보유한 집주인이 조정대상지역에서 새로운 주택을 취득한 후, 장기임대주택으로 등록하더라도 양도세 중과세는 그대로 적용한다. 양도세 비과세 혜택을 받을 수 있는 '일시적 2주택' 요건도 조정대상지역 내에서는 3년이 아니라 2년만 허용한다.

전년보다 보유세 부담이 급격히 늘어나지 않도록 규정한 '세부담 상한선'도 2019년부터 높아졌다. 조정대상지역 내 2주택자는 기존 150%가 아니라 200%의 세 부담 상한선을 적용하게 된다.

또한 2018년까지 종합부동산세 합산 배제 혜택을 받았던 장기

임대주택도 조정대상지역 내에서는 다른 주택가격과 합산해 세액을 계산하도록 개정됐다.

🏠 손품 한 번 팔면 양도세 신고 끝!

양도소득세는 대표적인 '자진납부' 세금이다. 집주인이 직접 세무서에 신고서를 작성한 후, 세금을 납부하는 방식이다. 그래서 과세당국에서 자동으로 세액을 계산해 세금 통지서를 보내주는 종합부동산세나 재산세·자동차세와 달리 양도세는 신경써야 할 부분이 많다.

양도세 과세 대상 집주인은 집을 판 날짜로부터 두 달 후 말일까지 양도세를 신고해야 한다. 「세법」에서는 '예정신고'라고 하는데 가장 일반적인 양도세 신고 절차로 보면 된다.

2019년에 부동산을 두 개 이상 팔았다면 2020년 5월 말까지 확정신고를 해야 한다. 양도세는 소득이 많을수록 세율이 높아지는 누진과세를 적용하기 때문에 여러 개의 부동산을 팔았다면 합산 신고를 해야 한다.

만약 양도세 과세 대상인데도 제대로 신고하지 않거나 제때 세금을 내지 않으면 가산세를 내게 된다. 신고기간을 지키지 못했다면 무신고가산세(20%)를 내고, 적게 신고했다면 과소신고가산세(10%)가 부과된다.

신고 과정에서 부정한 방법을 사용했다면 40%의 신고불성실가산세도 부과될 수 있으며, 납부기한의 다음날부터 자진납부일까지 1일 0.025%(연 9.125%)의 납부불성실가산세까지 감수해야 한다.

집주인이 양도세에 대해 잘 모른다면 세무사를 통해 신고 업무를 맡기면 된다. 물론 세무사에게 수수료를 줘야 하지만, 확실하고 안전한 세무처리가 가능하며 상황에 맞는 절세 방법을 찾을 수도 있다.

간단한 양도세 신고는 집주인이 직접 국세청 홈택스를 통해 마무리할 수도 있다. 직장인 연말정산 신고에서 선풍적인 반응을 몰고 왔던 자동작성 기능이 탑재돼 있어 양도세를 신고하는 집주인에게도 유용하다.

1세대 1주택자가 한 개의 부동산을 팔고 나서 양도세 비과세 신고를 진행하려면 '간편신고' 메뉴를 이용하면 된다. 이후 '예정신고' 버튼을 누르고 양도 기본정보를 조회하면 집주인 본인의 주소가 자동으로 뜨게 된다.

신고 대상 부동산을 자동조회하는 기능도 있다. 부동산을 양도한 달로부터 두 달 후 10일경부터는 등기부등본 자료를 활용해 신고 미리채움 서비스를 이용할 수 있다. 집을 사는 사람(양수인)의 정보를 입력하고 양도소득금액 및 세액 계산 절차를 마치면 예정신고서가 작성되고, 국세청에 바로 제출할 수 있다.

보유한 주택 수가 많거나 감면소득이 있는 경우에는 '일반신고'를 통해 예정신고서를 작성하면 된다. 신고서 작성을 마치면 스마트폰이나 PC를 통해 양도세를 납부할 수 있다. 계좌이체·신용카드·간편결제 중에서 선택이 가능하다.

신용카드로 납부하면 세액의 0.8%를 수수료로 내야 하며, 체크카드 납부대행수수료는 0.5% 수준이다. 페이코·삼성페이·카카오페이·앱카드 등 이용자는 간편결제로 납부할 수 있다. 전자신고서를 출력하거나 직접 작성한 납부서를 가지고 금융기관을 방문해 양도세를 낼 수도 있다.

1주택자라고 양도세 모르고 집 팔았다간 큰코다친다!

1세대 1주택자를 위한 양도세 A to Z

내 집 한 채는 무조건 괜찮은 줄 알았다. 양도차익이 얼마든 세금 없이 팔 수 있다고 들었기 때문이다. 하지만 2019년부터는 좀 많이 달라졌다고 한다. 1세대 1주택자도 세금 부담이 늘어날 거라는 말들이 여기저기서 들린다. 최근에 법이 또 바뀌었기 때문이라는데 정확하게 모르니 불안하기만 하다.

특히 아직 양도소득세를 한 번도 내 본 적 없는 1주택자들은 소문만 듣고도 겁부터 난다. 한동안 집값이 많이 올랐으니 양도세도 많이 나올 거란 막연한 두려움이다. 하지만 바뀐 내용을 잘 보면 전혀 그럴 필요가 없다. 무턱대고 겁부터 먹는 1주택자들을 위해 1세대 1주택자 관련 세 부담 변화에 대해 정리했다.

🏠 양도세, 뭣이 중헌디?

문제의 1주택자는 '실질적 다주택자'

1주택자 혜택을 다주택자에게서 거론하는 것이 언뜻 이해가 되지 않겠지만 최근 1세대 1주택 양도소득세 비과세와 관련해 개정된 법률은 1주택자가 아닌 다주택자가 대상이다. 다주택자라도 주택을 모두 팔고 최종적으로 1채만 남은 경우 그 최종 1주택은 1세대 1주택 양도세 비과세 혜택을 받는데, 이때 보유요건이 깐깐해지기 때문이다.

종전에는 최종적으로 남은 주택의 보유기간을 계산할 때 취득시기부터 2년 이상 보유하면 되는 조건이었지만 앞으로는 최종적으로 1주택이 된 순간부터 2년 이상 보유해야만 비과세 혜택을 받을 수 있다. 다주택자가 다른 주택을 다 팔고 1주택이 된 상태에서 2년을 기다린 후에 남은 주택을 팔아야만 비과세를 받을 수 있는 것이다. 시행시기도 2021년 1월 1일 이후 양도분부터 적용되기 때문에 2021년 이후 집을 팔 계획이 있는 다주택자는 이미 2019년 1월 1일부터 다른 주택을 다 팔고 1주택인 상태여야만 최종주택의 비과세가 가능하다.

개정안은 또 주택임대사업자의 거주주택 양도세 비과세 혜택도 축소했다. 여러 채의 주택을 임대주고 있는 장기임대사업자도 본인이 거주(2년 이상)하고 있는 주택은 1세대 1주택으로 보고 양도 시 비과세 혜택을 받을 수 있는데, 이에 따라 임대주택을 거주주택으로 갈아타면서 보유주택들을 모두 비과세 받는 일까지 생겨났기 때문이다.

개정안은 임대사업자가 거주주택을 비과세 받을 수 있는 횟수를 평생 1회로 제한했다. 임대사업자가 최초로 거주주택을 양도하는 경우에만 비과세를 해주고, 다음에 또 임대주택을 거주주택으로 바꿔서 양도하는 경우에는 비과세 혜택을 받지 못한다. 2019년 2월 12일 이후 취득분부터 적용된다.

> **여러채 소유한 임대사업자 직격탄**
> **임대사업자 거주주택 비과세 평생 1회만 허용**

2017년 8월 3일 이후 산 집은 '지역' 확인!

순수하게 집이 1채뿐인 1세대 1주택자도 확인해야 할 것이 있다. 바로 주택의 소재지다. 예전에는 1세대 1주택이라는 것이 단순히 2년 이상 보유만 하면 인정이 됐지만 2017년 8월 2일, 8.2부동산 대책이 나오면서 조정대상지역인 경우에는 2년 이상 보유와 함께 2년 이상 거주해야만 1세대 1주택 양도소득세 비과세 혜택을 주는 것으로 바뀌었다. 이에 따라 2017년 8월 3일 이후 취득한 조정대상지역 주택은 반드시 총 보유기간 중 2년 이상 거주를 해야만 비과세 혜택을 준다.

특히 조정대상지역 거주 요건은 '취득당시' 기준으로 조정대상지역이었는지를 따지기 때문에 집을 살 때 조정대상지역이었다면 나중에 팔 때 조정대상지역에서 지정해제됐더라도 2년 거주요건은 필수다. 실제로 2018년 12월 31일부로 부산광역시의 부산진구·남구·연제구·기장군(일광면)은 조정대상지역에서 지정해제됐고, 경기도 수원시 팔달구, 용인시 수지구와 기흥구는 추가로 조정대상지역으로 지정됐다.

만약 무주택자가 2017년 8월 3일 이후에 부산진구의 주택을 취

▼ 조정대상지역 지정 현황

구분	지역
서울(25)	전지역
경기(13)	과천 · 성남 · 하남 · 동탄2 · 광명 · 구리 · 안양동안 · 광교지구 · 수원팔달 · 용인수지 · 용인기흥 · 고양(삼송택지개발지구, 원흥 · 지축 · 향동 공공주택지구, 덕은 · 킨텍스 1단계 · 고양관광문화단지 도시개발지역) · 남양주(다산동 · 별내동)
세종(1)	세종

※2019년 1월 기준 자료:국토교통부

▼ 1세대 1주택 양도세 비과세 요건 강화

현행	개정
2년 이상 보유	2년 이상 보유
2017년 8월 3일 이후 취득한 조정대상지역 내 주택은 보유기간 중 2년 이상 거주	2017년 8월 3일 이후 취득한 조정대상지역 내 주택은 보유기간 중 2년 이상 거주
	다주택자가 다른 주택을 모두 양도하고 최종적으로 1주택을 보유하게 된 날로부터 2년 이상 보유 (2021.1.1 이후 양도분부터)

득했다면 1세대 1주택 비과세 혜택을 받기 위해 2년 이상 보유기간 내 2년 이상 거주해야 하지만, 같은 시기 수원시 팔달구 주택을 취득했다면 직접 살지 않고 2년 이상 보유하기만 해도 비과세 혜택을 받을 수 있다.

고가 주택은 2020년부터 '2년 거주요건' 필수!

1세대 1주택 보유요건과 거주요건을 다 갖추더라도 양도세를 내야 하는 주택이 있다. 바로 실거래가로 9억원이 넘는 고가 주택이다. 고가 주택은 9억원이 넘는 부분에 대해 양도차익을 계산해서 세금을 내야 한다. 하지만 9억원 이하 부분의 양도차익은 비과세되고, 집을 오래 보유한 경우에는 9억원 초과 부분에 대해서도 보유기간에 따라 장기보유특별공제(장특공제)로 양도차익을 줄여준다.

1세대 1주택인 경우 장특공제율은 일반주택보다 훨씬 높다. 일반주택은 보유기간(3~15년)에 따라 6~30%의 장특공제율을 적용하지만 1세대 1주택은 3년 이상 24%를 시작으로 10년 이상 보유하면 공제율이 80%까지 올라간다. 10년 이상 보유한 1세대 1주택이면 9억원이 넘는 부분의 양도차익이 1억원이라도 80%를 뺀 2000만원에 대해서만 양도세를 계산해서 낸다.

하지만 고가의 1세대 1주택 장특공제도 2020년부터는 혜택이 제한적으로 적용된다. 2020년 1월 1일부터 고가 주택 장특공제에 '2년 이상 거주' 요건이 추가되기 때문이다. 거주요건 2년을 못 채우고 단순히 장기보유만 한 경우 1세대 1주택 장특공제율이 아닌 일반 장특공제율이 적용된다. 10년 보유한 경우 2년 거주까지 했다면 80% 공제율이 적용되지만 거주요건을 못 갖춘 경우에는 20%로 공제율이 뚝 떨어진다.

▼ 1세대 1주택 장특공제 요건 강화

보유 기간	현행	2020년1월1일 이후	
		2년 미만 거주	2년 이상 거주
3년~	24%	6%	24%
4년~	32%	8%	32%
5년~	40%	10%	40%
6년~	48%	12%	48%
7년~	56%	14%	56%
8년~	64%	16%	64%
9년~	72%	18%	72%
10년~	80%	20%	80%
11년~	80%	22%	80%
12년~	80%	24%	80%
13년~	80%	26%	80%
14년~	80%	28%	80%
15년~	80%	30%	80%

🏠 1주택자도 양도세 비과세 신고 꼭 해야 하나?

"10년 넘게 살던 아파트를 팔았어요. 다른 주택은 없고, 아파트 가격도 9억원을 넘지 않아요. 양도소득세는 비과세되는 것으로 알고 있는데 세무서에 꼭 신고해야 하나요?"

1세대 1주택자가 집을 팔 때 가장 궁금한 문제다. 인터넷 포털을 검색하면 대체로 '신고하지 않아도 된다'는 답변이 우세하지만, '신고하는 게 좋다'는 답변도 나온다. 최근 집주인들이 양도세와 관련해 궁금해하는 질문들에 대해 국세청의 공식 답변을 들어봤다.

세무서에서 양도세 신고서 써줄 수 없나? 세무서에서는 납세자를 대리해 신고서를 작성하진 않는다. 다만 납세자의 연세가 많아 신고서 작성이 힘든 경우 등 부득이한 사정이 있으면 직접 양도세 신고서 작성이 가능하도록 최선의 도움을 드리고 있다. 본인 신분증과 부동산 취득 당시 매매계약서와 양도시 매매계약서를 지참하고 세무서를 방문하면 도움을 받을 수 있다.

직원의 안내 오류에도 가산세를 내야 하나? 양도세는 납세자가 스스로 과세표준과 세액을 계산해 신고해야 하는 세목이기 때문에 신고내용에 대한 책임은 1차적으로 납세자에게 있다. 세무서에서 마련한 자기작성교실에서 세무공무원의 안내로 신고서를 작성해 제출했더라도 행정청의 공적인 견해 표명으로 보기 어렵다. 따라서 직원의 안내에 따라 작성한 신고서가 신고내용 오류로 인해 양도세 추가납부세액이 있는 경우, 가산세는 납세자가 직접 납부해야 한다.

양도세가 많은데, 나눠서 낼 수 있나? 납부할 양도세액이 1000만원을 넘는 경우 납부기한 경과일로부터 2개월이 되는 날까지 분할해서 납부할 수 있다. 예를 들어 5월 말까지 납부할 양도세가 1500만원이면 1000만원을 먼저 내고, 나머지 500만원은 7월 말까지 내면 된다. 납부세액이 2000만원을 넘으면 납부할 세액의 50% 이상을 납부기한까지 내고 나머지는 두 달 후에 납부하면 된다. 납부세액이 3000만원이면 납부기한까지 1500만원을 내고, 나머지 1500만원을 두 달 후에 내면 된다.

1주택자도 꼭 비과세 신고해야 하나? 양도세 1세대 1주택 비과세 요건에 해당한다면 필수적으로 신고하지 않아도 된다. 다만, 추후 국세청에서 1세대 1주택 여부를 판단할 때 관련 증빙의 제출을 요청할 수도 있다. 관련 증빙은 팩스와 우편·방문 등을 통해 제출이 가능하다.

▼ **1세대 1주택 비과세 요건**

① 거주자가 구성하는 1세대를 양도하는 경우일 것
② 양도일 현재 국내에 1주택을 보유할 것
③ 보유기간이 2년 이상일 것 (단, 조정대상지역 내 주택은 2년 거주 요건 추가)
④ 미등기양도자산이 아닐 것
⑤ 거짓계약서를 작성하지 않을 것
⑥ 고가 주택이 아닐 것
⑦ 건물의 실제 용도가 주택일 것
⑧ 주택에 딸린 토지는 주택정착면적의 5배 이내일 것 (도시지역 밖은 10배 이내)

거짓계약서를 작성하면 비과세를 못 받나? 부동산을 양도하는 사람이 매매계약서의 거래가액을 실지거래가액과 다르게 작성하면 불이익을 받는다. 1세대 1주택이나 8년 자경농지 등 양도세 비과세·감면 대상자라도 혜택을 적용받을 수 없다. 취득하는 사람도 해당 부동산을 양도할 때까지 사후관리해서 비과세·감면세액을 배제시킨다.

🏠 일시적 2주택자, 안심은 금물

살던 집을 팔고, 새로운 집을 사서 이사를 가게 되는 경우가 있다. 때에 따라 살던 집이 당장 팔리지 않는 경우도 있다. 이런 경우 본의 아니게 일정 기간을 세금 부담이 커지는 2주택자로 지내게 될 수도 있다. 다행히 「세법」에서는 이런 경우를 '일시적인 2주택'으로 구분해 1주택자와 마찬가지로 양도소득세를 매기지 않는 등 혜택을 주고 있다. 문제는 이 요건이 제법 까다롭다는 것이다. 양도세를 전문으로 상담하고 있는 이정근 세무법인 다솔 세무사에게 일시적인 2주택자가 주의해야 할 부분에 대해 물어봤다.

최근 일시적 2주택 요건이 까다로워졌다고 들었다. 원래는 새로운 주택을 취득한 날부터 '3년 이내'에 종전주택(1년 이상 보유)을 처분하게 되면, 일시적인 2주택으로 보고 양도세를 비과세했다. 그런데 2018년 9월 13일 부동산대책이 나오면서 좀 달라졌다. 시행 이후 종전주택이 조정대상지역 내에 있는 상태에서 조정대상지역 내에 새로운 주택(입주권·분양권 포함)을 취득하는 경우엔 '2년 이내'에 종전주택을 팔아야만 비과세를 받을 수 있도록 개정됐다. 단,

▼ 일시적 2주택의 비과세 유예기간

종전주택	신규주택	유예기간
조정대상지역	비조정대상지역	3년
비조정대상지역	조정대상지역	3년
조정대상지역	조정대상지역	2년

2018년 9월 13일 이전에 신규주택 매매계약을 체결했다면 종전 규정이 적용된다.

2019년 기준 조정대상지역은 서울 전역(25개구)과 경기도 13개 도시, 그리고 세종특별자치시다. 이 지역 내에서 이사를 하는 경우에는 대체취득에 따른 양도세 비과세 적용 유예기간이 기존 3년이 아닌 2년이라는 것을 기억해둬야 한다.

한편으로는 비과세보다 더 유념해야 할 것이 있다. 바로 중과세다. 2년이나 3년의 유예기간이 지나 양도할 때는 비과세를 적용받지 못한다. 그뿐만 아니라 혹여 처분하는 주택이 조정대상지역에 있으면 장기보유특별공제도 받을 수 없다. 게다가 기본 양도세율에 10%포인트를 가산한 중과세율이 적용돼 세 부담이 급격하게 증가한다. 다만 이런 경우에도 처분하는 주택이 조정대상지역으로 지정되기 이전에 취득했거나 보유주택이 기준시가 1억원 이하의 소형주택인 경우에는 투기의도가 없다고 보고 중과세를 적용하지 않는다.

집을 상속받아 2주택이 되는 경우는 어떻게 되나? 상속주택이나 동거봉양·혼인합가에 의한 2주택도 납세자의 의도와 무관하거나 부득이한 사유로 2주택이 된 것이기 때문에 일시적인 2주택으로 간주하고 양도세를 비과세하는 규정이 있다. 우선 상속의 경우 상속이라는 사건이 없었다면 1세대 1주택으로 비과세를 받을 수 있는 주택인 경우, 형평에 맞게 양도세 비과세 혜택을 준다. 단, 상속 당시 보유한 주택이 아니라 상속받은 주택을 양도하는 경우에는 비과세가 적용되지 않을 수 있다. 또 상속에 따른 일시적 2주택 문제는 상속개시 당시에 피상속인과 동일세대를 구성했는지, 별도세대였는지 등도 비과세 판단에 영향을 끼치기 때문에 양도 전에 꼭 전문가와 상담해보길 권한다.

동거봉양을 위해 부모님과 세대를 합치면서 1세대 2주택이 되는 경우는 합가 이후 10년 이내에 먼저 양도하는 주택에 대해 비과세 혜택을 준다. 각각의 1주택자가 결혼으로 1세대 2주택이 될 때도 5년 이내에 먼저 양도하는 주택에 대해 비과세 혜택을 주고 있다. 다만 동거봉양은 부모 중 어느 한쪽이라도 60세가 넘어야 한다. 혼인합가는 혼인신고일을 기준으로 따진다는 것을 알아두자.

이밖에도 일정한 요건을 갖춘 농어촌주택이나 문화재주택에도 비과세 혜택이 있다. 취학, 근무상의 형편, 질병요양 등 부득이한 사유로 수도권 밖의 주택을 포함해 2주택이 된 경우에도 일시적 2주택 비과세 규정이 적용된다.

분양권이 생기면 2주택인가? 분양권도 주택을 취득할 수 있는 권리이기 때문에 양도세 과세 대상으로 분류된다. 다만 권리 상태로 양도하는 경우와 준공 이후에 양도하는 경우에 대해 주택 수 등의 판단이 완전히 다르기 때문에 주의해야 한다. 먼저 준공 이전에 분양권인 상태로 양도하는 일반분양권은 원칙적으로 주택수에는 산정되지 않는다. 따라서 주택을 처분할 때에는 분양권을 제

> 조정지역 내에서 이사하면 2년 내 팔아야 양도세 비과세
> 상속받은 주택은 세대 구성 따라 비과세 안되는 경우도
> 분양권, 준공일·잔금지급일 중 늦은 날이 주택 취득일

외하고 본인이 소유한 주택 수를 계산하면 된다. 아파트 1채와 준공 이전의 분양권 1개가 있다면 2주택자가 아니라 1주택자다. 하지만 분양권 자체에 대한 양도세 부담이 있고, 조정대상지역 내의 분양권은 50% 세율이 적용되므로 주의해야 한다.

또 2019년 2월 「소득세법」 시행령 개정으로 분양권과 입주권도 양도세 이월과세 적용 대상 자산으로 분류됐기 때문에 기존처럼 배우자나 자녀에게 증여하는 방법은 적절하지 않을 수 있다는 것도 알아둬야 한다. 이월과세는 배우자 등에게 증여한 후 제3자에게 매매하는 경우 배우자 등이 증여받은 금액을 취득가액으로 보지 않고, 증여 이전에 애초 취득한 금액을 취득가액으로 보는 규정이다. 특히 분양권을 취득하는 경우 준공일과 잔금지급일 중 늦은 날을 주택의 취득시기로 보기 때문에, 입주 이후에 주택을 처분하려는 계획이 있다면 취득 시기를 유념해 비과세를 적용받을 수 있을지 고민해야 한다.

분양권 거래는 실소유나 실거주의 목적과 관련이 없다고 보고 비과세나 장기보유특별공제의 혜택을 주지 않는다. 결과적으로 입주 전의 분양권을 갖고 있다면, 일단은 처분을 유보한 상태에서 반드시 전문가를 찾아 절세 방법을 강구해보기를 권한다.

🏠 한지붕 살아도 '독립세대' 증명하면 양도세 비과세

같은 집에 살아도 '독립세대'임을 입증하면 1세대 1주택 양도세 비과세를 받을 수 있다. 국세청이 세대구성 요건을 엄격히 적용해 1세대 1주택 양도세 비과세 적용을 배제한 사례에 대해 조세심판 당국이 무더기 취소 처분을 내리고 있다. 여기에는 양도세를 추징 당한 납세자들이 독립세대를 입증하기 위해 통장·신용카드·관리비·의료보험증·자동차등록증 등 관련 증빙을 잘 갖춰 둔 게 결정적인 도움이 됐다.

조세심판원에 따르면 2018년 상반기 결정된 양도세 심판청구 416건 가운데 납세자의 주장이 받아들여진 사건은 86건(20.7%)으로 집계됐다. 이 가운데 과세 처분이 취소된 사건은 53건(12.7%)이며 세액의 일부가 감액된 '경정' 처분은 21건(5.0%)으로 나타났다. 국세청에 다시 돌려보낸 '재조사' 결정은 12건(2.9%)이었다.

양도세가 취소된 사건을 살펴보면 1세대 1주택 비과세 판정에 대한 내용이 상반기에만 13건에 달했다. 국세청이 독립세대를 구성한 가족 구성원을 동일세대로 판단해 비과세 적용을 배제하고 과세에 나선 경우인데, 납세자들은 국세청을 상대로 독립세대 또는 독립생활 사실을 입증해 '취소' 결정을 받아냈다.

최근 조세심판원은 독립된 세대구성 여부를 주민등록지가 아니라 실제 생계를 따로 했는지 여부에 따라 판단하고 있다. 주민등록상 세대원이라도 독립 생계를 유지하는 경우에는 독립세대로 보는 것이다.

> 주민등록상 동일세대라도 생계 따로 하면
> 별도 세대로 취급 '1세대 1주택' 비과세 가능

증빙1. 매월 지급한 임대료·생활비

2년 전 서울 강동구의 단독주택을 매각한 박모씨는 1세대 1주택자로 신고했지만 2017년 국세청으로부터 양도세를 부과받았다. 국세청은 2층에 사는 딸(38)이 경기도 시흥시에 아파트를 보유하고 있다며 박씨를 1세대 2주택자로 판단했다.

박씨는 조세심판원에 2층에 사는 딸이 독립세대라는 점을 입증하기 위해, 딸이 매월 임대료와 생활비를 송금한 내역을 제출했다. 박씨는 자신은 독립된 생계를 유지했다며 신용카드 사용내역과 자동차등록증 사본을 제시했다. 심판원은 박씨의 주장을 받아들여 1주택 비과세를 적용하는 게 맞다고 결정했다.

서울의 한 주택에 살던 권모씨도 옥탑방에 살던 딸(37)이 다른 주택을 보유했다는 이유로 양도세를 내게 됐다. 권씨는 호프집을 운영하던 딸을 대신해 외손녀의 양육을 맡았는데 거주하던 주택을 팔았다가 양도세를 추징당한 것이다.

하지만 권씨는 딸과 같은 세대를 구성하지 않고 생계를 따로 해왔다. 딸로부터 전기·가스·상하수도 비용을 비롯해 육아돌봄에 대한 사례비까지 매월 받아온 것이다. 권씨는 통장 내역과 소득금액

증명, 옥탑방 계단 사진자료까지 제출해 독립세대임을 입증했다.

증빙2. 아파트관리비 · 재직증명서

대전의 한 아파트에 살던 주모씨는 여동생(39)이 대전으로 근무지를 옮기면서 함께 살게 됐다. 따로 집을 보유하고 경제적 능력도 충분했던 자매는 아파트에 살면서 관리비와 식대, 생활필수품 등 의식주 비용을 각자의 월급에서 나눠 부담했다.

언니 주씨가 아파트를 양도할 당시 동생은 2주택을 보유하고 있었는데 국세청은 2018년 1월 동일세대로 보고 주씨에게 양도세를 부과했다. 자매는 한집에 살았지만 생계를 완전히 분리했다는 점을 입증하기 위해 관리비 납부현황과 재직증명서 · 등기부등본 · 주민등록초본 · 은행계좌 금융거래 내역서 등을 증빙으로 제출했다.

조세심판원은 국세청 과세가 잘못됐다며 '취소' 결정을 내렸다. 심판원은 "연령이 30세 이상인 경우 배우자가 없어도 1세대로 규정한다"며 "자매가 따로 직업과 소득이 있고 현실적으로 생계를 달리하는 독립된 세대로 보인다"고 밝혔다.

증빙3. 의료보험증 · 자동차등록원부

경기도의 한 아파트에 사는 회사원 김모(41)씨는 중학교 교사인 언니(43)와 함께 아버지를 모시고 살았다. 이 아파트를 팔 당시 언니 소유의 아파트가 한 채 더 있었는데 국세청은 김씨를 2주택자로 보고 양도세를 부과했다.

김씨와 언니는 같은 집에 살았지만 주민등록상으로는 독립세대를 구성하고 있었다. 김씨는 건강보험증을 통해 보험급여를 받는 사람이 아버지밖에 없다는 사실을 입증했다.

김씨는 자동차등록원부와 신용카드 명세서도 독립세대의 증거로 제시했다. 자동차등록원부를 통해 자매가 제각각 차량을 소유한 사실을 입증했고, 신용카드 대금 지출 명세서로 생활비를 공동 부담한 사실을 밝혔다. 김씨는 심판원으로부터 독립세대를 인정받아 양도세를 돌려받았다.

증빙4. 통장에 '엄마 집세' 표시

서울의 한 아파트를 20년만에 판 유모씨는 1주택자여서 양도세를 신고하지 않았다. 그는 학원강사인 딸(38)과 함께 살았는데 딸 명의로 된 집이 한 채 더 있었다. 국세청은 유씨를 2주택자라고 판단해 양도세를 추징했다.

하지만 딸은 매월 소득의 20%를 유씨에게 용돈으로 보내는 등 사실상 생계를 따로 했다. 딸은 어머니에게 입금할 때 항상 '엄마 집세' '엄마 용돈' 등으로 꼼꼼하게 기재했다. 유씨는 딸의 통장 거래내역서와 등기부등본·혼인관계증명서 등을 제출했다.

유씨는 "미혼인 딸이 이혼 후 혼자 지내는 엄마를 위해 함께 지내온 것"이라며 "같이 살아도 생계는 각자 책임지고 있다"고 주장했다. 심판원도 유씨의 주장을 받아들여 양도세 과세를 취소하라고 결정했다.

'독립된 1세대'란?

1세대가 1주택을 2년 이상 보유한 경우 양도소득세가 과세되지 않는다. 여기서 '1세대'는 본인과 배우자가 같은 주소에서 생계를 같이하는 가족과 함께 구성하는 단위를 뜻한다. 만약 배우자가 없어도 만 30세 이상이거나 소득이 최저생계비 수준 이상으로 소유주택을 유지·관리할 수 있는 경우에는 독립된 1세대로 본다.

🏠 1세대 1주택인줄 알고 집 팔았다 세금폭탄 맞았다!

1세대 1주택자에게 양도소득세를 비과세하는 혜택은 세제 혜택 중에서도 가장 큰 혜택으로 꼽힌다. 세금 일부를 깎아주는 것이 아니라 해당 소득에 대한 세금 전체를 매기지 않기 때문이다. 하지만 큰 혜택 뒤에는 까다로운 요건들이 따른다. 실제로 당연히 비과세 대상이라고 생각한 사람들이 요건을 확인하지 않고 덜컥 집을 팔고 난 뒤 세금폭탄을 맞는 사례도 적지 않다. 양도세 비과세 규정과 관련한 최근 조세불복 사례 몇 가지를 찾아봤다.

주택용이 아닌데 주택으로 썼어요 ➡ 추징

A씨는 2015년 말, 1층이 근린상가이고 2~4층이 다가구주택인 건물을 통째로 팔고 나서 1세대 1주택 양도세 비과세 대상으로 신고했다. 다가구주택은 3개층 이하의 주택이며 19세대 이하가 거주하고 있으면 1주택과 같이 비과세를 받을 수 있기 때문이다.

하지만 국세청은 A씨의 주택을 다가구주택이 아닌 다세대주택(공동주택)이라고 판단했다. A씨가 살았던 4층만 1세대 1주택으로 인정해 양도세를 비과세하고, 나머지 층에 대한 양도차익은 환산해서 양도세를 추징했다.

A씨는 조세심판원에 억울함을 호소했지만 조세심판원은 국세청의 과세에 문제가 없다는 결정을 내렸다. 알고보니 A씨가 근린생활시설인 1층을 주거용으로 임대를 줬던 것이 비과세 요건에 흠결이 됐던 것이다.

실제로 이 주택의 1층은 2006년부터 2018년까지 개별주택가격 확인서에 주거면적으로 포함돼 공시돼 있기도 했다. A씨 건물에서 주거용으로 사용된 면적은 3개층이 아니라 4개층이 되어 다가구주택 요건을 갖추지 못한 것이다.

임대사업 등록을 세무서에만 했어요 ➡ 추징

요건을 갖추지 못해 양도세 비과세 특례를 놓친 사례는 또 있다. B씨는 2015년 자신이 살던 집을 팔면서 양도세를 신고하고 냈다. 15년 전에 취득해 살고 있던 집이어서 양도차익도 컸고, 2011년에 사들여 임대사업을 하고 있는 다가구주택도 보유중이었기 때문이다.

그런데 B씨는 등록된 임대사업자의 경우 본인이 거주하고 있는 주택은 1세대 1주택과 같이 양도세를 비과세받을 수 있다는 사실을 뒤늦게 알게 됐다. 그래서 신고한 지 3년 뒤 국세청에 이미 낸 세금을 돌려달라고 경정청구를 했다. 하지만 국세청은 B씨의 경정청구를 거절했다. B씨는 조세심판원의 문까지 두드렸지만 역시 국세청의 손을 들어줬다.

B씨는 비과세혜택을 받을 수 없는 치명적인 실수를 했는데, 바로 임대사업등록을 제대로 하지 않은 것이다. 임대사업자가 본인 거주주택의 양도세 비과세 혜택을 받으려면 관할세무서와 함께 관할 지자체(시·군·구청)에도 사업자등록을 해둬야 하는데, B씨는 세무서에만 사업자등록을 한 것이다. 조세심판원은 임대사업자는 소득세법에 따라 관할 세무서에 임대사업등록을 하고, 「임대주택법」에 따라 관할 지자체에도 임대사업자로 등록해야 한다며 B씨의 심판청구를 기각했다.

자녀들이 같이 살지만 독립했어요 ➡ 환급

비과세 요건을 잘 따져서 양도세를 돌려받은 사례도 있다. 자녀 2명과 한 집에서 살던 C씨는 작년 4월 살던 집을 팔고 양도세를 신고납부했다. 두 자녀도 각자 명의로 집을 보유하고 있던터라 1세대 3주택에 해당돼 일반세율에 20%까지 가산세율을 얹어 세금을 냈다.

하지만 C씨는 세무대리인과 상의해본 결과 자신이 1세대 1주택 비과세 요건에 해당된다고 보고 낸 세금을 돌려달라는 경정청구를 냈다. C씨와 자녀들이 별도 세대에 해당한다는 것이었다. 국세청은 경정청구를 거절했지만, 경정청구거부처분을 취소해달라는 조세심판 청구에선 C씨가 이겼다. 조세심판원은 C씨가 1세대 1주택자에 해당한다고 판단했다.

실제로 C씨에게는 자녀들과 같이 살 수밖에 없는 사정이 있었다. 두 자녀는 각각 30대 중후반의 나이로 직장을 다닌지 10년이 넘었고, 독립된 생계를 유지할 수 있는 재산도 있었지만 C씨가 시각장애가 있어 동거봉양을 하고 있었던 것이다. 자녀들은 자신이 보유하고 있는 주택에서 월세도 받고 있었다.

조세심판원은 C씨의 자녀들이 30세 이상의 성인인데다 근로소득과 임대소득이 있는 등 독립생계를 유지한 것으로 보인다며 국세청이 세금을 돌려줘야 한다고 결정했다.

다주택자를 울리는 종합부동산세

매년 12월만 되면 부동산 부자들에게 일제히 발송되는 우편물이 있다. 바로 종합부동산세 통지서다. 종부세의 과세기준이 되는 공시가격이 크게 오르고 세율도 인상되면서 집주인들의 세금 부담은 더욱 늘어날 전망이다. 서울 주요 아파트 집주인의 2019년 종부세를 계산해봤다.

▼ **주택 공시가격별 종합부동산세** (단위: 원)

※재산세 공제 반영, 1주택자 기준, 아파트는 중간층 기준
* 는 실제 입주 10년 미만 아파트(공시가격 기준 세금 감면 예상세액 가정)

	10억		11억		12억		13억		14억		15억		16억		17억		18억		19억	
	70세 10년 보유 (70%감면)	50세 4년 보유 (0%감면)																		
합계	7만 9560	26만 5200	15만 9120	53만 400	23만 8680	79만 5600	34만 7040	115만 6800	48만 7800	162만 6000	62만 8560	209만 5200	76만 9320	256만 4400	99만 6480	332만 1600	122만 9040	409만 6800	146만 1600	487만 2000
종부세	6만 6300	22만 1000	13만 2600	44만 2000	19만 8900	66만 3000	28만 9200	96만 4000	40만 6500	135만 5000	52만 3800	174만 6000	64만 1100	213만 7000	83만 400	276만 8000	102만 4200	341만 4000	121만 8000	406만
농특세	1만 3260	4만 4200	2만 6520	8만 8400	3만 9780	13만 2600	5만 7840	19만 2800	8만 1300	27만 1000	10만 4760	34만 9200	12만 8220	42만 7400	16만 6080	55만 3600	20만 4840	68만 2800	24만 3600	81만 2000
공시가격	10억		11억		12억		13억		14억		15억		16억		17억		18억		19억	
해당 아파트 (크기)	신천동 파크리오 (84㎡)		대치동 은마 (84㎡)		여의도 자이 (148㎡)		목동 현대 하이페리온 (154㎡)		잠실동 잠실엘스 (119㎡)		반포동 반포자이 (84㎡)		*잠원동 아크로리버뷰 (84㎡)		도곡동 타워팰리스 (164㎡)		*잠원동 래미안 신반포팰리스 (133㎡)		*한강로2가 푸르지오써밋 (189㎡)	

🏠 종부세도 경로우대?

종부세는 주택 수와 공시가격에 따라 과세 대상이 결정된다. 주택을 한 채만 갖고 있다면 공시가격 9억원을 넘는 경우 종부세를 내야 한다. 주택이 2채 이상이라면 공시가격을 합쳐서 6억원만 넘어도 과세 대상이 된다.

1주택자 가운데 나이가 많거나 한 집에서 오래 살았다면 세금을 감면받을 수 있다. 집주인 나이가 60~64세인 경우 세액의 10%를 깎고, 65~69세는 20%, 70세 이상은 30%를 할인받는다. 보유기간이 5~9년이면 20%, 10~14년이면 40%,

15년 이상이면 50%를 세액에서 차감한다.

집주인 나이와 보유기간에 대한 감면은 중복 적용도 가능하다. 올해 67세인 집주인이 15년간 보유한 아파트라면 세액의 70%를 감면받을 수 있는 셈이다. 70세 이상이면서 15년 이상 보유했다면 산술적으로 80%를 감면받아야 하지만, 중복적용 최대 한도인 70%까지만 감면이 가능하다.

2019년 공시가격 10억원인 송파구 신천동 파크리오(84㎡)는 종부세로 22만1000원을 내야 한다. 종부세액의 20%가 붙는 농어촌 특별세까지 감안하면 26만5200원을 부담하게 된다. 공시가격 대비 0.027%만 세금으로 내는 셈이다.

같은 아파트 집주인이 70세 이상이면서 10년 이상 보유했다면 70% 세액 감면을 적용해 종부세 6만6300원, 농특세 1만3260원을 낸다. 감면을 받고 나면 공시가격 대비 세금 비중은 0.008%까지 떨어진다.

공시가격 11억원인 강남구 대치동 은마(84㎡)는 종부세가 두 배로 늘어난다. 종부세는 44만2000원을 내고, 농특세를 포함하면 53만400원을 부담한다. 고령자 및 장기보유 공제로 최대 70% 감면을 받는다면 세액은 15만9120원(농특세 포함)으로 떨어진다.

🏠 경차 1대 값보다 비싼 종부세 내는 아파트는 어디?

영등포구 여의도 자이(148㎡)는 공시가격 12억원인데, 종부세와 농특세로 총 79만5600원을 낸다. 공시가격 13억원인 양천구 목동 현대하이페리온(154㎡)의 집주인은 115만6800원의 세금을 부담하는 것으로 계산됐다.

공시가격 14억원인 송파구 잠실동 잠실엘스(119㎡)는 세금 162만6000원으로 공시가격 대비 0.116%를 부담한다. 서초구 반포동 반포자이(84㎡)는 공시가격 15억원에 세금 209만5200원, 잠원동 아크로리버뷰(84㎡)는 공시가격 16억원에 세금 256만4400원을 내는 것으로 나타났다.

이밖에 강남구 도곡동 타워팰리스(164㎡)는 세금 332만1600원, 서초구 잠원동 래미안신반포팰리스(133㎡)와 용산구 한강로2가 푸르지오써밋(189㎡)은 400만원대 세금을 내게 된다.

공시가격이 20억원으로 올라가면 종부세와 농특세가 500만원대로 치솟는다. 용산구 이촌동 래미안첼리투스(124㎡) 집주인이 낼 세금은 564만7200원이다. 강남구의 대표적 고가 아파트인 대치동 래미안대치팰리스(114㎡)는 세금 642만2400원, 압구정동 신현대11차(170㎡)와 삼성동 아이파크(145㎡)는 각각 700만원대 세금을 낸다.

공시가격 25억원이면 세금은 1000만원을 넘게 된다. 반포동 아크로리버파크(129㎡)는 세금 1029만1200원으로 공시가격 대비 세금 비중이 0.4% 수준이다. 용산구 한남동 한남더힐(208㎡)과 반포동 래미안퍼스티지(222㎡), 압구정동 현대1차(196㎡), 반포동 반포주공1단지(140㎡)도 1000만원 넘는 세금을 부담하는 단지들이다.

공시가격 30억원인 성수동 갤러리아포레(217㎡) 집주인이 낼 세금은 1620만7200원으로 조사됐다. 공시가격 대비 세금 비중은 0.5% 수준이다.

공시가격 30억 원 성수동 갤러리아포레(217㎡)
종부세 1620만7200원

🏠 종부세 계산 뽀개기!

종합부동산세는 국세청이 알아서 계산해주는 세금이다. 공시가격과 주택수에 따라 세액이 결정되는데, 마치 수학공식과 같은 계산과정을 거치게 된다. 국세청의 최첨단 컴퓨터가 계산한 세금을 관할 세무서에서 꼼꼼하게 확인한 후, 집주인들에게 과세 통지서를 보내는 방식이다.

종부세는 과세기준이 되는 공시가격만 알면 미리 계산해볼 수 있다. 공시가격이 10억원인 아파트를 10년 보유한 1세대 1주택자가 내야 할 종부세는 어떻게 계산할까?

먼저 종부세의 과세표준부터 따져봐야 한다. 1주택자는 공시가격 9억원을 공제한다. 공시가격이 10억원이면 9억원을 공제한 후 1억원에 대해서만 과세기준으로 삼는 것이다.

▼ 주택 공시가격별 종합부동산세 (단위: 원)

주택 종합부동산세 세액계산 흐름도

공시가격 − 공제금액 ❶ X 공정시장가액비율 ❷

= 과세표준 − 세율 ❸

= 종부세액 − 재산세 공제액

= 산출세액 − 세액공제 ❹ − 세부담상한 초과세액 ❺

= 종부세 고지세액 + 농어촌 특별세액 = 최종 부담세액

※재산세 공제 반영, 1주택자 기준, 아파트는 중간층 기준
* 는 실제 입주 10년 미만 아파트(공시가격 기준 세금 감면 예상세액 가정)

종부세 계산식 변수

❶ 공제금액: 1주택자 9억원, 2주택 이상 6억원

❷ 공정시장가액비율:
2019년 85%, 2020년 90%, 2021년 95%, 2022년 100%

❸ 종부세율

과세표준	세율
3억원 이하	0.5%
6억원 이하	0.7%
12억원 이하	1.0%
50억원 이하	1.4%
94억원 이하	2.0%
94억원 초과	2.7%

❹ 세액공제(1주택자)

연령	60~64세	10%
	65~69세	20%
	70세 이상	30%
보유기간	5~9년	20%
	10~14년	40%
	15년 이상	50%

❺ 세부담상환 초과세액: 전년 보유세액의 150%를 초과하는 세액

여기에 공정시장가액비율을 곱하면 과세표준이 산출된다. 2018년 80%였던 종부세 공정시장가액비율은 2019년 85%를 적용하고, 매년 5%포인트 오르다가 2022년에는 100%가 된다.

앞서 10억원 중 9억원을 공제하고 남은 1억원에서 올해 공정시장가액비율 85%를 곱한 금액, 즉 8500만원이 과세표준이다.

과세표준에서 세율을 곱하면 종부세액이 얼마인지 확인할 수 있다. 과세표준 3억원 이하는 세율 0.5%를 적용한다. 따라서 8500만원에 0.005를 곱한 금액인 42만5000원이 종부세액이다.

그런데 종부세액 42만5000원을 다 낼 필요가 없다. 똑같은 주택을 가지고 재산세와 종부세가 이중으로 과세된다는 문제가 있기 때문이다. 이런 문제를 해소하기 위해 종부세 과세표준에 해당하는 재산세액만큼 추가로 공제한다. 재산세와 종부세 과세표준을 각각 따로 계산해서 이중과세의 소지를 차단한 것이다.

종부세에서 공제할 재산세를 구하는 방식은 다소 복잡하다. 1주택자의 공시가격에서 9억원을 공제한 후, 종부세 공정시장가액비율 85%와 재산세 공정시장가액비율 60%를 곱하고 재산세 표준세율 0.4%까지 곱해야 한다.

이렇게 산출한 '과세표준 표준세율 재산세액'에서 이미 부과됐던 재산세액을 곱하고, 총표준세율 재산세액을 나누는 방식이다. 재산세 감면을 받았을 때의 세액과 감면받기 전 세액을 나란히 곱했다가 나누는 것이다.

이미 세금 감면을 많이 받은 집주인에게는 종부세에서 공제할 재산세가 적게 나오도록 설계됐다. 세 부담 상한제와 같은 재산세 감면을 따로 받은 적이 없다면 '과세표준 표준세율 재산세액'만 공제하면 된다.

공시가격 10억원인 경우 종부세액에서 공제할 '과세표준 표준세율 재산세액'은 20만4000원이다. 종부세액 42만5000원 중 재산세 공제액 20만4000원을 빼면 22만1000원이 산출된다. 별다른 세액 공제를 받지 않는 집주인이라면 22만1000원의 종부세를 내면 되는 셈이다.

▼ 종합부동산세 계산 뽀개기!

> **Q** 올해 공시가격 10억원 아파트를 10년 보유한 1세대 1주택자가 내야 할 종합부동산세를 계산하시오.

Step1
종부세 과세표준 계산하기

> **과세표준** = (공시가격-1주택자공제 9억원)×공정시장가액비율 85%
>
> (1,000,000,000-900,000,000)×0.85 = 85,000,000

Step2
종부세액 계산하기

> **종부세액** = 과세표준×3억원 이하 세율 0.5%
>
> 85,000,000×0.005 = 425,000

Step3
재산세 공제액 계산하기

> **재산세 공제액** = (공시가격-1주택자공제 9억원)×공정시장가액비율 85% ×재산세 공정시장가액비율 60%×0.4%
>
> (1,000,000,000-900,000,000)×0.85×0.6×0.004 = 204,000

Step4
종부세 최종세액 계산하기

> **종부세 최종세액** = 종부세액-재산세 공제액-(종부세액-재산세 공제액) ×10년보유 세액공제 40%
>
> 425,000-204,000-(425,000-204,000)×0.4 = 132,600

 정답: 13만2600원

그런데 1주택자는 나이와 보유기간에 따라 세액공제 혜택을 받을 수 있다. 보유기간이 10년인 주택이라면 세액에서 40%를 감면받게 된다. 결국 22만1000원에서 40%를 깎은 13만2600원이 국세청에서 부과하게 될 최종세액이다.

여기서 끝이 아니다. 종부세에는 '기생충'처럼 따라붙는 농어촌특별세가 함께 고지된다. 종부세 고지세액의 20%를 추가로 내야 한다. 종부세 13만2600원의 20%, 즉 2만6520원을 보태서 15만9120원을 부담하게 된다.

🏠 종부세, 국세청에 직접 물어봤다!

종합부동산세는 납세자가 직접 세액을 계산해보거나 세액을 예측하기 어려운 세금 중 하나다. 공시가격이라는 매년 달라지는 살아 있는 과세표준으로 세금을 매기는 데다 과표구간별로 다른 세율을 적용하기 때문이다. 또한 여러가지 과세 대상을 합산하는 경우도 있고, 그렇지 않은 경우도 있는 등 계산법이 복잡하다.

다행히 종부세는 납세자가 스스로 계산해서 신고납부하는 것이 아니라 과세관청이 계산해서 부과·고지하는 세금(신고납부도 가능)이다. 하지만, 계산하기 어렵고 복잡하다는 특성 때문에 국세청의 세금 고지서가 제대로 나왔는지 의문을 해소하기도 어렵다. 종부세 납세자들은 어떤 것을 주로 궁금해하는지, 국세청에 자주 묻는 종부세 질문과 그 답변들을 정리했다.

1세대 1주택은 어떤 혜택이 있나? 1세대 1주택자는 전국 보유 주택 공시가격 합산액이 9억원(일반은 6억원)을 초과하는 경우부터 과세된다. 또한 연령에 따른 세액공제와 보유기간에 따른 세액공제를 각각 적용받을 수 있다.

연령별·보유기간별 공제는 중복 공제가 가능해서, 70대(연령별 세액공제 30%)가 1세대 1주택 종부세 과세 대상 주택(공시가격 9억원 이상)을 10년 이상(보유기간공제 40%) 보유했다면 세액공제를 70% 받을 수 있다.

누가 1세대 1주택자인가? 세대원 중 1명(거주자)만이 주택분 재산세 과세 대상인 주택 단 1채를 소유한 경우 1세대 1주택자로 본다. 다주택이라도 등록한 임대주택에 대해서는 종부세 '합산배제' 신고를 하면 주택수에 포함하지 않아 1주택자로 혜택을 받을 수 있다. 단, 상속주택과 농어촌주택·소수지분주택 등은 종부세 계산시 주택수에 포함된다.

합산배제 신고는 매년 해야 하나? 전년도에 신고를 했고, 소유권이나 전용면적 등의 변동사항이 없다면, 올해 따로 신고를 하지 않아도 된다. 종부세 합산배제 신청기간은 매년 9월 16~30일이다. 하지만 신고기한이 지난 후에도 임대주택 요건을 갖춘 주택에 대해 합산배제를 신청하면, 임대주택 합산배제를 받을 수 있다.

임대 후 공시가격이 크게 올랐다면 어떻게 하나? 종합부동산세 합산배제요건은 임대 개시일 당시 공시가격이 6억원(수도권 밖은 3억원) 이하인 경우다. 임대개시일에 5억원이던 임대주택 공시가격이 6억원을 초과하게 오른 경우 임대개시일 기준으로 합산배제 신고를 하면 된다.

상속재산의 종부세는 누가 내나? 종부세 과세기준일(6월 1일) 이전에 상속이 개시된 주택은 상속인이 종부세도 채무로 승계해서 부담한다. 이때, 과세기준일 이전에 상속등기를 했다면 등기소유자가 종부세를 부담하지만, 등기를 미처 하지 못했다면 상속지분이 높은 사람이 전체 상속주택에 대한 종부세 납세의무를 진다.

종부세도 분납할 수 있나? 납부할 세금이 250만원을 초과하거나 500만원 이하인 경우에는 250만원 초과금액을 6개월 이내로 분납할 수 있다. 만약 납부할 세금이 500만원을 초과한다면 납부세액의 절반(50%) 이하의 금액을 6개월 이내로 나눠낼 수 있다.

주택현황이 전년도와 다르면 세부담상한은 어떻게 적용되나? 종부세는 집값 상승에 따른 급격한 세 부담 증가를 막기 위해 전년도보다 150%(조정대상지역 2주택은 200%, 3주택은 300%) 이상 오르지 않도록 하는 세 부담상한제가 적용된다. 만약 올해와 전년도의 과세기준일 현재 부동산 보유현황이 다른 경우에는 전년도에도 올해와 같은 주택을 보유했던 것으로 보고, 전년도 총세액을 우선 산출한 후에 올해의 세 부담상한액을 계산한다.

부부 공동명의 주택
절세 효과 팩트 체크

부부가 공동명의로 주택을 구입하는 사례가 많아졌다. 재산권을 동등하게 공유한다는 의미도 있지만, 절세에도 도움이 된다는 인식이 확산됐기 때문이다. 실제로 공동명의는 고가주택의 경우 인별로 과세되는 종합부동산세 부담을 낮추고, 향후 양도소득을 나눠 양도소득세도 줄일 수 있는 팁으로 공유되고 있다. 하지만 공동명의가 무조건 절세에 도움이 되는 것은 아니다. 주택 보유현황이나 금액 등 상황에 따라 유불리가 나뉜다고 한다. 공동명의 주택의 절세법에 대해 박송이 다림세무회계 세무사와 함께 자세히 살펴봤다.

🏢 소득세 줄지만 취득세 추가돼 유불리 사전 체크 필수

기본적으로는 부부 공동명의가 절세에 유리하다. 우리나라 소득세는 누진세 구조에 인별로 과세하니까 한명의 소득을 여러명이 나누면 양도소득세와 주택임대소득에 대한 종합소득세를 줄일 수 있다. 하지만 누진세 구조가 아니거나 물건 자체에 대해 과세하는 취득세나 재산세 등에서는 공동명의 효과를 볼 수 없다.

공동명의로 지분만 취득하더라도 취득세를 내야 한다. 따라서 기존에 단독으로 보유하던 주택을 공동명의로 변경하려는 경우에는 추가로 부담할 취득세를 따져봐야 한다. 공동명의 절세 효과를 따질 때 가장 보편적인 기준이 되는 것은 공동명의 변경을 통해 추가로 받게 될 세제 혜택이 명의변경 때문에 추가로 부담하는 취득세 부담을 넘어서는가다.

🏠 자기 지분에 대한 취득자금 각자 소명

공동명의로 주택을 취득하는 경우 취득자금 소명에 대한 부분도 주의해야 한다. 각자 지분에 대한 취득자금을 각자가 소명할 수 있어야 한다. 본인 자금만으로 자금 출처가 불분명한 경우에는 국세청이 취득자금에 대한 소명 요구를 할 수 있다.

물론 부부이기 때문에 부부간 증여공제를 활용해 6억원까지는 증여로 소명할 수 있겠지만, 그만큼 배우자의 자본력이 확인돼야

부부가 공동명의로 주택을 취득하는 것이 절세 측면에서 도움이 되는 이유는 자산소득의 인별 과세 원칙 때문이다. 법적으로 하나가 된, 혼인한 부부라고 하더라도 각자의 자산에 대해서는 각자가 가진 만큼만 세금 부담을 져야 한다는 원칙이다.

한다. 또 취득당시 계약서를 작성할 때부터 계좌이체 내역이나 영수증 등에 공동명의자의 이름이 함께 표기되도록 하는 것이 중요하다. 나중에 소명해야 할 때 확실한 증빙이 될 수 있기 때문이다.

🏠 공동명의로 임대사업하면 소득세 절세

공동으로 소유하는 주택은 공동명의로 임대사업자등록을 해야 한다. 만약 공동명의 주택과 단독명의 주택이 모두 있는 경우 임대사업자로 등록한다면 공동명의 사업자와 단독 사업자로 사업자등록 2개가 발급된다.

공동명의로 임대사업을 하면 발생하는 임대소득에 대한 소득세를 줄일 수 있다. 2019년부터 연 2000만원 이하의 임대소득에 대해서도 소득세가 과세되지만, 2000만원 이하의 임대소득은 분리과세할 수 있는 등 세 부담이 적기 때문에 일부러 공동명의를 통해 임대소득을 2000만원 이하로 쪼개는 사업자들도 있다.

🏠 공동명의로 임대사업하다 양도하면 세제 혜택 중단

공동명의로 임대사업을 하다가 상속·증여 및 양도를 통해 일부 명의자가 달라지는 경우에는 임대사업자에게 주어지는 세제 혜택도 중단되는지 확인해야 한다. 혜택을 받기 위한 요건인 의무 임대기간이 승계되는 경우와 그렇지 않은 경우가 있기 때문이다.

「민간임대주택법」에 따른 세제 혜택은 명의자가 달라져도 임대의무기간이 승계되어 혜택이 유지되지만, 「세법」에 따른 세제 혜택은 종전 명의자의 임대기간이 다음 명의자에게 승계되지 않아 혜

택도 중단된다. 새로운 명의자가 혜택을 받기 위해서는 의무임대기
간을 다시 채워야 한다.

🏠 지분 적어도 주택 수에 포함될 수 있어 주의

또한 소수지분을 가진 주택도 주택수에 포함된다는 점에 주의해야
한다. 1주택이라면 월세나 보증금에 대해 임대소득세가 비과세(기
준시가 9억원 초과주택은 과세)된다. 하지만 2주택은 월세는 과세되고
전세보증금은 비과세된다. 3주택 이상인 경우는 월세 및 전세보증
금(보증금 합계 3억원 초과인 경우 과세) 모두에 대해 과세한다.

임대주택 중 다수가 지분을 나눠 가진 공유주택의 경우 2020년
부터 주택수 계산 방식이 달라진다는 점(정부 「세법」 개정안 발표)도
주의해야 한다.

현재는 임대소득세 계산기준이 되는 주택수 산정에서 최대 지분
자만 그 주택을 소유한 것으로 보고, 소수 지분자는 지분을 주택수
에 포함하지 않았다. 법이 바뀐 후에는 해당 임대소득이 연간 600만
원 이상이거나 기준시가 9억원 초과주택의 30% 초과 지분을 보유
한 경우 소수지분자도 해당 주택을 소유한 것으로 계산하게 된다.

🏠 공동명의 지분 배우자·자녀에게 증여하려면 이월과세 고려

부동산을 배우자나 자녀에게 증여하는 경우에는 이월과세를 고려
해야 한다. 이월과세는 부동산을 배우자나 직계존비속에게 시가
로 증여한 후 곧바로 양도해서 양도차익을 줄이는 편법을 견제하
는 제도다. 수증자가 증여받은 부동산을 5년 이내에 양도하는 경우

수증가액이 아닌 증여자가 처음 취득한 금액을 수증자의 취득가로 판단해 양도세를 물린다.

예를 들어 2007년 5억원에 취득한 주택을 2017년에 주변 시세(매매사례가액)인 8억원에 자녀에게 증여했다고 해보자. 이 자녀가 불과 2년 뒤인 2019년 10억원에 이 주택을 양도한 경우, 양도차익은 이월과세 때문에 2억원(10억-8억원)이 아닌 5억원(10억-5억원)이 된다. 따라서 부동산을 배우자나 직계존비속에게 증여하려 한다면 증여 후 5년 내 양도할 계획이 없는지를 잘 따져봐야 한다.

🏠 공동명의 주택 양도하면 양도차익은 명의자 각자 계산

공동명의 주택을 타인에게 양도하는 경우에는 양도차익을 명의자 각자가 따로 계산한다는 점을 기억하면 된다. 전체 양도세를 계산한 후 지분비율대로 납부하는 것이 아니라 각각의 양도차익에 대한 납부세액을 계산해서 신고도 따로 하는 것이다.

양도소득 기본공제도 각각 받을 수 있고, 필요경비도 지분비율대로 나눌 수 있다. 확장공사를 해서 1000만원의 필요경비가 있다면 부부가 500만원씩을 필요경비로 처리할 수 있다. 물론 이를 위해서 공사비를 치를 때부터 두사람의 이름이 영수증에 함께 적히도록 하거나, 계좌이체를 하더라도 공사비를 나눠 이체해서 흔적을 남겨두는 것이 좋다.

다주택자의 경우 주택을 매매할 때 주택수를 잘 고려해야 한다. 양도할 주택이 부부공동명의인 경우 본인명의의 주택수가 아니라 세대의 주택수를 계산해서 정확한 세율을 적용할 수 있게 하는 것이 중요하다.

토지보상가액 높이는 것보다 중요한 절세 플랜

최근 정부의 신도시 개발계획이 잇따라 발표됐다. 신도시 건설공사를 시작하게 되면 그곳에 원래 집이나 땅을 가진 사람들은 본의 아니게 집이나 땅을 국가에 팔아야 하는 상황에 직면하게 된다. 전문용어로는 '공익사업 수용(收用)'이라고 한다. 수용은 공공의 목적을 위해 개인의 사유재산이 강제적으로 몰수를 당하는 일이다. 이 때문에 적정한 보상과 함께 양도차익 등에 대한 세제 혜택도 주어진다. 그런데 공익사업에 수용될 때에도 주의해야 할 부분들이 많다고 한다. 신도시 수용 부동산을 전문적으로 상담하고 있는 이장원 세무사와 함께 공익사업 수용시 절세팁을 살펴봤다.

🏠 토지 수용 땐 가장 큰 혜택 우선 적용

공익사업에 토지가 수용되는 경우에는 우선 현금보상을 기준으로 양도소득세 10%(채권보상 15~40%) 감면 혜택이 있다. 또 개발제한구역에 묶여 있던 토지가 수용된 경우에는 일반적인 수용감면보다 감면을 더 높게 적용하고 있다. 개발제한구역 지정일 이전에 취득했다면 40%, 협의매수나 수용일부터 20년 전에 취득한 경우에는

25% 감면이 적용된다. 물론 서울시 및 수도권의 개발제한구역 설정(1971년) 이전은 아주 오래전이라 사례가 많지는 않다.

그밖에 8년 자경농지에 대한 양도세 감면, 농지대토에 따른 양도세 감면, 축사용지에 대한 양도세 감면 등 기존 「세법」에서 허용하는 양도세 감면은 요건만 갖춘다면 모두 다 받을 수 있다. 이 중 가장 혜택이 큰 것을 적용해 감면을 받으면 된다.

여기서 주의할 점은 감면적용 요건들이 매우 까다롭다는 것이다. 스스로 판단해서 감면신청을 했다가 요건이 충족되지 않아 추가세액과 가산세까지 내는 경우가 더러 있다. 감면사항에 대해서는 전문가인 세무사에게 판단을 맡기는 것을 추천한다.

> 공익사업 수용 때 현금이나 채권 보상은 양도세 감면
> 8년 자경농지 양도세 감면
> 농지대토에 따른 양소세 감면
> 축사용지에 대한 양도세 감면

🏢 토지, 수용 결정일 2년 이전에 취득한 경우만 세제 혜택

토지 종류는 수용 토지의 세금 부담을 판단할 때 가장 중요한 요건 중 하나다. 토지는 본래 용도에 사용된 사업용 토지냐 용도 외로 사용된 비사업용 토지냐에 따라 양도소득세 부담에 큰 차이가 있다.

비사업용 토지는 기본 세율에 10%를 중과하고 있다. 그런데 공익사업에 수용된 토지는 비사업용 토지라도 양도세를 중과하지 않는다. 단, 공익사업을 할 목적으로 토지 등을 수용 또는 사용할 사업으로 결정한 날, 즉 사업인정고시일(사업구역 확정일) 2년 이전에

취득한 경우만 혜택 대상이다. 만약 사업인정고시일 2년 이내에 취득한 비사업용 토지라면 좀 더 따져봐야 한다. 농지·임야·목장용지·주택부수토지·별장·나대지 등에 따라 각각 복잡한 요건을 검토해서 양도세 부담이 결정된다.

🏠 공익사업에 강제 수용돼도 다주택자 중과세 물 수 있어

수용되는 부동산이 토지가 아니라 주택이라면 또 다른 문제가 있다. 주택은 우선 주택부수토지(주택에 딸린 토지)까지 양도가액으로 보기 때문에 양도가액이 커진다. 수용지역이 조정대상지역인 경우에는 다주택 중과세도 고려해야 한다. 「세법」이 좀 겹쳐 있는 부분인데, 수용에 따른 감면은 받을 수 있지만 중과세율도 적용되도록 돼 있다.

실제로 최근에 발표된 3기 신도시(경기도 남양주와 하남, 인천 계양, 과천 등) 지역을 보면 대부분 조정대상지역이다. 이 지역에 보유한 주택이 수용되는 경우에는 다른 보유주택이 중과세 대상 주택수에 포함되는지를 꼭 확인해봐야 한다. 다주택자가 조정대상지역 주택을 양도할 때에는 양도소득세를 중과하는 규정이 있기 때문이다.

단, 예외도 있다. 다주택자 중과규정을 보면 조정대상지역이면서 중과대상 주택에 한해 중과하도록 돼 있다. 이 중 경기도 읍·면 지역은 중과대상에서 빠지도록 돼 있다.

3기 신도시 지역 중 남양주시 진건읍은 양도세를 중과하지 않을 수 있다. 반면, 하남시 천현동이나 춘궁동에 주택이 있는 다주택자들은 수용될 때 중과세를 고려해야 한다.

다주택자 중과세 적용 역시 최근 「세법」 개정사항이 많고, 요건들이 복잡하다. 반드시 세무전문가와 상담을 한 후에 진행하는 것이 절세하는 지름길이다.

🏠 자경농지, 수용 미뤄질 땐 자경기간 채워 세금 감면 가능

예상 세액을 산정하고 절세 플랜을 짜볼 수 있다. 기존 감정평가액을 참고하거나 인근지역에 최근 있었던 공익사업 수용사례를 참고하면 예상세액을 추산할 수 있다. 같은 지역에서는 거의 같은 기준으로 보상가액이 정해지기 때문이다.

일례로 최근 세종-포천간 고속도로 사업으로 서울시 강동구와 경기도 하남시·구리시·광주시, 세종시 등의 토지수용이 대대적으로 진행중이다. 수용공고문 등을 확인하면 제곱미터당 지목별 보상가액이 얼마인지를 확인할 수 있다.

수용보상가액 조율과 수용 시행자의 보상예산 고갈 등의 이유로 수용시점이 2~3년 늦춰지는 경우도 있다. 자경농지인데 8년이 안된 경우에는 그 기간을 활용해 자경감면의 '기간' 요건을 다 채우는 방법도 있다.

자경농지 감면은 1년에 1억원, 최대 5년에 2억원까지 가능하다. 수용기간을 늦춘 다음 필지를 나눠서 감면액을 최대로 늘리는 것

자경농지 감면 1년 1억원, 최대 5년에 2억원
토지수용기간 늦춰 감면액 최대로 늘려 절세

도 절세에 도움이 된다. 수용사업시행자도 수용보상자의 절세 플랜에 최대한 도움이 되도록 협조하는 편이니 잘 활용하는 것이 좋다.

🏠 보상금 증여할 때 증여세 신고는 필수

중요한 것 하나를 더 짚어보자면, 보상가액을 늘리는 것도 중요하지만 절세 플랜을 절대 등한시해서는 안 된다는 것이다. 세금은 고정된 액수라는 판단을 해 놓고, 보상가액에만 집중하다가 예상치 못한 거액의 세금을 추징당하는 경우를 실무에서 많이 접하게 된다.

까다로운 수용재결을 통해 1억원의 보상가액을 증액하는 것보다는 양도 시기를 조절하거나 요건을 갖춰서 1억원의 세금을 절세하는 것이 훨씬 확률 높고 확실한 방법이라는 것을 인지해야 한다. 실제 보상가액에 집중해서 3000만원을 더 보상받는데는 성공했지만 절세 플랜을 생각하지 못해 1억원의 세금을 추징당한 사례도 있다.

또 하나 수용보상금을 받은 후 자녀들에게 무턱대고 현금 증여를 하는 경우가 많은데, 이때 반드시 증여세 신고를 해야만 추후 세무조사에 따른 가산세 추징을 피할 수 있다는 것도 기억해야 한다. 수용보상금은 이미 자금 흐름이 노출된 돈이다. 애초에 숨길 수 있다는 생각을 해서는 안 된다.

재건축 분담금에도 세금이 매겨질까?

🏠 재건축조합은 공익적 측면을 고려해 비영리법인 취급

통계청에 따르면 2017년 말 기준으로 우리나라의 아파트는 1000만 채가 넘었다. 1979년 이전에 준공돼 지은 지 40년이 지난 아파트는 약 11만채, 30년이 지난 아파트는 약 91만채이며, 1990년대에 지어진 아파트는 약 374만채로 기하급수적으로 늘어난다. 아파트는 준공 후 약 30년이 지나면서 노후화된다고 보면 앞으로 아파트 재건축이 엄청나게 늘어날 것으로 예상된다.

현행 「도시 및 주거환경정비법」상 정비사업에는 재건축사업과 재개발사업이 포함돼 있다. '재건축사업'은 정비기반시설은 양호하지만 노후·불량건축물에 해당하는 공동주택이 밀집한 지역에서 주거환경을 개선하기 위한 사업을 말한다. '재개발사업'은 정비기반시설이 열악하고 노후·불량건축물이 밀집한 지역에서 주거환경을 개선하기 위한 사업을 뜻한다. 이러한 재건축·재개발 사업의 시행은 일반적으로 조합을 통해 이루어진다. 조합은 '법인'으로 하며 '정비사업조합'이라는 명칭을 사용해야 한다.

정비사업조합은 법인격을 가지므로 「세법」상 법인세 납세의무가 있다. 다만 「조세특례제한법(제104조의7)」 규정에 따라 2004년 이후에는 조합을 비영리내국법인으로 보도록 하고 있다. 즉, 원칙적으로 조합은 재건축 사업으로 남은 수익을 조합원들에게 분배하므로 「법인세법」상 비영리법인 범위에는 포함되지 않지만, 주거환경

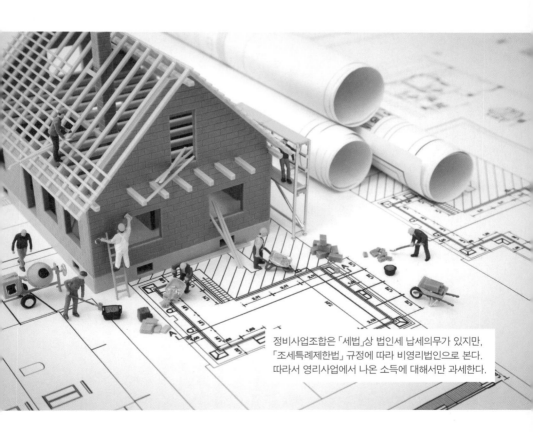

개선이라는 공익적 측면을 고려해 특별히 비영리법인으로 취급하고 있는 것이다.

그럼 비영리법인이 영리법인에 비해 「법인세법」상 유리한 점은 무엇인가? 영리법인은 원칙적으로 법인의 모든 소득에 대해 과세하지만 비영리법인은 수익사업, 즉 영리사업에서 나온 소득에 대해서만 과세한다. 예를 들어 상가나 아파트 일반분양에 따른 수익은 영리사업으로 보아 법인세를 납부해야 한다. 반면, 조합이 해당 정비사업에 관한 관리처분계획에 따라 조합원에게 종전의 토지를 대신해 토지 및 건축물을 공급하는 사업은 수익사업이 아닌 것으로

정비사업조합은 「세법」상 법인세 납세의무가 있지만, 「조세특례제한법」 규정에 따라 비영리법인으로 본다. 따라서 영리사업에서 나온 소득에 대해서만 과세한다.

본다(「조세특례제한법」 시행령 제104조의4).

🏠 조합원 분담금, 조합의 수익사업인가 비수익사업인가?

최근 재건축 조합의 수익사업 여부에 관한 대법원 판례(대법 2018두 54040, 2018.12.06.)를 소개한다.

[쟁점]
재건축사업에 따라 일반인을 상대로 한 분양수입(아파트·상가 등 일반 분양)은 조합의 수익사업에 해당하는 것은 명백하다. 조합원이 자기 지분을 초과해 분양받은 경우 그 차액을 '조합원 분담금'으로 조합에 납부해야 하는데 이러한 조합원 분담금이 조합의 수익사업으로 볼 것인지 아니면 비수익사업으로 볼 것인지가 쟁점이다.

[1심의 판단]
조합원 분담금이란 조합원이 종전에 자기가 소유하고 있던 토지 또는 건물의 가격을 초과하는 토지 및 건물을 공급받고 추가적으로 부담하는 돈을 말하고, 이는 조합원 지위를 이용해 추가로 토지 및 건물을 분양받고 그 대가를 지급하는 것과 동일하므로, 이를 일반 분양의 분양대금과 다르게 취급할 이유가 없다. 즉, 조합의 비수익사업이란 재건축조합이 조합원에게 조합원 소유 종전 토지 및 건물과 '동일한' 가치의 토지 및 건물을 공급하는 경우로 한정해야 하고, 이를 초과해 공급하는 금액은 일반 분양금과 동일하게 수익사업으로 봐야 한다는 것이다.

[원심 및 대법원 판단]
반면, 원심과 대법원의 판단은 달랐다. 「조세특례제한법」에서 조합원에게 종전의 토지를 대신해 토지 및 건축물을 공급하는 사업은 수익사업이 아닌 것으로 본다고 규정하고 있는 바, 위 사업에서 어떠한 소득이 생기더라도 이는 법인세 과세 대상인 수익사업에서 생긴 소득이라고 할 수 없다고 본 것이다.

이 판례는 조합원 분담금에 대해 부가가치세를 과세하지 않고 있는 현행 과세관행과 동일한 판단이다. 반면, 조합원 분담금은 수익사업의 익금이라는 기존 과세관청의 입장(법인세과-669, 2009.02. 18.)과 다른 판단이다.

과세관청은 조합원이 종전 토지를 현물출자하고 그 대가로 동일한 가치의 아파트를 받는 것은 출자의 반환으로 보아 수익사업으로 보지 않는 반면, 조합원의 추가 분담금에 대해서는 현물출자가 아닌 현금출자이므로 수익사업으로 보아 과세해야 한다는 입장이다. 이러한 과세관청의 의견은 현물출자 개념에 치우친 것이다.

조합원 입장에서는 새로 분양받은 토지 및 아파트 가액이 자기 지분을 초과하는 경우 추가적으로 조합에 현금으로 출자하여 취득하는 것인데 기존의 현물출자와 달리 볼 이유가 없다. 즉, 그 분담금을 조합의 수익사업으로 보아 법인세를 과세하는 것은 문제가 있다. 특히 재건축조합의 성격을 조합원이 공동사업을 하여 재건축 아파트를 취득하는 도관(conduit)으로 볼 경우 더욱 그러하다.

이번 판결을 계기로 조합원 분담금에 대해서는 조합의 비수익사업으로 본다는 내용을 「세법」에 명확하게 규정할 필요가 있다고 판단한다.

CHAPTER 2

아는 만큼 돈이 되는
2020년
세제 파헤치기

2020년 정부장의
절세작전

달라지는 세금 제도
깨알같이 체크해
모두 챙겨 받으리라!

2020년부터 달라지는 세금 제도가 윤곽을 드러냈다. 정부「세법」개정안 중 실생활에서 바로 적용할 수 있는 절세포인트를 직장인·집주인·투자자·소비자 입장에서 살펴봤다.

직장인 ## 제로페이 250만원 결제하면 100만원 공제

직장인의 연말정산에서 영향을 끼칠 「세법」 개정안은 3가지로 요약된다. 간편결제 플랫폼 '제로페이'를 사용하면 전통시장과 맞먹는 최고 수준의 소득공제 혜택을 받는다.

반면, 고소득자와 초등학교 1학년 학부모의 세금 부담은 늘어날 전망이다. 근로소득공제 한도가 생기고, 자녀세액공제 대상도 다소 좁아지게 된다.

제로페이 앱 사용금액 40% 공제

연말정산에 관심이 있는 직장인이라면 제로페이를 눈여겨볼 필요가 있다. 스마트폰을 통해 제로페이 앱으로 결제하면 사용금액의 40%를 공제받을 수 있기 때문이다. 신용카드 15%, 현금영수증은 30%의 공제율이 적용되지만, 제로페이는 전통시장·대중교통비와 마찬가지로 40%의 공제 혜택을 받는다. 게다가 전통시장과 함께 100만원 한도를 추가로 적용하게 된다.

예를 들어 총급여 4000만원인 직장인이 1년간 신용카드로 1200만원을 썼다면 30만원을 공제받는다. 그런데 신용카드로 1000만원을 쓰고 제로페이로 200만원을 결제하면 80만원을 공제받는 것이다.

총급여 7000만원 이하인 경우 신용카드 공제 한도가 300만원이지만, 제로페이를 쓰면 100만원 추가 한도를 적용해 400만원까지 공제가 가능하다.

제로페이로 250만원을 쓰면 40% 공제율을 적용해 100만원의 한도를 채우게 된다. 만약 소득세율 15% 구간(과세표준 4600만원 이하)을 적용하는 직장인이 제로페이로 100만원을 공제받으면 연말

정산에서 15만원을 환급
받게 된다.

근로소득공제 한도 신설
고액 연봉을 받는 직
장인은 2020년부터 소
득세 부담이 늘어난다.
소득세를 계산할 때 차감
해주는 근로소득공제 한
도가 신설된다.

한도는 2000만원으로 연봉에서 비과세소득을 뺀 총급여가 3억
6250만원을 넘으면 세 부담이 늘어나게 된다. 세금을 더 내게 되
는 직장인은 총 2만1000명이며, 전체 직장인 1800만명 가운데
0.11%에 해당한다. 총급여 5억원일 경우 근로소득공제가 275만원
감소하고, 세 부담은 110만원이 늘어난다. 총급여 10억원이면 내
년부터 535만5000원의 세금을 더 내게 된다.

자녀세액공제 축소
초등학교 입학생 자녀를 둔 직장인은 자녀세액공제가 줄어든다
는 사실을 기억해야 한다. 현재 자녀세액공제는 7세 이상의 자녀
1명에 15만원(3명 이상부터 1명당 30만원)의 자녀세액공제를 적용하
는데, 7세 미만인 취학아동까지 포함하고 있다.

그런데 2020년부터 7세 미만의 취학아동은 자녀세액공제를 받
을 수 없다. 2019년 9월부터 아동수당의 지급연령이 6세에서 7세
로 확대되면서 아동수당과 중복 적용을 배제하기 위한 것이다.

개정안은 2021년 초 연말정산 신고서를 작성할 때 적용하게 된다.

▼ 직장인을 위한 2020년 절세 포인트

항목	2019년	2020년
제로페이 사용금액 공제	30% 공제	40% 공제, 100만원 추가 한도
근로소득공제 한도 신설	한도없음	2000만원
자녀세액공제 대상 축소	7세 미만 취학아동 포함	7세 미만 취학아동 제외

소비자 **15년된 내차, 할인된 가격에 새 차 바꿀 기회**

소비자의 마음을 흔드는 가장 중요한 요소는 가격이다. 그런데 소비자 가격에는 세금도 포함돼 있다. 그렇다면 물건값에 붙은 세금만 줄어도 소비자는 흔들릴 수 있다는 계산이 나온다.

정부 「세법」 개정안에도 소비활성화를 위해 세금을 줄이는 내용이 포함됐다. 당장 차를 산지 15년이 넘은 운전자들이 이른바 '지름신'을 만날 가능성이 높아졌다. 정부는 15년 이상 된 노후차를 신차(경유차 제외)로 바꾸는 경우 개별소비세를 70%(100만원 한도) 깎아주기로 했다. 2020년 상반기, 딱 6개월

동안만 한시적으로 깎아주기 때문에 기회를 잡느냐 마느냐에 대한 고민도 커질 것이다.

개별소비세를 100만원까지 깎아주지만 개별소비세에 붙는 교육세(30%)와 총액에 부과되는 부가가치세(10%)까지 고려하면 최대 찻값 143만원을 낮출 수 있다. 경유차를 제외한 승용차는 모두 대상이 되니까 자동차 딜러들이 제시하는 프로모션까지 활용하면 내년 상반기는 오래된 차를 새차로 바꿀 수 있는 좋은 기회가 된다.

2004년 12월 31일 이전에 신규등록된 노후차를 2019년 6월 30일 현재 등록해 소유하고 있는 소유주면 대상이 되며, 2020년 1월 1일 이후 반출되거나 수입신고된 신차를 사야 혜택을 받을 수 있다.

수소전기자동차를 구입할 때 대당 400만원(교육세 포함시 520만원)의 개별소비세를 깎아주는 감면 제도도 2019년 말까지였던 적용 기한이 3년 더 연장된다. 수소차에 관심이 있는 경우 2020년 이후 구매하더라도 세금 할인 효과는 누릴 수 있다.

▼ **노후차 폐차 후 신차 구입시 세금 비교**

자동차 출고가	현행 세액	노후차교체시	할인 세액
1500만원	107만원	32만원	75만원
2000만원	143만원	43만원	100만원
3000만원	215만원	72만원	143만원
4000만원	286만원	143만원	143만원

※세액=개별소비세+교육세+부가가치세

2019년 9월부터 바뀐 「세법」도 있다. 해외여행시 들를 수 있는 국내 면세점의 내국인 구매한도가 종전 3000달러에서 5000달러로 늘어났다.

5000달러는 시내면세점과 출국장면세점에서 구매할 수 있는 한도이며, 최근 인천공항에 생긴 입국장면세점 구매한도 600달러를 추가하면 내국인의 면세점 총구매한도는 3600달러에서 5600달러로 늘어난 셈이다.

단, 구매한도만 늘어났을 뿐 입국할 때 면세로 반입할 수 있는 입국면세한도는 600달러로 종전과 같으니 무턱대고 쇼핑하지 않도록 주의해야 한다. 구매금액과 상관없이 600달러가 넘는 부분은 신고하고 세금을 내야 한다.

투자자 ## 이젠 해외주식 양도세 부담 좀 줄겠군

투자자가 수익률을 판단할 때 잊지 말아야 할 것 중 하나가 세금이다. 진짜 순수익을 확인하려면 세금 변수를 제거해야 하기 때문이다. 세후소득, 세후수익을 구분하는 이유다. 따라서 투자자들은 세금 제도 변화에 민감할 수밖에 없다. 2020년부터 달라지는 「세법」에도 투자수익에 변화를 줄 수 있는 내용들이 많이 담겨 있으니 주목해야 한다.

가장 눈에 띄는 것은 해외주식과 국내주식 간의 양도차익 합산이다. 현재 국내주식은 대주주의 상장주식이나 비상장주식의 양도차익에 대해 양도소득세를 과세하고, 해외주식은 모든 양도차익에 대해 과세하고 있다. 그런데 국내주식 양도차익과 해외주식 양도차익을 합산할 수 없어 양쪽 모두에 투자한 투자자의 경우 합산손실이 발생해도 세금을 부담하는 문제가 생겼다.

예를 들어 국내 비상장주식거래로 400만원의 손실을 보고 해외 주식으로 300만원의 이익을 남긴 투자자의 경우 현재는 순소득이 -100만원인데도 300만원에 대해 20% 세율로 양도소득세를 내야 한다.

하지만 2020년 1월 1일부터는 국내주식과 해외주식의 양도손익을 합산해서 세금을 낼 수 있게 된다. 위 투자자의 사례가 2020년 1월 1일 이후 거래에서 발생했다면 손익을 합산할 수 있어 양도소득세를 내지 않아도 된다.

주의할 점은 손익을 합산할 수 있는 주식은 과세 대상 주식이어야 한다는 것이다. 양도소득세를 애초에 낼 필요가 없는 국내주식의 양도차익은 손실난 해외주식과 손익을 합산할 수 없다.

2020년 4월부터는 비상장주식의 증권거래세도 인하될 예정이다. 정부 「세법」 개정안에는 현재 0.5%인 비상장주식 증권거래세율을 0.45%로 0.05%포인트 인하하는 방안이 담겼다. 앞서 2019년 6월 3일부터 상장주식의 장내 거래에 대해서는 0.05%포인트 인하된 세율이 적용되고 있다.

근로자들의 절세용 투자상품으로 인기를 끌고 있는 사적연금에 대한 세제 지원도 늘어난다. 50세 이상인 경우 급여 수준에 따라 300만~400만원인 연금계좌세액공제액이 2020년 1월 1일 이후 납입분부터는 600만원까지 확대된다.

또 만기가 찾아온 ISA(개인

▼ 국내외 주식 양도차익 합산 사례

국내비상장주식	400만원 손실	
해외주식	300만원 이익	
순소득	100만원 손실	
양도세	현행	개정후
	*60만원	0원

*양도세액=300만원×20%세율

종합자산관리) 계좌를 연금계좌로 전환해 추가납입하는 경우 추가납입액의 10%를 최대 300만원까지 연금계좌세액공제 한도에 얹어준다. 만기 ISA계좌 연금계좌전환 세액공제 추가도 2020년 1월부터 적용된다.

집주인 **준비하자, 임대사업 집주인 소득세 2배**

월세나 전세를 주고 임대소득을 올리는 집주인은 첩첩산중이다. 2019년부터 연간 2000만원 이하 임대소득도 과세 대상에 포함되면서 2020년 5월 종합소득세 신고를 해야 한다.

월세로 90만원을 받으면 임대소득세로 52만3600원을 내야 한다. 연간 임대수입금액 1080만원에서 필요경비 50%(540만원)와 공제금액 200만원을 차감한 후 15.4%(지방소득세 포함)의 세율을 적용한 것이다.

(임대수입 1080만원-필요경비 540만원-공제금액 200만원)×15.4%
= 52만3600원

다만, 소형주택(85㎡ · 6억원 이하)에서 8년 임대사업자로 등록하면 필요경비 60%와 공제금액 400만원을 적용하기 때문에 소득세를 낼 필요가 없다.

임대수입 1080만원-필요경비 720만원-공제금액 400만원 = **0원**

임대수입이 더 많아서 소득세를 내더라도 8년 장기임대사업자는 산출세액의 75%, 4년 임대사업자는 30%를 세액에서 추가로 감면받을 수 있다. 따라서 임대사업자 등록은 집주인들에게 소득세 절세의 수단으로 떠오르는 방식이다.

그런데 2021년부터 세금 감면 폭이 줄어든다. 8년 임대사업자는 50%, 4년 임대사업자는 20%의 감면율을 적용한다. 이렇게 되면 8년 임대사업자는 현재보다 소득세를 2배로 내고, 4년 임대사업자는 세 부담이 15% 늘어난다.

예를 들어 주택 두 채를 가진 집주인이 한 채에서 월세 100만원씩 받고 8년 임대사업자로 등록했다면 2020년 5월 소득세로 3만 800원만 내면 된다.

2020년 5월 소득세

(임대수입 1200만원-필요경비 720만원-공제금액 400만원) ×15.4%×25% = **3만800원**

그런데 2021년에는 감면율이 50%로 줄어들면서 6만1600원의 임대소득세를 내야 한다. 세금이 정확히 2배로 늘어나는 것이다.

2021년 5월 소득세	（임대수입 1200만원－필요경비 720만원－공제금액 400만원） ×15.4%×50% = **6만1600원**

    집주인 입장에서는 세 부담이 늘어나지만, 최악의 상황은 면하게 됐다. 원래 임대사업자 세액 감면 제도는 2019년 말까지만 적용될 예정이었는데, 2022년 말까지 3년간 기한을 연장하는 것이다. 정부는 임대주택 등록을 활성화하는 취지를 계속 살리기 위해 감면 제도를 유지하면서도 너무 높았던 감면 수준을 끌어내렸다. 법안이 연말 국회를 통과하면 2021년 소득분부터 적용하고, 2022년 5월 종합소득세 신고 기간부터 반영될 예정이다.

해외주식 직구 시대,
아마존 주식
나도 한 번 사볼까?

바야흐로 해외주식 직구 시대다. 저금리로 인해
1%의 이자가 아쉬워지면서 개인투자자들 사이에서도 해외주식 투
자는 이제 선택이 아닌 필수가 되고 있다. 증권사들도 제2의 먹거
리로 키우기 위해 분주하다. 택스워치는 해외주식에 현명하게 투자
하는 방법과 해외주식만의 세금 문제를 살펴봤다.

◆ 해외주식 직구, 연간 결제액 300억달러 돌파

주식시장에서도 해외 직구 열풍이 불고 있다. 해외 인터넷에서 쇼핑을 하듯 증권사 트레이딩 시스템을 통해 직접 해외주식을 사고파는 것이다. 해외주식 투자는 한때 시장 불확실성과 환손실 등 리스크가 상대적으로 더 부각되면서 꺼려졌지만 지금은 직접 투자자가 크게 늘고 있고 포트폴리오 중 일부로 적극 활용되고 있다.

한국예탁결제원에 따르면 2018년 상반기까지 해외주식과 채권을 사고파는 외화증권 결제금액은 527억8000만 달러로 2017년 하반기 대비 22.4% 증가했다. 특히 외화 주식 결제금액이 179억5000만 달러를 기록해 2017년 반기 대비 증가폭이 34%로 훨씬 컸다.

해외주식 거래 총액은 2018년 300억달러를 넘어섰다. 외화 주식 결제 규모 집계가 시작된 2011년만 해도 31억 달러에 불과했던 것을 감안하면 괄목할 만한 숫자다.

해외주식 직구가 크게 늘어난 데는 한동안 고액자산가 중심으로만 해외 투자에 나섰던 것과 달리 일반 개인 투자자들로 투자 분위기가 확산된 영향이 크다. 국세청이 2018년 6월 해외 금융 계좌를 집계한 결과 1287명이 66조4000억원을 신고했고 이 중 법인(551곳)은 2017년보다 줄어든 반면 개인은 736명으로 30% 가까이 늘었다.

신고금액도 7조원 수준으로 법인(60조원)에 비해 낮지만 소폭 증가에 그친 법인과 달리 2017년 대비 증가폭이 35%를 웃돌았다. 예적금 계좌 신고 금액은 줄어든 반면, 주식계좌 신고 금액은 20조8000억원으로 무려 13조원이 늘어났다.

이처럼 해외주식 투자가 늘어난 데는 글로벌 시장에 대한 관심이 높아지면서 국내주식만 고집했던 투자자들의 인식이 바뀐 영향이 크다. 특히 최근까지 미국 증시가 최고가를 기록하고 기술주를 중심으로 랠리가 거듭되면서 국내 투자자들의 관심이 집중됐다. 2017년과 달리 2018년 코스피는 부진을 거듭했고, 여기에 증권사

▼ **외화주식 결제 금액 추이**
(단위: 억달러)

2011	2012	2013	2014	2015	2016	2017	2018년*
31	30	52	81	140	128	227	270

2018년은 3분기 누적

자료: KSD 증권정보포털 SEIBro(세이브로)

들이 해외주식 투자가 간편하도록 투자 플랫폼을 바꾸고 있는 것도 큰 몫을 하고 있다는 평가다.

2018년 들어 미국의 금리 인상과 미·중간 무역분쟁 등 글로벌 변수가 즐비하며 해외주식 투자가 결코 호락호락한 여건은 아니다. 그럼에도 해외주식 투자가 꾸준히 이뤄지고 있고 포트폴리오 가운데 하나로 활용되는 흐름은 더 강화될 것으로 점쳐진다.

▼ **외화주식 결제 금액**

(단위: 달러)

순위	국가	종목명	결제금액
1	미국	아마존	20억4034
2	미국	알리바바	12억366
3	홍콩	차이나 AMC	11억6772
4	홍콩	텐센트	10억3788
5	미국	엔비디아	8억803
6	미국	알파벳	6억9101
7	미국	아이셰어즈	6억2716
8	미국	넷플릭스	4억9144
9	미국	페이스북	4억4150
10	미국	ISH EXPTL TECG	3억7347

*2018년 10월 22일 기준

자료: KSD 증권정보포털 SEIBro(세이브로)

삼성증권이 2018년 9월 해외주식세미나 참석 고객을 대상으로 설문을 실시한 결과 571명의 응답자 가운데 60.7%가 해외주식 투자를 더 늘리겠다고 답했다. 계속 유지하겠다는 답변도 31.1%를 차지했다. 대내외 변수로 국내외 증시가 흔들리는 상황에서도 해외주식 투자 의지는 꾸준한 셈이다.

특히 금융자산 중 해외 비중을 얼마까지 늘리겠느냐는 질문에서는 52.6%가 최대 30% 확대하겠다고 답해 단기 시장 흐름에 흔들리기보다는 향후 분산투자를 위한 포트폴리오 대안으로서 관심이 증가할 수 있음을 보여줬다.

다만 해외주식에 올인하기보다는 포트폴리오 가운데 하나로 활용하는 것이 바람직하며, 해외주식 안에서도 선진국과 이머징 등 적절한 자산 배분이 필요하다는 조언이 나온다.

해외주식의 경우 국내주식과 달리 세금 부담이 존재하고 환율 요인도 리스크로 지목된다. 양도소득세를 내야 할 뿐 아니라 각각의 시장 상황에 더해 환율도 변하기 때문에 예상치 못한 환손실이 발생할 수 있다. 시장마다 상·하한가 제한이 없는 등 변동성 폭도 다른 데다 세금도 제각각인 만큼 투자하는 기업이 속한 국가들의 제도를 알고 투자해야 한다.

최근 해외주식에서도 수수료 경쟁이 불붙고 있지만 국내주식에 비해서는 아직 수수료가 비싼 편이고 시차로 인해 거래 시간이 다르다는 점도 숙지해 투자를 하는 것이 좋다는 전문가들의 조언이다.

✒ 해외주식 매매 체크 포인트

해외주식 직구 과정은 대체로 국내주식과 대동소이하다. 수수료와 세금·환차익 등을 신경써야 하는 점은 국내주식 매매와 다른 점이다. 전문가들은 주식 매매에 들어가는 요소들을 꼼꼼하게 체크하지 않으면 주머니로 들어오는 수익이 생각보다 적을 수 있어 비용을 꼼꼼히 체크해야 한다고 조언한다.

온라인 거래 9~10개국, 오프라인 최대 33개국 가능

가장 먼저 알아볼 일은 거래하고자 하는 증권사가 해당 국가에 서비스를 하는지 여부다. 미국·일본·중국·홍콩·싱가포르 등 주요 지역 거래는 대부분 가능하지만 증권사별로 서비스 국가가 조금씩 다르다. 또 온라인 상에서는 거래 가능 국가가 통상 9~10개국이지만 오프라인에서는 최대 33개국으로 선택지가 넓어진다.

다음은 계좌를 트는 순서다. 기존에 사용하던 국내주식 계좌가 있다고 하더라도 해외주식 계좌를 따로 만들어야 할 수도 있고 외환증권약정에 서명을 하거나 해외증권상품을 별도 등록해야 매매에 나설 수 있는 경우도 있다.

신규 계좌 개설은 증권사와 시중은행 영업점에서 할 수 있지만 증권사 어플리케이션(앱)과 인터넷 웹브라우저를 통해서도 할 수 있다. 비대면 계좌개설을 하면 수수료 감면 등 혜택이 주어지는 경우가 많다.

알리바바 주식, 원화론 못 사

계좌가 준비됐다면 투자금을 입금한다. 해외주식은 원화 거래가 불가능하다. 미국 주식이면 달러, 일본 주식이면 엔화로 거래하는 식이다. 은행 계좌에 이미 외화를 보유하고 있는 경우 증권사 계좌에 이체해 투자에 활용할 수 있지만 환전이 필요하다면 증권사가 제공하는 서비스를 이용해봄직하다. 해당 증권사 외화거래 계좌에 원화를 입금해 외화를 송금받을 수 있는 방법이 대표적이다. 환전 가능 시간은 증권사별로 다르지만 대개 평일 오전 9시부터 오후 3~4시까지다. 야간과 공휴일엔 환전 서비스가 상당 부분 제한된다. HTS·MTS 등에서 환전 서비스를 제공하는 증권사도 있다.

외화까지 준비됐다면 매매에 나설 일만 남았다. 단 주식 매입시 증권사들이 제공하는 시세는 10분에서 15분 전의 시세란 점에 주의하자. 실시간 시세와 매도 물량 등을 확인하기 위해서는 추가 결제가 필요하다. NH투자증권의 경우 미국 실시간 시세 이용료는 월 2200원(2달러)이다.

국가마다 제각각인 거래시간도 숙지해야 한다. 미국 시장은 우리나라 시간으로 오후 11시 반에서 오전 6시까지 열린다. 일본 시장은 오전 9시부터 11시30분까지 개장하고 한 시간 문을 닫은 뒤 오후 12시30분에 재개장해 오후 3시에 장을 마감한다.

환차익·수수료·세금 꼼꼼히 챙겨야 수익 극대화

전문가들은 해외주식 거래시 적용되는 수수료와 세금도 꼼꼼히 따져볼 것을 주문한다. 환전 절차가 필요한 만큼 환차익에 따라 주머니에 들어오는 금액이 달라질 수 있다는 점도 유념해야 한다.

▼ 해외 주식 거래 과정

계좌개설/기존계좌 ···▶ 해외주식 거래신청 ···▶ 외화 입금 / 원화 입금 후 환전 ···▶ 주문(매수/매도) ···▶ 외화 출금 / 환전 후 원화 출금

해외주식 매매에 따르는 수수료는 크게 매매수수료와 최소수수료로 나뉜다. 매매수수료는 주식 매매에 따라 일정 비율로 따라오는 수수료를 가리킨다. 최소수수료는 매매시 의무적으로 내야 하는 최저 수준의 수수료다. 매매수수료가 최소수수료보다 적으면 최소수수료를 내야 한다.

하지만 최근 증권사들이 해외주식 수수료 인하 경쟁에 들어가면서 최소수수료를 없앤 곳도 있다. NH투자증권이 2018년 11월부터 미국·중국·일본·홍콩 등 주요 국가에 대한 최소수수료를 일괄 폐지한 것이 대표적이다. 미국 온라인 거래 기준으로 10달러였던 최소수수료를 폐지하고 매매수수료 0.25%(온라인)만 적용하기로 했다.

한 증권사 영업점 관계자는 "해외주식 서비스는 증권사 입장에서도 비용이 들어가는 사업이기 때문에 환차익·수수료·세금 부문을 꼼꼼하게 따지지 않으면 실제 수익금은 예상보다 많이 적을 수 있다는 점을 유념해야 한다"고 조언했다.

▼ 주요 증권사별 매매수수료 ※미국 기준

금융사명	매매수수료[%]		최소수수료[달러]		해당국가 거래세
	온라인	오프라인	온라인	오프라인	
미래에셋대우	0	0.50	없음		
NH투자증권	0.25	0.50	없음		ECN Fee + SEC Fee (세율 변동)
신한금융투자	0.25	0.50	10	20	
한국투자증권	0.20	0.45	5		
대신증권	0.20~0.25	0.50	10	20	
하나금융투자	0.25	0.50	5	20	

자료: 각 증권사

◆ 투자자를 웃게 하는 해외주식 양도세 절세 꿀팁

해외주식에 투자하는 경우 세금 문제를 꼭 확인해야 한다. 국내 주식의 경우 일부 상장주식 대주주나 비상장주식 등에만 양도소득세를 물리지만, 해외주식은 양도차익이 있으면 무조건 세금을 신고하고 내야 하기 때문이다. 최근에는 주식투자와 관련한 「세법」도 많이 바뀌고 있어 달라지는 「세법」에도 관심을 기울여야 한다. 해외주식 투자자가 절세할 수 있는 방법에 대해 금융세무컨설팅을 전문으로 하는 다림세무회계 최자영 대표세무사와 함께 살펴봤다.

해외주식 양도세 언제, 얼마나 내야 하나?

해외주식 투자로 양도차익을 얻는 경우 매년 5월에 양도소득세를 신고하고 납부해야 한다. 보통 부동산 양도소득세는 예정신고와 확정신고 기간이 있다. 국내주식은 상·하반기를 나눠서 상반기분은 8월, 하반기분은 다음해 2월에 신고한다. 반면 해외주식 양도소득세는 5월에 한 번만 신고하면 된다.

양도차익에서 거래수수료 등은 필요경비로 뺄 수 있다. 또 연간 250만원의 기본공제를 받을 수 있다. 기본공제는 부동산 양도, 국내주식 양도, 해외주식 양도시 각각 따로 받을 수 있다. 따라서 연간 해외주식 양도차익이 250만원이 안되는 경우에는 납부할 세금이 없다. 다만, 2019년 정부가 「세법」 개정안을 내면서 2020년부터 양도손익이 합산되는 해외주식과 국내주식은 기본

▼ 해외주식 세금부과 현황

구분	보유단계	처분단계
세목	종합소득세	양도소득세
내용	배당	주식양도소득
적용세율	▶ 14%(국세) ▶ 1.4%(지방세)	▶ 20%(국세) ▶ 2%(지방세)
합계세율	15.4%	22%
납부방식	원천징수	자진신고

공제도 1회만 적용된다.

양도차익에 세율을 곱하면 내야 할 세금이 계산된다. 해외주식 양도차익에 대한 세율은 20%다. 지방소득세까지 포함하면 22%가 된다. 해외에 상장된 국내 중소기업 주식은 세율이 10%(지방소득세 포함 11%)로 차이가 있다.

과세기준일은 결제일

주식 양도소득세의 과세기준일은 결제일이다. 해외주식은 해외 시장 일정에 따라 차이가 있다는 것에 유의해야 한다.

예를 들어 미국증시는 주식의 주문 및 체결을 한 후 3일 뒤에 결제가 완료된다. 따라서 연말에는 하루이틀 차이로 올해 양도소득이 아닌 다음해 양도소득으로 잡힐 수 있다. 꼭 결제시점을 확인하고 매매 계획을 세워야 한다. 또 연간 실현할 양도차익을 미리 생각해보고, 보유하고 있는 다른 종목 중에서 손실 난 것이 있다면 같이 양도해서 손실을 합산할 수도 있다. 손실 난 종목 중 손절하고 털어낼 종목이 있다면 이익 난 종목을 양도할 때 함께 양도하면 양도손익이 합산돼 양도세를 내지 않아도 되거나 최소화할 수 있다.

연간 250만원의 기본공제를 받을 수 있다는 점을 활용해 양도시기를 분산하는 방법도 도움이 된다. 연말에 양도할 주식과 다음해 1월에 양도할 주식을 나누면 250만원씩 두차례 공제를 받을 수 있다. 실제로 양도소득세를 내지 않기 위해 해마다 250만원을 공제받는 정도까지만 양도차익을 실현하는 사람들도 있다.

환율 좋을 때 미리 환전해두면 환차익 세금 없어 이익

해외주식 양도차익은 결제대금이 계좌로 입금되거나 출금되는 날의 환율을 적용하게 된다. 즉, 양도가액을 수령하거나 필요경비를 지출한 날 현재 기준환율이 적용되는 것이다. 세금의 계산 역시 결제대금의 입출금일 환율이 적용된다.

하지만 해외주식 거래는 보통 외화계좌에서 입출금이 이뤄지기 때문에 당장의 거래에서 환율이 중요하지는 않다. 환율은 거래 이후 환전시점이 되어서야 중요해진다. 따라서 해외투자를 지속적으로 하는 투자자의 경우 매매는 환율보다는 해당 주식의 상황을 보고 결정하고, 환전은 환율 변동을 보고 미리 해두면 좋겠다. 환차익에 대해서 세금을 매기지는 않기 때문이다.

외화송금시에는 주의해야 할 점이 하나 있다. 외국환거래규정상 증권사에서는 투자자금 목적에 한해 환전서비스를 제공하기 때문에 해외주식 주문 없이 외화를 송금하는 경우에는 증권사가 아닌 은행 등을 이용해 환전해야 한다.

이월과세 적용 안 돼 수증자가 바로 팔면 세 부담 ↓

해외주식도 증여하면 증여세 과세 대상이 된다. 증여세는 증여받은 사람이 납세의무자가 되는데, 주식의 경우 증여일 전후 2개월 종가평균이 증여세 과세기준인 증여가액이 된다.

증여세 부담이 있을 수 있지만 양도차익이 큰 경우에는 증여재산공제를 받을 수 있는 가족간 증여를 통해 취득가액을 높여 양도차익을 줄이는 방법도 고려해볼 수 있다.

1억원에 매수한 주식이 2억원의 가치로 올랐을 때 곧장 양도한다면 1억원의 양도차익에 대해 세금을 내야 하지만, 2억원의 가치로 배우자에게 증여한 후 배우자가 곧장 양도한다면 양도차익이 없거나 크게 줄 것이다. 배우자는 6억원까지 증여재산 공제를 받으니까 증여세 부담도 없다. 만약 부동산을 같은 방식으로 증여한 후 양도한다면 이월과세제도 때문에 배우자가 증여받은 금액을 취득가액으로 인정받지 못하게 된다. 주식은 이월과세 적용도 받지 않아 가족 간 증여가 유용한 절세법으로 활용되고 있다. 다만, 주식의 경우에도 수증자가 매도자금을 직접 사용하지 않고 증여자에게 돌려준다거나 하면 증여세와 양도세를 추징당할 수 있으니 주의해야 한다.

2020년부터 국내외 주식 양도손익 합산

해외주식 중 각기 다른 종목 간의 이익과 손실은 합산해서 양도차익을 계산할 수 있다. 하지만 해외주식과 국내주식간 합산은 할 수 없다. 해외주식으로 1000만원의 이익이 났고, 국내 주식으로 3000만원의 손실이 났더라도 1000만원에 대해 양도소득세를 내야 한다. 하지만 2020년부터는 좀 달라진다. 정부가 최근 마련한 「세법」 개정안을 보면 2020년부터 국내주식과 해외주식간 손익을 합산할 수 있도록 하고 있다. 물론 국내주식은 대주주의 상장주식·장외거래·비상장주식 등 양도소득세 과세 대상이 되는 주식만 합산이 된다. 개정안이 국회를 통과하면 2020년 1월 1일 이후 양도분부터 합산이 가능하다.

참고로 해외주식으로 배당금을 받은 경우에는 배당소득세를 내야 한다. 해외주식이기 때문에 해당 국가에서 원천징수로 떼어간다. 문제는 해외 배당소득에 대해 국내 과세당국에도 배당소득세 납부고지를 할 수 있다는 점이다.

나라별로 조세조약에 따라 해외에서 낸 세금은 외국납부세액으로 공제를 받을 수 있다는 것을 꼭 알아둬야 한다. 증권사나 은행에서 외국납부세액을 놓치고 세금을 중복해서 내는 경우가 더러 있다. 외국납부세액은 증권사에 얘기하면 거래증빙과 배당소득증빙을 받아 입증할 수 있다.

단, 외국납부세액공제를 적용할 때 현지와 국내의 세율 차이는 고려해야 한다. 해외 현지 배당소득세율이 국내(14%)와 같으면 현지에서 낸 것으로 끝나지만, 현지 배당소득세율이 국내 세율보다 낮으면 국내에서 추가로 세금을 낼 수 있다.

✏️ 해외주식 양도세, 미신고 가산세 얼마나 낼까?

모든 세금이 그렇듯 해외주식 양도소득세도 신고기한 내에 신고하지 않으면 가산세 부담이 생긴다. 국내주식은 반기마다 양도소득세를 신고납부하지만, 해외주식 양도소득세는 1년에 한 번 매년 5월에 신고하고 세금을 내야 한다.

만약 해외주식 거래에서 양도차익이 발생했는데도 신고납부기한 내에 신고를 하지 않았다면, 우선 신고를 하지 않았기 때문에 신고불성실가산세로 당초 내야 할 세액의 20%를 더 부담한다. 그리고 세금을 제때 내지 않았기 때문에 납부불성실가산세가 하루 0.025%(2.5/10000)씩 붙는다.

납부불성실가산세는 하루하루 세금이 불어나는 구조로, 예를 들어 미납세액이 1000만원인데 납부기한을 4일 초과했다면 납부불성실가산세 1만원을 더 내야 하고, 40일을 초과했다면 10만원을 더 내야 한다. 미납기간이 1년이 지났다면 가산세가 91만2500원(연 환산세율 9.125%)으로 불어난다. 납부불성실가산세는 종전에 1일당 0.03%였는데 「세법」 개정으로 2019년 2월 12일 이후부터는 0.025%로 다소 인하됐다.

▼ 해외주식 양도소득세

과세 대상	매년 1월 1일~12월 31일 사이 양도차익
신고기간	과세 대상 주식 매도일 다음해 5월 1~31일
가산세	신고기간 내 신고납부하지 않는 경우
	신고불성실가산세(과소신고 10%, 무신고 20%)
	납부불성실가산세(연 10.95%)

　만약 2018년에 내야 할 세금을 지금까지 내지 않았다면, 미납기간 중 2019년 2월 11일까지는 1일당 0.03%로, 2019년 2월 12일부터는 1일당 0.025%로 납부불성실가산세를 부담한다.

　양도차익이 있더라도 250만원을 넘지 않는다면 납부할 세금이 없고, 따라서 가산세 부담도 없다. 양도소득세를 신고할 때 연간 250만원은 양도차익에서 기본공제를 해주기 때문이다. 양도차익이 없거나 양도차익 250만원을 넘지 않는 경우, 세 부담이 없어서 양도소득세 신고를 하지 않아도 된다. 하지만 그렇다고 하더라도 신고는 미리 하는 것이 좋다.

　국세청에서 각 개인의 투자손익은 모르지만 주식의 매입과 매도 사실은 알고 있어서, 신고를 하지 않은 사람들에게 신고안내문을 보낼 수 있기 때문이다. 국세청 신고안내문이 자신이 생각했던 사실과 다른 경우 신고를 하고 소명을 해야 하는 등 문제가 복잡해진다.

　해외주식 양도소득세는 스스로 신고하거나 세무사를 통해 신고하면 되는데, 거래하는 증권회사를 통해 신고대행을 의뢰하는 방법도 있다. 실제 신고하기 전에 양도소득세가 얼마나 나올지 모의계산도 할 수 있다. 국세청 홈택스 세금모의계산 프로그램에서 양도소득세 국외주식부분 정보를 입력하면 대략의 세액이 산출된다.

주택 임대소득,
숨을 곳이 사라진다

9.13대책 발표 후 숨고르기를 하고 있는 시장이 어느 방향으로 움직일지 관심이 모아지고 있다. 워낙 센 대책들이 나오면서 별로 주목을 받지 못한 것이 하나 있다. 바로 2018년 9월부터 본격 가동한 주택임대차정보시스템(RHMS)이다.

◆ 주택임대차정보시스템으로 그물망 감시 가능

흩어져있던 주택 관련 데이터 통합 시스템 구축

주택임대차정보시스템은 그동안 부처마다 흩어져 있던 임대차 정보를 모아 연계해 놓은 시스템이다. 국토부가 가진 건축물대장, 행정안전부의 재산세대장 등을 통한 소유 정보와 국토부의 임대등록자료·확정일자 신고자료, 국세청의 월세세액 공제자료 등을 데이터베이스(DB)화했다(130쪽 그림1).

이를 통해 자가여부(주민등록자료 활용)·빈집여부(건축물에너지 정보 활용) 등을 확인한 후 공시가격·실거래가격·전월세가격 정보 등을 연계해 임대사업자의 임대소득을 파악할 수 있게 되는 것이다.

기존엔 정부가 알 수 있는 임대차정보라고 해봐야 임대등록을 하거나, 전월세확정일자 신고가 이뤄진 주택으로 한정돼 있었다. 확정일자 신고는 의무사항이 아니기 때문에 신고가 안되면 누가 어디에 몇 채의 임대주택을 보유하고 있는지 확인할 방법이 없다.

확정일자 신고는 보증금에 대한 우선변제권을 확보하기 위한 것이다. 순수 월세의 경우는 보증금이 없기 때문에 확정일자 신고를 하지 않는다. 소액보증금을 낀 월세나 지방의 가격이 낮은 전세보증금도 신고를 안하는 경우가 많다.

「임대차보호법」 시행령에 따라 서울의 경우 보증금 1억1000만원 이하를 대상으로 3700만원을 우선변제해 준다. 경기도 과밀억제권역의 경우 1억원 이하에 3400만원까지, 지방 광역시는 6000만원 이하에 2000만원까지 우선변제가 가능하다. 이 때문에 보증금이 2000만~3000만원 수준의 소액인 경우 확정일자를 신고하지 않는다.

이제는 이런 신고하지 않은 임대주택에 대한 정보를 모두 파악할 수 있게 된 것이다. 'A라는 사람이 어느 지역에 몇 채를 임대하고 있고 여기에서 나오는 소득이 어느 정도다'라는 추정치가 나온다는 것이다.

그림1 ▼ 주택임대차정보시스템(RHMS) 구축 개념도

임대차 계약 정보	국토부	- 임대등록 시스템 (LH) - 확정일자 신고자료 (RTMS)
	국세청	- 월세세액 공제자료 - 주택임대 사업자 등록자료
소유 정보	국토부	- 건축물대장 소유정보
	행안부	- 재산세대장
자가 여부	행안부	- 주민등록 자료
가격 정보	국토부	- 공시가격 시스템 - 실거래가 신고자료 (RTMS)
공실 여부	국토부	- 건축물 에너지 정보

어떻게 가능하냐고? 그림을 보면 이해가 좀더 쉬울 것이다(그림 2). 우선 건축물대장이나 재산세대장을 통해 주택 소유현황을 알 수 있다. 건축물대장상 소유자의 주택 소재지와 소유자의 주민등록 자료를 통해 자가거주 여부를 판단할 수 있다.

전월세 확정일자 또는 월세세액공제 정보가 없는 주택중 건축물 에너지 정보상 전기사용량이 없는 경우 공실 여부를 판단할 수 있다.

가장 중요한 것이 임대 여부와 임대소득 파악이다. 전월세 확정일자 신고나 월세세액공제 혹은 임대등록 등의 공부(행정자료)를 통

그림2 ▼ RHMS를 통한 임대소득 추정 방법

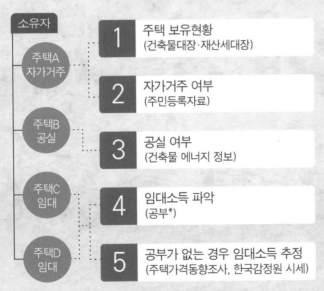

소유자

주택A 자가거주

주택B 공실

주택C 임대

주택D 임대

1 주택 보유현황
(건축물대장·재산세대장)

2 자가거주 여부
(주민등록자료)

3 공실 여부
(건축물 에너지 정보)

4 임대소득 파악
(공부*)

5 공부가 없는 경우 임대소득 추정
(주택가격동향조사, 한국감정원 시세)

*공부:전월세확정일자신고, 월세세액공제신고 등 행정자료

해 임대소득을 파악할 수 있다. 이런 자료가 없는 경우 한국감정원의 주택유형·지역·규모별 단위 면적당 전세금 등의 자료를 활용해 전·월세금을 추정해 집계하게 된다.

갭투자자·미등록 임대사업자 현황 파악 가능

국토부가 이 시스템을 시범운영한 결과 전국에서 1391만명의 개인이 주택 1527만채를 보유한 것으로 집계됐다. 자가거주 주택과 빈집을 제외한 임대주택은 692만채로 추정된다고 한다. 이중 공부상 임대료 파악이 가능한 주택은 27%에 해당하는 187만채라고 한다. 나머지 73%인 505만채는 임대료 정보가 공부에 나타나지 않는 주택이라고 한다. 앞으로 이들 주택에 대해서도 한국감정원 시세자료 등을 활용해 임대소득 추정자료를 제공할 수 있다고 한다.

실제 2018년 9월 16일 국세청은 국토부로부터 이에 대한 자료를 넘겨 받아 세무검증 대상자를 추려 발표했다. 주택임대 수입금액 탈루 여부에 대한 정밀 분석을 통해 탈루혐의가 큰 고가·다주택 임대업자 등을 대상으로 추렸다.

국토부는 또 이 시스템을 통해 임대중인 주택보유자 614만명 중 1채 보유자는 527만명, 2채 보유자는 63만명, 5채 이상 보유자는 8만명이라는 추정 결과도 내놨다. 지역별로 갭투자에 대한 세세한 데이터 산출도 가능해졌다.

'악마는 디테일에 있다'는 얘기가 있다. 결국 이 디테일이라는 것은 정확한 통계와 데이터·현황 파악에 기반한 것이다. 이를 통해 그야말로 보다 정교한 정책, 핀셋정책이 가능해지는 것이다.

◆ RHMS, 임대소득 2000만원 이하 미등록자까지 모두 찾아낸다

2019년부터 소액의 임대소득도 세금을 피하기는 어려워졌다. 2018년 말 2000만원 이하의 주택임대소득에 대한 비과세 혜택이 종료되는 것에 앞서, 국세청이 주택임대차정보시스템(RHMS)이라는 고도의 탈루혐의 분석시스템을 적극적으로 활용하기로 했기 때문이다.

특히 임대사업자로 등록하지 않았더라도 임대주택 보유 여부와 임대소득규모가 파악된다는 점에서 임대소득 과세에 상당한 기여를 할 것으로 예상된다. 전문가들은 과세당국의 의지에 따라 사실상 임대주택 현황을 100% 가깝게 확인할 수 있는 것으로 평가하고 있다.

2018년 10월 10일 정부세종청사에서 열린 국세청 국정감사에서 한승희 전 국세청장은 "2019년 주택 임대소득 전면과세에 따라 주택임대차정보시스템을 성실신고 지원을 위한 실제 과세자료로 활용할 것"이라고 밝혔다. 국세청은 이미 고액 탈루혐의자를 대상으로 주택임대차정보시스템의 테스트를 끝냈다. 2018년 9월 임대수입을 미신고하거나 신고금액과 차이가 큰 것으로 추정되는 임대사업자 1500명을 시스템을 통해 걸러냈고, 세무검증에 이어 세무조사에 착수했다. 모두 임대수익을 신고하지 않거나 적게 신고하는 방법으로 임대소득을 탈루한 경우인데 시스템을 통해 탈루사실이 확인됐다.

지방세 2020년엔 어떻게 달라질까?

「세법」이 바뀌면 납세자가 우선 직접적인 영향을 받는다. 세금을 더 내거나 덜 낼 수도 있고, 납부하는 방법이 달라질 수도 있다. 정부는 2020년부터 달라질 「지방세법」 개정안을 만들어 국회에 제출했다. 내가 내야 할 지방세는 어떻게 달라지는지, 개정안을 살펴봤다.

✏️ 집값 6억~9억원 구간 취득세율 세분화

「지방세법」 개정안 중 가장 관심을 가질만한 부분 중 하나는 주택 취득세 개편이다. 세금 부담이 직접적으로 줄어들거나 늘어나는 부분이 있기 때문이다.

현재는 주택을 유상으로 취득하는 경우 ▲주택가격 6억원까지는 1% ▲ 6억원 초과~9억원 이하 2% ▲9억원 초과 3%의 세율로 취득세를 내야 했다. 정부는 이 중에서 6억~9억원(2%) 구간의 세율을 좀 더 세분화 했다.

지금은 아파트를 6억100만원에 사더라도 2%로 취득세를 내고, 9억원에 사도 2% 세율로 세금을 냈다. 이러다보니 6억100만원(세율 2%)에 샀으면서도 6억원(1%)에 신고를 하거나, 9억100만원(3%)에 계약했지만 9억원(2%)에 신고하는 다운계약서 작성 및 허위신고가 많아지는 문제가 생겼다.

2020년부터 달라지는 지방세

▼ 주택 취득세율 개편

과표	현행	개정
6억원 이하	1%	1%
6억~9억원 이하	2%	1.01~2.99%
9억원 초과	3%	3%

▼ 전기이륜차 취득세 · 등록면허세 신설

최고정격출력	취득세	등록면허세
4kW 이하(50cc미만)	비과세	비과세
12kW 이하(125cc이하)	2%	비과세
12kW 초과(125cc초과)	4~5%	▶ 소유권 2~3% ▶ 저당권 0.2% ▶ 기타 1만5000원

▼ 신혼부부 생애최초주택 취득세 감면 연장

감면내용	현행	개정
취득세 50% 감면	2019년 말까지	2020년 말까지

※3억원 이하(수도권 4억원 이하 60㎡ 이하) 주택
※부부합산 소득 7000만원(외벌이 5000만원) 이하

▼ 호화생활 고액상습체납자 감치제도 신설

3회 이상 1년 이상 1000만원 이상 체납시

 과세관청 감치 요청 ▶ 검사의 청구 ▶ 법원의 결정

▼ 친환경차 등 취득세 감면 확대 · 연장

대상	현행	개정
전기·수소자동차 취득세 100% 감면 (140만원 한도)	2019년 말까지	2021년 말까지
전기·수소버스(여객수송) 취득세 100% 감면	없음	신설

▼ 지방세조합 설립을 통한 고액체납자 징수 강화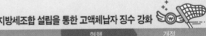

	현행	개정
고액상습체납자 제재 기준*	지자체별 체납액	전국 합산 체납액

*1000만원 체납시 명단공개·금융조회, 3000만원 체납시 출국금지 등

▼ 상습 자동차세 체납자 운전면허 정지제도 도입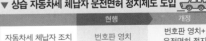

	현행	개정
자동차세 체납자 조치	번호판 영치	번호판 영치+ 운전면허 정지

▼ 영세납세자 지원 관선대리인 도입

	현행	개정
이의신청 등 지방세 불복 세무대리	개별 세무대리인 유료선임	지자체 관선대리인 무료선임*

*재산 5억원 이하(종합소득 5000만원 이하)인 납세자의 1000만원 이하 지방세액만 신청대상

135

구분	6억원 전후				9억원 전후			
거래액	5.8~5.9억	~6억	~6.1억	~6.2억	8.8~9억	~9억	~9.1억	~9.2억
세율	1%	1%	2%	2%	2%	2%	3%	3%
거래건수	2,915건	6,393건	1,021건	1,876건	977건	2,406건	233건	498건

　　정부는 이러한 세율 문턱효과를 없애기 위해서 6억원 초과~9억
원 이하 구간의 세율을 2%로 일괄 적용하지 않고, 100만원 단위까
지 과표구간을 쪼개 세율도 1.01~2.99%까지 세분화해서 적용하는
방안을 내놨다.

　　만약 주택 취득가격이 6억100만원이면 2%가 아닌 1.01%로 취
득세를 내도록 해서 굳이 다운계약이라는 불법을 선택하지 않도록
하겠다는 것이다. 변경된 세율을 적용하면 취득세가 1202만원이
아닌 607만원으로 세금이 확 줄어든다.

◆ 취득가액이 7억5000만원보다
낮으면 취득세 ↓, 높으면 취득세 ↑

그런데 세분화된 기준이 적용되면 세금이 줄어드는 구간도 있지만
늘어나는 구간도 생긴다. 6억~9억원의 중간인 7억5000만원보다
취득가액이 낮으면 종전보다 세금이 줄고, 7억5000만원보다 높으
면 세금이 늘게 된다.

　　예를 들어 주택가액이 7억원(세율 2%)인 주택을 취득하는 경우 현
재는 1400만원을 취득세로 낸다. 개정안이 적용되면 1.67%의 세율
로 1169만원을 취득세를 내게 된다. 231만원의 세금이 줄어든다.

반대로 주택가액이 8억원(2%)인 경우 지금은 1600만원의 취득세를 내지만 세제가 바뀌면 264만원이 더 많은 1864만원을 취득세로 내야 한다.

▼ **취득세율 개정 전후 거래액별 납부세액 변화**   (단위: 원)

거래액	현행		개정	
	세율	취득세	세율	취득세
7억원	2%	1400만원	1.67%	1169만원
7.5억원	2%	1500만원	2%	1500만원
8억원	2%	1600만원	2.33%	1864만원

어쨌거나 불합리한 세제가 합리적으로 바뀌는 내용이다. 다만 세율 세분화를 6억원 초과~9억원 이하 구간에만 적용하고, 6억원 이하와 9억원 초과구간은 제외하고 있다는 점은 형평성 문제를 일으킬 수 있어 보인다. 이번 개편안은 국회를 통과하면 2020년 1월 1일 취득분부터 적용된다.

🖋 지방세 체납액 1000만원 넘기면 유치장

평소 세금을 꼬박꼬박 잘 내던 사람이라면 크게 신경 쓸 일이 아니지만, 체납 경험이 있는 사람이라면 주목해야 할 변화가 있다. 2020년부터 지방세를 체납하는 사람들에 대한 페널티가 크게 강화된다.

지방세를 3회 이상 체납하고 체납액 1000만원 이상을 1년 넘게 내지 않고 버티는 경우 국세와 마찬가지로 최대 30일까지 유치장이나 교도소, 구치소에 가둘 수 있도록 하는 감치명령제도가 도입된다. 세금이 밀리면 수감생활을 하는 것이다. 국세의 경우 체납액이 1억원 이상이면 감치 대상이 되지만 지방세는 체납액이 1000만원으로, 지방세 기준이 더 세다고 볼 수 있다.

또 체납 제재 기준이 되는 금액도 현재는 전국에 분산된 체납액을 합산하지 않았는데, 2020년부터는 전국 체납액을 합산해서 제재를 하게 된다. 예를 들어 서울에 800만원, 부산에 400만원의 지방세를 체납한 사람이라면, 각각 1000만원이 넘지 않아 지금은 명단공개나 은닉재산 추적 등의 고액체납자 제재를 받지 않다. 하지만 2020년부터는 서울과 부산 체납액의 합계인 1200만원을 기준으로 고액상습 체납자가 돼 제재를 받게 된다.

자동차세 10회 이상 안내면 운전면허 정지

지방세 중에서도 자동차세를 체납하는 경우에는 운전면서 정지라는 제재조치까지 더해진다. 현재는 자동차세 2~3회(지자체마다 다름) 이상 체납시 번호판을 떼가는 조치가 가장 무거운 제재에 해당된다. 앞으로는 자동차세를 10회 이상 밀리면 해당 차의 번호판을 떼가는 것은 물론 운전자가 운전 자체를 할 수 없도록 면허가 정지되는 조치가 추가된다.

2019년 5월 1일 기준으로 자동차세를 10회 이상 체납한 차 소유주는 11만5435명이나 된다. 전체 자동차세 납세자(1614만명)의 0.7%에 불과하지만, 해당 체납세액은 2320억원으로 전체 체납액의 36%에 이른다.

다만 개정안은 2020년 이후 부과되는 자동차세(6·12월 부과)부터 적용되기 때문에 운전면허 정지는 향후 5년 동안 체납한 사람부터 적용될 전망이다.

다 하는 절세,
나만 몰랐네

절세에 관심이 있다면 반드시 주목해야 할 문서
가 있다. 바로 〈조세지출예산서〉다. 매년 정부가 깎아주는 세금 제
도와 그 규모를 국회에 제출하는 문서다. 수혜자별로 얼마나 많은
세금 감면을 받고 있는지 확인할 수 있다. 과연 남들은 어떤 방식으
로 절세하고 있는지 살펴보자.

◆ 국가에서 깎아주는 세금 연간 47조원, 1인당 90만원

세금에는 예외 규정이 참 많다. 사정이 딱한 사람들도 챙겨줘야 하고, 국가 시책에 적극 동참하는 기업에도 혜택을 줘야 한다. 이런 저런 이유로 깎아주고 있는 세금은 규모가 상당히 크다.

정부가 국회에 제출한 〈2019년 조세지출예산서〉를 보면, 2019년 국가에서 깎아주는 국세는 47조원에 달한다. 2019년 현재 인구가 5170만명이니 국민 1인당 90만원의 세금을 깎는 셈이다.

과연 어디에서 절세가 이뤄지는 걸까? 직장인이나 사업자·집주인들이 내는 소득세 가운데 감면된 세금이 28조원으로 60%를 차지한다. 부가가치세와 법인세가 각각 9조원(19%)과 7조원(14%)씩 감면됐다.

예산 규모가 가장 큰 제도는 근로장려금이다. 2019년만 4조 9017억원의 근로장려금이 지급될 예정이다. 2018년까지 1조원대에 머물렀던 근로장려금은 1년 만에 4배로 늘어났다. 지급 대상과 금액이 대폭 늘어나면서 나타난 현상이다.

두 번째로 규모가 큰 제도는 보험료 소득공제다. 세금 감면액은 3조2279억원으로 전망됐다. 직장인들이 연말정산에서 가장 많이 혜택을 받고 있는 제도다. 국민건강보험료뿐만 아니라 고용보험료·보장성보험료까지 모두 포함된 공제 금액이다.

면세농산물 의제매입세액공제도 2조8290억원의 세금 감면이 이뤄질 전망이다. 음식점 주인들이 농산물 식재료를 구입해서 요리하면 부가가치세를 일부 감면하는 것이다. 농산물을 100만원 어치 구입했다면 부가가치세 8만2500원을 감면하게 된다.

다음으로 중소기업 특별세액 감면 제도가 있다. 감면 규모는 2조 5760억원으로 중소기업들에 가장 인기가 높은 절세 수단이다. 소득세와 법인세에서 5~30%의 세액을 감면한다. 수도권과 지방기업, 중기업과 소기업에 따라 감면율이 각각 다르다.

연구·인력개발비 세액공제도 빼놓을 수 없다. 기업의 연구개발 활동을 촉진하기 위해 생겨난 제도인데, 2019년 2조4608억원의

▼ **2019년 조세지출 상위 20개 제도**   (단위: 원)

이름	수혜자	규모
근로장려금 지급	저소득 근로자·사업자	4조9017억
보험료 소득공제	근로자	3조2279억
면세농산물 등 의제매입세액공제	음식점 사업자	2조8290억
중소기업 특별세액 감면	중소기업	2조5760억
연구·인력개발비 세액공제	기업	2조4608억
신용카드 등 사용금액 소득공제	근로자	2조1716억
연금보험료 공제	국민연금 가입자	2조1414억
신용카드 등 사용에 따른 부가가치세 공제	개인사업자	1조8271억
농·축·임·어업용기자재 부가가치세 영세율	농업·축산업·임업·어업 종사자	1조7065억
자경농지 양도소득세 감면	경작 농민	1조5327억
국민건강보험료 등 사용자부담금 비과세	근로자	1조3976억
자녀세액공제	부모	1조3544억
교육비 세액공제	근로자	1조3376억
의료비 세액공제	근로자	1조2510억
농업용 석유류 개별소비세 면제	농민·어민·임업인	1조1973억
연금계좌세액공제	연금저축 가입자	1조1600억
개인기부금 세액공제	기부자	9835억
자녀장려금 지급	저소득 근로자·사업자	8570억
법인공장·본사의 수도권 밖 이전 법인세 감면	기업	8280억
재활용폐자원 등 부가가치세 매입세액공제	재활용폐자원·중고차 수집자	7243억

자료:기획재정부 조세지출예산서

세금이 감면된다. 연구개발(R&D) 비용을 많이 쓰는 대기업들이 주로 혜택을 받는다.

이밖에도 1조원 넘게 세금이 감면되는 제도가 11개나 더 있다. 직장인과 사업자·농어민·집주인에게 다양한 절세 혜택이 주어진다. 이들이 가장 많이 사용하는 절세 제도와 활용팁에 대해 자세히 알아보자.

연말 정산 보험료·카드는 기본, 자녀세액 공제도 쏠쏠

직장인이라면 1년에 한번씩 절세의 기로에 서게 된다. 회사에서 연말정산을 하라고 안내하면, 소득·세액공제 신고서를 스스로 써야 한다. 1년 동안 월급에서 뗀 소득세를 다시 정산해서 돌려받거나 더 내기도 하는 절차다.

국세청이 제공하는 간소화서비스를 통해 자료를 다운받고 신고서를 작성하면 손쉽게 끝낼 수 있다. 혹시 빠뜨린 항목이 있는지 확인해보려면 어떻게 해야 할까? 직장인들이 많이 이용하는 공제 항목들을 보면 힌트를 얻을 수 있다.

보험료 세액공제 3조원 최다 환급

연말정산 공제 항목 가운데 규모가 가장 큰 제도는 보험료 세액공제다. 2019년 연말정산에서만 3조2279억원의 세금이 감면됐다. 1000만명이 넘는 직장인들이 애용하는 절세 히트상품이다.

흔히 보장성보험이라고 부르는 생명·상해·손해보험료를 100만원 한도로 12% 세액공제한다. 보험료로 100만원을 썼다면 연말정산에서 소득세 12만원을 돌려주는 셈이다. 장애인전용 보장성보험료는 더 높은 15% 세액공제율을 적용한다.

국민건강보험료와 고용보험료·노인장기요양보험료도 특별공제 혜택이 있다. 근로소득에서 해당 보험료만큼 공제하는 방식이다. 세액공제처럼 세금을 깎아주는 것이 아니라 과세의 기준이 되는 과세표준을 낮추는 거다.

예를 들어 근로소득금액이 3000만원인데 건강보험료로 100만원을 냈다면 과세표준이 2900만원으로 낮아지게 된다. 과세표준에 적용하는 세율이 15%라면 실제 세액은 1만5000원이 줄어드는 효과가 있다.

국민연금보험료는 따로 집계한다. 국민연금에 가입한 직장인이 낸 보험료에서 공제되는 금액은 2조1414억원이다. 공무원연금과 군인연금·사립학교교직원연금 등 공적연금에 납부한 금액도 공제 대상이다.

총급여 25%를 넘는 금액에 대해 신용카드 사용액 15% 공제

신용카드 등 사용금액 소득공제도 2조원이 넘는 대형 감면 항목이다. 줄여서 '신카공제'라고도 부른다. 총급여의 25%를 넘는 금액에 대해 신용카드 사용액의 15%를 공제한다. 총급여 4000만원인 직장인이 신용카드로 1100만원을 썼다면 15만원을 공제하는 방식이다.

현금영수증과 직불카드 사용액, 도서·공연·박물관·미술관 사용액은 30%의 공제율을 적용하고, 전통시장과 대중교통 비용은 40%를 공제한다. 물론 전통시장에서 1000만원

을 썼다고 해서 400만원을 모두 공제하는 것은 아니다. 한도가 정해져 있기 때문이다.

연봉 수준에 따라 각각 다른 한도를 적용한다. 총급여가 7000만원 이하인 경우 300만원 한도가 설정된다. 총급여가 7000만원을 넘고 1억2000만원 이하인 경우에는 한도가 250만원이고, 총급여 1억2000만원을 넘으면 한도는 200만원으로 줄어든다.

자녀 1명당 15만원, 자녀가 3명이면 1명당 30만원씩 공제

자녀세액공제도 쏠쏠한 공제 항목이다. 2019년 1조3544억원의 세금이 환급됐다. 자녀 1명당 15만원의 세액공제를 적용한다. 자녀가 2명이면 30만원의 세금을 돌려받는 셈이다.

자녀가 3명을 넘어가면 세액공제 혜택이 1명당 30만원으로 늘어난다. 자녀 3명이면 세액공제 금액은 60만원, 자녀 4명은 90만원, 자녀 5명은 120만원을 세액공제받게 된다. 7세 이상인 자녀에 해당하며, 초등학교에 입학했는데 아직 6세인 자녀도 세액공제를 받을 수 있다.

출산이나 입양을 한 경우에도 세액공제 혜택이 있다. 출산 축하금과 비슷한 개념인데 자녀 수에 따라 금액이 다르다. 첫째는 30만원, 둘째는 50만원, 셋째부터는 70만원을 세액공제한다.

교육비 · 의료비 환급도 1조원대

교육비와 의료비 세액공제도 각각 1조원 넘는 세금이 환급됐다. 본인을 위해 지출한 교육비는 전액을 15% 세액공제받을 수 있고, 취학 전 아동이나 초·중·고 자녀는 연 300만원 한도를 적용한다. 대학생 자녀가 있다면 등록금이 훨씬 비싸기 때문에 연 900만원까지 한도가 늘어난다.

의료비 공제는 총급여의 3%를 넘게 쓴 금액부터 15%를 세액공제한다. 총급여가 5000만원이라면 의료비로 150만원을 넘게 써야 공제가 시작된다. 의료비를 200만원 썼으면 50만원의 15%인 7만5000원을 돌려받을 수 있다.

연금계좌 세액공제도 1조원 클럽에 들어있는 항목이다. 개인연금에 가입한 직장인은 연 400만원 한도로 12%를 세액공제받게 된다. 400만원을 납부했다면 48만원을 돌려받을 수 있어 가성비가 높은 절세 수단이다.

총급여 5500만원 이하인 직장인은 훨씬 높은 15% 세액공제를 받기 때문에 최대 60만원까지 돌려받는다. 다만 총급여 1억2000만원을 넘는 고액 연봉 직장인은 공제 한도가 300만원이기 때문에 한도를 다 채워도 36만원까지만 환급받을 수 있다.

부양가족은 경로우대 공제가 최다

부양가족에 대한 추가공제 항목 중에는 경로우대자 공제가 가장 많다. 2019년 4915억원이 감면됐다. 70세 이상인 부양가족이 있으면 1명당 100만원을 추가로 공제한다. 부모님을 부양하는 직장인은 200만원을 더 공제받게 된다.

가족 중 장애인이 있다면 연간 200만원을 추가 공제하는 제도도 있다. 2019년 3368억원의 세금이 감면됐다. 이밖에 부녀자 추가공제와 한부모 추가공제도 각각 521억원과 149억원이 감면된 것으로 나타났다.

부녀자 추가공제는 종합소득금액이 3000만원 이하인 여성 직장인만 받을 수 있다. 남편이 없고 부양가족이 있는 세대주라면 50만원을 공제받는다. 남편이 있더라도 공제가 가능하기 때문에 소득 요건을 충족한 직장인은 꼭 체크해봐야 한다.

반면 한부모 추가공제는 성별을 따지지 않는다. 배우자가 없이 자녀를 키우고 있는 직장인에게 연 100만원을 공제한다. 부녀자 공제와 한부모 공제 요건을 동시에 충족하면 하나만 선택해야 한다. 공제금액이 두 배인 한부모 공제를 선택해 100만원을 공제받는 것이 유리하다.

▼ 직장인 연말정산 공제 항목별 규모

(단위: 원)

이름	수혜내용	규모
보험료 세액공제	12% 세액공제, 연100만원 한도	3조2279억
신용카드 등 사용금액 소득공제	총급여의 25% 초과액, 15~40% 소득공제	2조1716억
연금보험료 공제	국민연금·공적연금 보험료 납입액 공제	2조1414억
자녀세액공제	1명당 15만원, 2명 초과자녀 0만원	1조3544억
교육비 세액공제	15% 세액공제, 자녀 연 300만원 한도	1조3376억
의료비 세액공제	급여 3% 초과액, 15% 세액공제	1조2510억
연금계좌세액공제	12% 세액공제, 연 400만원 한도	1조1600억
개인기부금 세액공제	기부금 15% 세액공제	9835억
경로우대자 추가공제	가족 중 70세 이상 1명당 연300만원 소득공제	4915억
주택자금 특별공제	전세자금 차입금 상환액의 40%, 300만원 한도	4557억
장애인 추가공제	가족 중 장애인 1인당 연 200만원 소득공제	3368억
월세 세액공제	월세 지급액의 10% 세액공제, 연750만원 한도	973억
부녀자 추가공제	배우자 없는 여성 세대주 연50만원 소득공제	521억
주택청약저축 소득공제	납입금액 240만원 한도, 40% 소득공제	322억
한부모 추가공제	배우자 없고 자녀 있으면 연100만원 소득공제	149억

자료: 기획재정부 조세지출예산서

세금 혜택 누리며 목돈 마련

우리나라 가계의 저축성예금 비중이 해마다 크게 줄고 있다고 한다. 한국은행에 따르면 1980년대 80%이던 저축성예금 비중은 2019년 현재 45%수준까지 떨어졌다고 한다.

가계부채가 늘면서 저축을 할 여유가 사라진 탓도 있지만, 저금리 기조가 계속되면서 저축으로는 수익을 내기 어려운 측면도 이런 통계를 뒷받침하는 것으로 보인다.

그뿐만아니라 최근에는 비과세되는 저축상품도 과거에 비해 많이 사라졌다. 하지만 지금도 세금 혜택을 받으면서 저축을 하는 사람들이 적지 않다. 연간 수백억원

▼ 저축지원 세제 혜택 항목별 규모   (단위: 원)

이름	혜택	규모(추정)
조합 등 출자금·예탁금 비과세	이자소득(3000만원 이하 예탁금)·배당소득(1000만원 이하 출자금) 비과세	5146억
비과세종합저축 과세특례	5000만원 이하 원금의 이자소득·배당소득 비과세	3413억
소기업·소상공인 공제부금 소득공제	납부공제부금 200~500만원 소득공제	2503억
우리사주조합원 과세특례	출자금액 소득공제(400만원 한도), 배당소득(액면가 1800만원 이하) 비과세	594억
주택청약종합저축 소득공제	납입금액의 40%(240만원한도) 소득공제	322억
장병내일준비적금 이자소득 비과세	월40만원 이내 납입액 이자소득 비과세	135억
농어가목돈마련저축 비과세	이자소득·저축장려금의 소득세·증여세·상속세 비과세	99억
개인종합자산관리계좌(ISA) 과세특례	200~400만원 소득세 비과세, 초과분은 분리과세	추정곤란

자료: 기획재정부 조세지출예산서

에서 수천억원의 세수가 이런 상품의 세금을 깎아주는데 사용되고 있다.

정부에서는 여전히 저축을 장려하기 위해 세제 혜택을 내놓고 있고, 이것을 활용하는 사람들이 적지 않다는 것이다. 나만 몰랐던 세제 혜택들은 없는지, 남들이 활용하는 저축관련 절세상품들을 들여다봤다.

농협·새마을금고 저축하면 비과세

가장 많은 세금이 지원되고 있는 저축상품은 조합 등 출자금과 예탁금에 대한 비과세 특례다. 이 저축 지원을 위해 2018년 정부가 지출한 세금만 5239억원에 이르고, 2019년도 5146억원을 지원하겠다고 예산을 잡아놨다.

조합 등 출자금과 예탁금 비과세는 농업인과 서민들의 재산형성과 실질소득 증대를 위해 도입된 세제 혜택이다.

우리 주변에서 흔히 볼 수 있는 농협과 수협·산림조합·신협·새마을금고의 조합원이나 회원·준조합원이면 누구나 혜택을 받을 수 있다. 이곳에서 금융상품을 가입하려면 조합원 가입을 하고 일정금액 이상의 출자금을 내도록 한다. 이때 출자금에 대해서는 매년 배당금을 지급받을 수 있고, 예탁금에 대해서는 이자를 준다. 이 배당금에 대한 배당소득세와 이자소득세를 비과세해 주는 혜택이다.

배당소득세는 1인당 1000만원 이하의 출자금에 대해서만 비과세되고, 이자소득세는 1인당 3000만원 이하의 예탁금에 대해서만 비과세되는 한도가 있다. 조합 및 금고에 1000만원의 출자금을 넣고 3000만원까지 예탁하면 세금 한 푼 떼이지 않고, 배당소득과 이자수익을 챙길 수 있다.

65세 이상이면 누구나 가입할 수 있는 비과세종합저축, 5000만원 이하 원금 비과세

노인과 장애인 등 취약계층의 생계안정을 지원하기 위해 마련된 비과세종합저축도 많은 사람들이 활용하는 혜택이다.

대상자를 살펴보면 장애인, 독립유공자 가족, 기초생활수급자, 고엽제후유증환자, 5·18민주화운동부상자 등 취약계층과 국가유공자 등 소수만을 위한 상품인 것 같지만, 단순히 65세 이상인 노인도 포함돼 있다.

많은 사람들이 이 부분에 대해 잘 모르고 있다. 대한민국에 거주하고 있는 65세 이상 노인이라면 누구나 비과세종합저축에 가입해서 세제 혜택을 누릴 수 있다. 비과세종합저축은 5000만원 이하의 원금에 대한 이자소득과 배당소득이 모두 비과세되는 혜택이다. 이 상품을 위해 정부에서는 2018년에만 3206억원의 세금을 깎아줬고, 2019년에도 3413억원의 세금을 지출하겠다는 계획을 세웠다.

노란우산공제, 공제부금 쌓고 소득세 절감

일명 노란우산공제라고 불리는 소기업·소상공인 공제부금에 대한 소득공제 혜택도 세금이 많이 투입되는 혜택이다. 소기업과 소상공인들이 폐업에 대비해서 스스로 자금을 적립하는 공제상품이다. 사업소득이 4000만원 이하인 경우 연간 500만원, 1억원 이하인 경우 300만원, 1억원을 초과하는 경우 200만원까지 사업소득에서 공제하고 소득세를 낼 수 있다. 공제부금은 공제부금대로 쌓고, 매년 소득세 절감 혜택도 누리는 것이다.

그밖에도 세금 혜택을 받으며 저축할 수 있는 상품들이 많다. 납입금액 240만원까지 40%를 근로소득에서 공제하는 주택청약종합저축은 2019년 322억원의 세금이 지원될 예정이다. 군인들이 월 40만원 이내로 납입하는 원금에 대해 이자소득세를 비과세하는 장병내일준비적금에도 135억원의 예산이 잡혀 있다.

부동산 **똑똑한 집주인과 땅주인의 절세 묘수**

부동산을 보유한 사람들에게 세금은 매우 중요하다. 가격이 많이 오른 주택이나 토지를 팔면 양도소득세를 내야 하기 때문이다. 감면 규정을 잘 활용하면 세금도 아끼고 이익을 극대화할 수 있지만, 규정을 살짝 벗어났다가 거액의 세금을 내는 경우도 있다.

그런데 양도세는 관련 「세법」이 너무 자주 바뀌고 복잡하다. 세무사들 중에도 양도세 분야를 아예 포기하는 '양포 세무사'가 등장할 정도라고 한다. 부동산으로 절세하는 방법은 참 멀고도 험난하다. 똑똑한 집주인과 땅주인들은 과연 어디에서 세금을 감면받고 있을까?

8년 이상 직접 경작한 농지 양도세 100% 감면

부동산 관련 세금 감면 규모를 살펴보면 가장 규모가 큰 항목은 자경농지 양도세 감면이다. 2019년 감면 규모만 1조5327억원에 달한다. 8년 이상 농지를 직접 경작하고 나서 팔면 양도세를 100% 감면하는 제도다. 농사를 짓는다면 핵심 절세 팁이다.

두 번째로 많은 건 공익사업용 토지 양도세 감면이다. 보유하고 있던 땅을 공익사업이나 도시주거환경 정비 시행자에게 양도하면 양도세의 10~40%를 감면받을 수 있다. 감면 규모가 1498억원에 달할 정도로 많이 이용하는 제도다. 농지대토 양도세 감면은 농

▼ 부동산 관련 세금 감면 규모

(단위: 원)

이름	수혜내용	규모
소형주택 임대사업자 세액 감면	임대소득에 대해 소득세 · 법인세 30% 감면	66억
장기임대주택 양도세 과세 특례	장기보유특별공제율 2~10% 추가 적용	60억
장기 · 신축임대주택 양도세 감면	국민주택 임대후 양도시 양도세 50~100% 감면	238억
미분양 주택 양도세 과세특례	서울 외 미분양주택 양도세 100% 감면	43억
신축주택 취득자 양도세 감면	5년간 양도소득 과세 대상 소득금액 차감	85억
자경농지 양도세 감면	8년 이상 직접경작 농지 양도세 100% 감면	1조5327억
축사용지 양도세 감면	8년 이상 축사용지 폐업시 양도세 100% 감면	171억
농지대토 양도세 감면	농지 대체취득자 양도세 100% 감면	724억
공익사업용 토지 양도세 감면	공익사업용 토지 양도세 10~40% 감면	1498억
대토보상 양도세 과세특례	공익사업 토지 보상 양도세 15% 감면	22억
개발제한구역 지정 토지 양도세 감면	개발제한구역 토지 양도세 40% 감면	57억
국가 양도 산지 양도세 감면	2년 이상 보유 산지 국가 양도시 10% 감면	8억
신축주택 등 양도세 과세특례	5년간 발생 양도소득 100% 세액공제	1388억
신축주택 취득자 양도세 과세특례	5년간 양도소득 과세 대상 소득금액 차감	162억

자료: 기획재정부 〈조세지출예산서〉

지를 대체취득한 경우 양도세를 100% 감면하는 제도다. 2019년 724억원이 감면됐다. 축사용지 양도세 감면 항목도 171억원이나 된다. 자경농지와 마찬가지로 8년 이상 축사를 운영하다가 폐업하는 경우 양도세를 100% 감면한다.

소형주택 임대소득세 75%까지 감면

임대사업자라면 눈여겨볼 절세 혜택이 있다. 소형주택 임대사업자에 대한 소득세 감면액은 2019년 66억원이다. 국민주택 규모인 $85m^2$ 이하와 기준시가 6억원 이하 요건을 충족한 임대사업자에게 소득세나 법인세를 30% 감면해준다. 8년 이상 임대하는 장기일반민간임대주택인 경우 감면율이 75%까지 올라간다.

장기임대주택 양도세 과세특례도 있다. 2019년 60억원의 감면이 이뤄지는데, 장기임대주택을 6년 이상 임대한 후 양도하는 임대사업자에게 적용된다. 6년 보유하면 2%의 추가공제율을 적용하고, 7년은 4%, 8년은 6%, 9년은 8%, 10년 이상은 10%의 장기보유 공제율을 적용한다.

도곡동 타워팰리스3차 양도세 감면받은 비밀, 한시적 양도세 특례 규정들

「세법」에는 규정이 사라졌지만 아직 감면이 이뤄지는 제도도 많다. 정부가 1990년대 말 주택시장 활성화를 위해 한시적으로 시행했던 양도세 특례 규정들이 여전히 살아 숨쉬고 있다. 당시 신축주택이나 미분양주택을 취득하면 양도세를 대폭 감면했기 때문에 현재까지 보유하다가 파는 집주인은 세금 감면 혜택을 누리는 셈이다.

1998~2003년 실시된 신축주택 양도세 감면 제도가 대표적

이다. 신축주택을 취득하면 5년간 발생한 양도소득을 면제해 주는 조치다. 이 제도는 1998년 5월부터 1999년 6월까지 한시적으로 시행됐다가 2001년 5월부터 2003년 6월까지 다시 시행했다. 1999년까지 시행한 제도로 인한 2019년 감면액은 85억원이고, 2003년 종료한 제도에서는 2019년 1388억원의 감면이 이뤄졌다. 적용 대상에는 서울 도곡동 타워팰리스3차, 대치동 동부센트레빌, 논현동 두산위브, 양천구 목동 하이페리온II, 경기 분당 동양파라곤, 용인 보정동 죽전자이 등 고가 아파트들이 포함돼 있어 대규모 세금 감면이 이뤄졌다.

국민주택규모 이하 주택을 임대하는 집주인에게 양도세를 감면했던 제도는 2000년 적용 기한이 종료됐지만, 2019년 238억원의 세금이 감면된다. 5년 이상 임대하면 양도세의 50%, 10년 이상 보유하면 양도세 100%를 감면받게 된다.

2003년 종료한 지방 신축주택 양도세 과세특례 제도로 2019년 162억원이 감면됐다. 2001년 5월 23일부터 2003년 6월 30일까지 수도권 이외 신축주택을 취득했다면 감면이 가능하다.

2010년과 2011년까지 각각 시행된 지방 미분양주택 과세특례도 2019년 43억원과 5억원의 감면이 이뤄졌다. 2009년 2월 12일부터 2010년 2월 11일까지 서울 밖 미분양 주택을 취득했거나, 2011년 4월 30일까지 지방 미분양 주택을 취득했다면 양도세 특례를 받을 수 있다.

근로·자녀장려금 제대로 받는 꿀팁

✏️ 근로·자녀장려금 지급 요건 완화

2019년부터 근로·자녀장려금 지급 요건이 완화됐다. 지급액 또한 인상되면서 2018년보다 훨씬 많은 대상자들이 풍성한 혜택을 받게 됐다. 단독가구의 연령제한 요건이 폐지되면서 30세 미만 청년도 근로장려금을 받을 수 있다. 소득기준이 2018년 단독가구 기준 1300만원 미만에서 2019년 2000만원 미만으로, 재산요건은 1억 4000만원 미만에서 2억원 미만으로 확대됐다.

최대지급액은 단독가구 85만원에서 150만원으로, 맞벌이가구는 250만원에서 300만원으로 인상됐다. 자녀장려금 최대지급액도 50만원에서 70만원으로 올라갔다.

2019년 근로장려금 평균 지급액은 110만원으로 2018년보다 35만원 늘어날 전망이다. 자녀장려금도 2018년 평균 52만원에서 2019년 86만원으로 34만원 증가하는 것으로 추산됐다.

장려금 지급 대상자도 대폭 늘어났다. 국세청은 2019년 543만 가구를 대상으로 근로·자녀장려금 신청 안내문을 보냈다. 전체 인구(5183만명)의 24%가 장려금을 받게 된 것이다. 2018년에는 233만 가구가 장려금을 받았다. 장려금 신청은 8월 1일부터 시작된 지 이틀 만에 100만 가구를 돌파했다.

2018년까지 1년에 1회씩 지급하던 근로장려금을 2019년부터 반기별로 지급하기 위해 근로소득 간이지급명세서 제출의무가 신설됐다. 근로소득이나 사업소득을 지급하는 사업자는 상반기(1월 1일~6월 30일) 발생분은 7월 10일까지, 하반기(7월 1일~12월 31일)

▼ **2019년부터 달라진 근로장려금 지급기준**

항목		2018년	2019년
연령요건		30세 미만 배제	30세 미만 포함
소득 요건	단독	1300만원 미만	2000만원 미만
	홀벌이	2100만원 미만	3000만원 미만
	맞벌이	2500만원 미만	3600만원 미만
재산요건		1억4000만원 미만	2억원 미만
최대 지급액	단독	85만원	150만원
	홀벌이	200만원	260만원
	맞벌이	250만원	300만원

▼ **2019년부터 달라진 자녀장려금 지급기준**

항목	2018년	2019년
연령요건	18세 미만	
소득요건	4000만원 미만	
재산요건	2억원 미만	
	생계급여 수급자 제외	생계급여 수급자 포함
최대지급액	50만원	70만원

발생분은 다음해 1월 10일까지 간이지급명세서를 제출해야 한다. 미제출 또는 사실과 다르게 제출한 경우에는 지급금액의 0.5%의 가산세를 납부하게 된다.

📌 임대차 계약서 · 가족관계등록부 등 조건 증빙할 서류 확인 필수

임대차 계약서를 제출하라

국세청으로부터 근로·자녀장려금 신청 안내를 받지 못한 경우에도 요건을 충족하면 얼마든지 장려금을 받을 수 있다. 국세청을 통해 '장려금 제대로 받는 꿀팁'을 살펴봤다.

전세금 1억2000만원짜리 아파트에 사는 김모씨는 국세청의 안내문을 받고 지난 1일 홈택스 모바일 앱으로 근로장려금을 신청했다. 그런데 '장려금 계산해보기'를 통해 알아보니 받을 수 있는 근로장려금이 절반에 불과했다. 재산이 1억4000만원 이상인 경우 장려금이 50% 차감되는 규정 때문이었다.

국세청에 문의한 결과 전세금은 주택 기준시가의 55%를 곱해 산정한다는 사실을 알게 됐다. 김씨의 아파트 기준시가는 2억8000만원인데, 국세청이 55%인 1억5400만원을 전세금으로 산정한 것이다. 김씨는 실제 전세금 1억2000만원으로 재산 사항을 정정하기 위해 홈택스에 임대차계약서를 첨부서류로 제출했다. 국세청이 심사를 통해 실제 전세금을 반영했고 김씨는 근로장려금 전액을 받을 수 있었다.

가족관계등록부를 확인하라

2018년 12월 자녀를 출산한 박모씨는 2019년 1월에 출생신고를 했다. 이미 자녀장려금 신청을 위한 소득·재산 요건을 충족한 상태였는데, 출생신고가 늦어지면서 국세청의 장려금 신청 안내문을 받지 못했다. 국세청은 가족관계자료를 2018년 말 기준으로 2019년 초에 수집하기 때문에 12월 출생자의 출생신고가 지연되면 부양자녀에서 누락될 수 있다고 했다.

박씨는 인터넷 홈택스에서 자녀 이름이 적힌 가족관계등록부를 첨부해 자녀장려금을 신청했다.

일용직, 통장 거래내역을 챙겨라

2018년 4월부터 7월까지 건설현장에서 일한 고모씨는 국세청의 근로장려금 신청 안내를 받지 못했다. 단독가구인 고씨는 소득과 재산 요건이 충족된다고 판단해 인터넷 홈택스에서 근로장려금을 신청했다. 하지만 소득자료 확인 메뉴를 통해 신고된 소득이 없다는 사실을 알게 됐다. 국세청에 확인해봤더니 회사에서 일용근로소득지급명세서를 제출하지 않았다. 고씨는 회사로부터 근로소득지급확인서를 받아 통장 거래내역과 함께 근로장려금을 신청했다.

외국인 등록번호를 기재하라

2018년 2월 미국 국적의 배우자와 결혼한 김모씨는 10월에 혼인신고를 했다. 2018년 소득 기준으로 홑벌이 가구 근로장려금 요건을 충족했지만, 국세청은 신청 안내문을 보내지 않았다. 알고 보니 가족관계증명서와 주민등록부에 배우자의 외국인 등록번호가 확인되지 않아 가구 구성에서 배우자가 누락된 것이었다. 김씨는 주민센터를 방문해 배우자의 외국인 등록번호를 등재한 후, 세무서에 가족관계증명서와 주민등록등본을 제출하고 근로장려금을 신청했다.

세금 간편납부 똑소리 나게 이용하기

📎 국세청, 이체수수료 없는 가상계좌 개발

국세청에 세금을 내는 방식 중 하나인 가상계좌 시스템이 더욱 편리해졌다. 이체 때문에 발생하는 수수료도 싹 사라졌다. 어떻게 달라졌는지 좀 더 살펴봤다.

세금도 다른 공과금처럼 가상계좌 이체로 낼 수 있다. 고지서에 개인별로 납부전용계좌가 있어 납세자 자신의 은행계좌에서 가상계좌로 이체를 하면 세금 납부가 완료되는 방식이다. 가상계좌를 이용해 국세청에 세금을 낸 사람들은 생각보다 많다. 2016년에 569만건의 세금이 가상계좌로 납부됐고, 2018년엔 그 갑절인 1018만건이

가상계좌로 납부됐다. 계좌이체라는 간단한 방식 때문에 해마다 실적이 크게 늘고 있다.

그런데 가상계좌 이체로 세금을 내는 경우 단점이 하나 있었다. 국세 납부와 관련해서 가상계좌를 제공해주는 은행이 국민·기업·신한·우리·하나 등 5개 은행으로 제한돼 있었다는 것이다. 만약 이들 5개 은행이 아닌 다른 은행계좌에서 국세를 계좌이체로 내야 하는 경우에는 건당 500원이 넘는 타행 이체수수료가 발생할 수밖에 없었다. 세금을 내기 위해 또 다른 비용을 들인 셈이다.

다행히 국세청이 좀 특별한 가상계좌를 만들었다. '국세은행'이라는 가상의 은행과 '국세계좌'라는 가상의 계좌를 새롭게 만든 것이다. 국세은행 국세계좌는 20개 시중은행 어디에서 이체하더라도 이체수수료가 붙지 않는다. 20개 은행을 통합한 국세은행은 '타행'이 아니라는 거다.

국세계좌의 계좌번호도 아주 독특하다. 세금 고지서나 자진납부서에 써 있는 전자납부번호가 그대로 국세계좌가 된다. 국세청이 금융결제원 등과 수개월간 머리를 맞대어 개발한 방법이라고 한다. 납세자들은 은행 계좌이체 화면에서 입금은행으로 '국세'은행을 선택하고 국세계좌번호인 고지서번호를 입력해 이체를 하면 끝이다. 내 주거래은행에 맞는 가상계좌를 찾을 필요 없이 전자납부번호를 넣으면 되는 것이다.

국세계좌는 유효기간도 없다. 보통 공과금 납부용 가상계좌는 1년의 유효기간이 지나면 사용할 수 없게 된다. 이 경우 새로 변경된 가상계좌를 받아서 납부해야 했다. 하지만 국세계좌는 세금이 완납될 때까지 영구적으로 이용할 수 있다. 다만 고지서가 아닌 자진납부서인 경우엔 납부기한까지만 유효하다. 국세계좌는 5개월여

구분		가상계좌*	국세계좌
은행		5개 은행에서 제공 (국민·기업·신한·우리·하나)	모든 은행에서 이용 가능 (인터넷은행 등 제외)
이체 수수료	자행	무료	무료
	타행	유료(건당 500원)	무료
유효 기간	자진납부서	신고납부기한까지	신고납부기한까지
	고지서	있음(1년)	없음(영구)
자릿수		14자리	19자리 (전자납부번호와 동일)

*제공은행별 계좌번호로만 존재하는 가상의 수납전용 입금계좌

시범운영을 끝내고, 2019년 4월 10일부터 운영을 시작했다.

물론 국세계좌도 아직 아쉬운 점이 남아 있다. 20개 시중은행 외에 카카오뱅크·K뱅크 등 인터넷은행과 증권사·산림조합중앙회 등의 계좌를 이용하는 경우에는 종전처럼 수수료를 부담해야 한다. 또 은행창구가 아닌 편의점·지하철 등에 설치된 CD나 ATM기기를 이용하는 경우에도 국세계좌 활용이 불가능하다고 한다.

✒️ 'OO페이 세금고지서'…편리하지만 불리한 이유

간편결제앱 통한 세금고지서 수령, 건당 150~500원 공제 혜택

세금을 내는 방법이 점점 간편해지고 있다. 지방세의 경우 세금고지서를 이메일로 받기도 한다. 여기에 그치지 않고 2019년 7월부터는 스마트폰 간편결제앱으로도 고지서를 받을 수 있게 됐다. 행정안전부가 카카오페이·네이버페이·페이코 등 간편결제플랫폼 사업자들과 협약을 맺고 스마트폰을 통해 지방세의 전자고지서 발

송을 시작한 것이다.

2019년 7월 재산세 고지서부터 간편결제앱을 통한 전자고지서 발송이 시작됐다. 정기적으로 고지서가 발송되는 주민세·자동차세·등록면허세까지 확대 적용된다.

전자고지서는 해당 앱에서 신청을 하는 신청자에 한해 받을 수 있다. 간편할 뿐만 아니라 지자체별로 건당 150~500원의 전자송달세액공제 혜택도 받을 수 있는 장점이 있다.

간편결제앱 사업자별로 납세자 유치를 위한 별도 프로모션도 진행됐다. 네이버페이와 페이코는 2019년 7월 재산세 전자고지서 신청 및 납부자에게 2000원 상당의 포인트 적립 혜택을 얹어줬다.

우편 고지서 도달입증 책임은 국세청

하지만 납세자들은 전자고지서를 신청하기에 앞서 반드시 기억해야 할 것이 있다. 세금의 고지서는 그것이 납세자에게 전달되는 순간 '송달(送達)'이라는 법적 효력이 발생한다는 점이다.

송달은 '고지서의 전달이 완료'됐다는 뜻이다. 세금은 고지서를 받으면 고지서에 있는 기한 내에 납부해야 한다. 하지만 그동안 우편으로 발송된 고지서는 납세자에게 제대로 송달이 됐는지 여부를

확정하기 어려웠다.

국세청은 고지서를 발송했지만, 이사나 특별한 사정에 의해 고지서를 전달받지 못하는 경우도 있기 때문이다. 이런 이유로 납세자와 과세관청간의 분쟁도 잦았다. 과세관청은 고지서를 보냈다고 하고, 납세자는 받지 못했다고 주장하면서 세금을 제때 내지 못해 발생한 가산세부담 등을 누가 져야 하는가에 대해 소송이 벌어졌다.

분쟁이 많다는 것은 납세자가 불리한 상황에 놓일수도 있지만, 역으로 납세자에게 유리한 부분도 그만큼 있다는 뜻이다.

실제로 대법원에서는 세무공무원이 전화로 설명을 하고 등기우편으로 고지서도 보냈지만 수취인 부재로 반송된 경우, 팩스를 통해 납세고지서를 전달했더라도 납세자의 "현실적인 수령행위가 없었다면 송달이 이뤄졌다고 보기 어렵다"는 판단을 내린 적이 있다.

또 아파트 경비원이 부재중인 주민을 대신해서 등기우편으로 온 납세고지서를 받은 경우에도 실제 거주하지 않았거나 장기간 해외 출장 등으로 부재중이었다는 점을 입증할 수 있는 경우, "고지서가 반송되지 않은 것만으로 고지서가 도달됐다고 추정할 수 없다"는 대법원 판결도 있었다.

전자고지서는 보내는 즉시 효력

전자송달은 이런 분쟁의 여지가 확 줄어든다. 전자고지서는 사실상 과세당국이 고지서를 발송하는 즉시 법적 효력이 있는 송달이 완료되기 때문이다.

현행 「지방세기본법」은 송달의 효력에 대해 송달서류는 송달을 받아야 할 자에게 도달한 때부터 효력이 발생한다고 밝히면서도, 전자송달은 송달받을 자(납세자)가 지정한 전자우편주소·전자사서

함·연계정보통신망의 전자고지함에 저장된 때에 도달된 것으로 본다고 밝히고 있다.

전자고지서는 이메일이 도착한 즉시, 앱의 경우 고지서 알림이 뜨는 즉시 전달된 것으로 확정이 된다는 뜻이다. 납세자가 이메일을 읽거나 앱상의 푸시알림을 확인하지 않더라도 고지서는 전달된 것이 된다.

「국세기본법」 역시 마찬가지다. 송달서류가 송달받아야 할 자에게 도달한 때부터 송달의 효력이 있지만, 전자송달은 전자우편주소에 입력된 때, 혹은 국세정보통신망(홈택스)에 저장된 때에 바로 납세자에게 도달한 것으로 인정된다고 밝히고 있다.

전자송달은 한번 신청하면 납세자 스스로 해지하지 않는 이상 계속해서 유지된다. 특히 종이로 날아오던 고지서는 더이상 날아오지 않게 된다.

과세관청은 스마트폰이 고장났을 경우를 대비해 지방세정보시스템인 위택스에 입력된 전자메일로도 고지서를 동시에 발송한다. 간편해진 전자고지서를 간편하게만 여기지 말아야 할 이유다.

우편 고지서는 납세자가 수령해야 법적 효력
모바일 전자고지서는 사실상 발송과 동시에 효력 생겨
앱 푸시 알림 떴다면 납세자가 확인 못해도 전달된 것으로 확정

세금 문제가 생겼을 때 가장 먼저 찾아야 할 사람은 이 분야 최고 전문가인 세무사다. 하지만 실제로는 세무사 찾기를 망설이는 사람들이 대부분이다. 누구를 찾아야 할지 잘 모르기도 하지만 가장 큰 걱정은 세무사 수수료를 얼마나 부담해야 할까 하는 두려움 때문이다.

◆ 세금 고수들의 무료상담, 여기로 가시면 됩니다

세무사들도 무턱대고 고액의 수수료를 받지 않는다. 일정 수준의 세무상담은 무료로 해주는 경우가 많고, 재능기부 차원에서 기본적인 세금상담 서비스를 무료로 제공하는 세무사들도 적지 않다. 국가나 지방자치단체에서 영세납세자들을 위해 무료 세무상담이나 무료 세무대리인 제도를 운영하기도 한다. 이런 무료 세금상담은 어디에서 어떻게 받을 수 있을까? 택스워치가 무료로 세금고민을 해결해주는 세무사들을 정리했다(※주의 : 무료 세무상담은 기초적인 상담을 위주로 진행된다. 실제 특정 사안에 대한 세금계산이 필요하거나 세금신고 대리까지 무료로 해주지는 않는다).

마을 세무사 세무사들의 대표적인 재능기부 서비스가 마을세무사 제도다. 마을세무사는 지역주민을 상대로 무료상담을 해주는데, 2018년 말 기준 전국에 1359명이 마을세무사로 활동중이다. 한국세무사회에 등록된 세무사가 1만3000명 정도이니 전국 세무사의 10%가 마을세무사로 재능기부 활동을 하고 있는 셈이다.

행정안전부 홈페이지에서 '업무안내 〉 지방재정경제실 〉 마을세무사' 순으로 메뉴를 클릭하면 지역별 마을세무사 찾기를 통해 내가 살고 있는 지역의 마을세무사가 누구이고, 어디에 있는지 알 수 있다.

마을세무사는 직접 찾아가 만날 수도 있고, 전화나 이메일로도 상담을 받을 수 있다. 거주지역 자치단체 홈페이지나 주민센터 등에 있는 마을세무사 연락처를 확인해서 전화나 팩스·이메일 등을 통해 상담을 요청하면 된다. 다만, 지역 인구에 비해 마을세무사의 수가 제한적이다보니 직접 만나기 위해서는 사전예약이 필요하다.

마을세무사는 영세납세자를 지원하기 위해 서울시에서 가장 먼저 시작했고, 2016년부터는 중앙부처인 행정안전부에서 한국세무사회와 협약을 맺고 전국적으로 시행중이다. 딱 부러지는 기준은 없지만 영세납세자 지원이 취지이기 때문에 고액의 양도세나 상속·증여 문제의 상담은 어렵다.

한국 세무사회 무료 상담위원 한국세무사회 자체적으로도 무료 세무상담을 제공한다. 세무사들의 모임인 세무사회에서 공식적으로 제공하기 때문에 결과에 대한 신뢰도도 높고, 마을세무사처럼 영세납세자에 초점이 맞춰져 있지 않아 질문에 제약도 덜하다. 마찬가지로 인터넷과 전화상담·방문상담 모두 활용할 수 있다.

무료 인터넷 상담은 한국세무사회 홈페이지에서 '연구·상담〉무료세무상담' 메뉴를 클릭한 후 쓰기를 눌러서 질문을 올리면 되는데, 일반회원으로 홈페이지 무료회원 가입을 한 후에 글을 작성할 수 있다. 16명의 세무상담 위원이 주중 요일별(월요일 4명, 화~금요일 3명)로 전담배치돼 있다. 질문이 올라오면 실시간으로 답변해주기 때문에 생각보다 빨리 답변을 받을 수 있다.

무료 전화상담도 열려 있는데, 전화번호 '02-587-3572'번으로 전화하면 당일 전담 세무사가 친절하게 상담해 준다. 단, 전화 세무 상담은 오전 10시~오후 4시만 가능하다.

얼굴을 보고 상담하고 싶다면 세무사회를 직접 찾아가는 방법 도 있다. 한국세무사회 본회 건물(서울 서초구 명달로 105)이 대중교 통 접근성이 떨어진다는 것은 단점이다. 전화와 현장 무료상담은 67명의 세무사들이 상담위원 풀(Pool)에 참여하고 있다.

네이버 지식iN　대한민국 최대 포털사이트인 네이버에서도 무료 세무상 담을 받을 수 있다. 네이버 지식iN 서비스에 세금·세무 키워드로 질문을 올리면 세무사들이 전문가 답변을 달

▼ 무료 세금상담 세무사 이용법

	마을세무사	세무사회	네이버 지식iN	국선대리인
인원	1359명	83명	442명	258명
신청 방법	▶ 전화 ▶ 이메일 ▶ 주민센터 방문	▶ 홈페이지 ▶ 전화 ▶ 세무사회 방문	홈페이지	세무서 방문
조건	양도·상속·증여세 이용제한	▶ 홈페이지 회원가입 ▶ 전화가능 시간 (오전10시~오후4시)	없음	▶ 재산 5억원 이하 ▶ 종합소득 5000만원 이하 ▶ 상속·증여·종부세 이용불가

아준다. 한국세무사회에서 지식iN 서비스와 협력하고 있는 전문가 세무사만 442명이다. 전문가답변으로 세무사 본인의 이름을 걸고 답변하기 때문에 신뢰할 수 있다. 하루에만 수십개, 주간으로 수백 개의 답변을 친절하게 해주는 세무사도 있으며, 연락처와 소속도 기재돼 있기 때문에 필요에 따라 해당 세무사에게 직접 이메일이 나 전화로 상담해도 된다.

본인의 소속이나 이름을 밝히지 않고 지식iN에서 활동하는 세무 사나 회계사도 있다. 지식iN 서비스는 질문에 대한 답변 개수와 답 변 채택비율 등을 점수화해서 등급을 매기기 때문에 이름을 밝히 지 않았지만 평가등급이 높은 세금전문 답변자를 선택해 1대1로 질문하는 것도 방법이다.

국선 세무 대리인 사전 세금상담이 아니라 국세청에 의해 이미 결정된 세 금에 불만이 있어 조세불복(이의신청·심사청구)을 해야 하 는 경우에도 무료로 세무사를 이용할 수 있다. 국선 세 무대리인제도를 활용하는 방법이다.

국선세무대리인은 세무사와 공인회계사·변호사 등 전국적으로 258명이 위촉돼 있으며, 3000만원 이하의 세금에 대한 이의신청· 심사청구를 하는 개인이 대상이다. 영세납세자 지원 목적이기 때 문에 보유재산 5억원 이하, 종합소득금액 5000만원 이하라는 신청 제한이 붙는다. 또 상속세와 증여세·종합부동산세에 대한 불복에 도 이용할 수 없다. 신청요건만 맞으면 이의신청 및 심사청구 이전 에 관할 세무서를 통해 국선세무대리인을 지정받을 수 있다. 건당 10만원 안팎의 세무대리인 비용은 국가가 지불한다.

마을세무사·세무사회·네이버 지식iN 등
전문가들 재능기부 서비스 활용 가능
영세납세자, 국선대리인이 조세불복 지원

✒️ 승소율 높이는 심판청구서 셀프 작성요령

조세심판원 심판청구서 작성요령 공개

어느날 갑자기 예상치 못한 세금을 통보받는다면 어떻게 대처해야 할까? 당장 과세당국을 찾아가 억울함을 호소하고 싶지만 현실은 녹록지 않다. 세무대리인을 쓰자니 수수료가 부담스럽고, 혼자서 해결하자니 방법도 잘 모르겠다.

이런 고민을 하고 있는 납세자들에게 실낱같은 희망의 끈이 나타났다. 조세심판원이 처음으로 심판청구서 작성요령을 공개했다.

기본적인 작성방법뿐만 아니라 좋은 결과를 얻어낼 수 있는 힌트까지 제시했다. 심판원이 알려준대로 차분하게 따라해보면 세무대리인의 도움을 받지 않고도 충분히 심판청구서를 작성할 수 있다.

심판청구서는 조세심판원 홈페이지(https://www.tt.go.kr)에서 서식을 내려받은 후 청구이유서와 증거서류를 함께 우편으로 보내면 된다. 홈페이지의 '사이버심판접수'를 통해 직접 작성할 수도 있지만 심판청구서 원본과 증거서류는 반드시 우편으로 따로 보내야 한다.

가장 기본이 되는 심판청구서는 한 장짜리 서류에 이름과 주민등록번호·주소 등 14개 항목만 기재하면 된다. 처분청과 조사기관, 처분통지를 받은 날, 처분내용, 이의신청한 날 등을 작성한다. 과세통지서를 보면 손쉽게 확인할 수 있는 항목들이다.

▼ **조세심판청구 제출 서류 및 작성 항목**

서류	작성항목		기재요령
심판청구서	청구인 정보	성명, 주민등록번호, 전화번호, 주소	1장으로 작성
	처분내용	처분청, 조사기관, 통지일, 이의신청일	과세통보자료 확인
심판청구 이유서	청구취지	처분한 세무서장, 송달일, 대상자, 과세기간, 세목, 내용요약, 불복 범위	부과처분 중 부당한 부분 특정 기재
	청구이유	처분개요, 쟁점, 청구인 주장, 관련 법령, 심판결정례 및 판례	시간순서로 작성, 유사사건 결정례 첨부
증거자료	증거목록	등기부등본, 호적등본, 예금거래내역, 장부, 인우보증서, 확인서	원본 제출, 밑줄 표시

편지 형태로 구구절절 사연 나열하면 승소할 가능성 희박

다음으로 심판청구 이유서를 작성해야 하는데 여기서 얼마나 논리적이고 설득력 있게 쓰는지 여부에 따라 승패가 좌우된다. 심판청구서는 서면 심리를 원칙으로 하기 때문에 명확한 문장을 통해 심판관의 마음을 움직여야 한다.

이때 편지 형태로 구구절절 사연을 나열하는 방식의 이유서는 인용(납세자 승소)될 가능성이 희박하다는 게 심판원 관계자들의 귀띔이다. 심판원이 공개한 이유서 작성예시를 참고해 양식에 맞게 기재한 후, 증거서류까지 첨부하면 인용 확률을 높일 수 있다.

심판청구 이유서는 청구취지와 청구이유를 구분해서 작성하면 된다. 청구취지는 처분한 세무서장을 비롯해 송달일·대상자·과세기간·세목·내용요약·불복범위 등을 순서대로 기재한다.

납세자가 불복을 통해 얻고자 하는 결론 부분이라고 볼 수 있다.

따라서 과세당국의 부과처분 중 어느 부분이 부당한지 명확하게 기재해야 한다. 부과처분 전체가 부당한지, 일부 세액만 돌려달라는 취지인지 구분하는 것이 중요하다.

청구이유는 청구취지의 목적달성을 위한 핵심자료로 활용되기 때문에 조리있는 서술과 합리적 증거 자료가 뒷받침돼야 한다. 심판관 입장에서는 사건을 심리할 때 사실관계를 검토한 후 법령 해석을 거쳐 판단하기 때문에 청구이유도 사건심리 순서에 맞춰 기재하는 것이 유리하다.

청구이유 항목에는 처분개요와 쟁점, 청구인 주장, 관련법령을 기재하며 유사한 사건의 심판결정례나 법원 판례를 찾아 넣으면 설득력을 높이는 데 도움이 된다. 사실관계는 시간 순서에 따라 작성하고 6하원칙(누가·언제·어디서·무엇을·어떻게·왜)을 지키면 심판관의 명확한 판단을 이끌어낼 수 있다.

증거자료는 가급적 원본 제출, 관련 있는 부분은 밑줄 등으로 강조

증거자료가 있는 경우 증거목록을 작성한 후 청구이유서와 함께 첨부하면 된다. 등기부등본·호적등본·예금거래내역·재무제표·장부 등은 가장 기본적인 증거자료들이다. 최근에는 입주자카드나 신용카드·대중교통 사용내역, 택배 이용내역 등이 결정적 증거 자료로 활용되기도 한다. 증거자료는 가급적 원본으로 제출하고, 사실관계와 관련이 있는 부분은 밑줄 등으로 강조해서 표시하는 것이 좋다.

도저히 혼자서 작성하기 어렵다면 국선대리인을 선임하는 방법도 있다. 심판원 홈페이지에서 제공하는 국선대리인 선정 신청서를 작성하면 무료로 변호사·세무사·공인회계사의 도움을 받을 수 있다.

조세심판원 관계자는 "소액 심판청구는 3분의1이 대리인 없는 사건이지만 납세자의 제출자료가 미흡한 경우가 많았다"며 "납세자가 손쉽게 이용할 수 있도록 심판청구 문턱을 점점 낮춰갈 계획"이라고 말했다.

> 홈페이지에서 서식 내려받은 후
> 시간순서·6하원칙에 맞춰 기재
> 원본·증거서류 꼭 우편 접수

◆ 세금 신고·조세불복 신청 어느 세무서로 가야 하나?

세무서에 갈 일이 생겼는데 관할 세무서가 너무 멀리 있으면 어떻게 해야 할까? 일반 행정민원의 경우 반드시 내가 사는 곳의 주민센터나 구청을 가지 않더라도 해결할 수 있는 민원들이 있고, 그렇지 않은 민원이 있다. 세무서도 마찬가지다. 다른 지역 세무서에서도 해결할 수 있는 일들과 그렇지 않은 일들이 있다. 택스워치가 손품을 팔아봤다.

관할 세무서에서만 할 수 있는 일

먼저 주주명부와 주식 등 변동상황 명세서의 제출과 사본발급 업무다. 주식회사는 설립할 때 상법과 법인세법에 따라 주주명부를 반드시 작성해 회사의 주소지 관할 세무서에 제출해야 한다. 또 주식의 양도·양수, 상속·증여, 증자 등으로 주주명부상 주주에 변동이 발생해도 그 내역(주식변동상황명세서)을 세무서에 제출해야 하는

172

데, 이것 역시 관할세무서에 제출해야만 한다. 주식변동상황명세서와 주주명부 사본 발급도 개인정보보호법상 관할 세무서에서만 가능하다.

또 둘 이상의 사업장을 운영하는 사업자가 주된 사업장을 통해 부가가치세를 내는 것을 주사업장 총괄납부라고 하는데, 이 주사업장 총괄납부신청은 반드시 관할세무서에서 해야 한다. 본점이나 지점 등 둘 이상의 사업장이 서로 다른 지자체에 있을 때 주사업장으로 총괄납부를 신청하면 편리하다.

총괄납부는 신고는 따로하고 납부만 한 곳에서 하는 것인데, 납부까지 한 곳에서 하려면 사업자 단위 과세신청도 해야 한다. 이것 역시 관할 세무서에서만 접수가 된다.

또 거주자증명서도 관할 세무서에서만 발급된다. 세금 신고가 잘못돼 관할 세무서에서 소명요구서를 받은 경우에도 소명을 요구한 해당 관할 세무서에 설명해야 한다.

당연한 일이지만, 세무조사에 대한 대응도 관할 세무서를 상대로 해야 한다. 세무조사를 나온 관할 세무서와 해당 조사관을 상대로 문의해야 문제를 해결할 수 있다. 다만 지방국세청에서 나온 조사는 관할 세무서와는 별개로 진행되는 조사이기 때문에 지방청 조사국 담당자를 상대해야 한다.

다른 세무서에서도 할 수 있는 일

위 사례를 제외한 대부분의 세금 민원은 전국 모든 세무서에서 처리가 된다. 관할이 아닌 세무서에 서류가 접수되더라도 관할 세무서로 이송되기 때문이다. 특히 세금의 신고업무는 전국 어느 세무서에서나 가능하다.

▼ 관할 세무서 처리 업무

처리 업무		관할 세무서	관할 이외 세무서
세금 신고		O	O
세금 신고액 소명		O	X
조세불복청구 (과세전적부심사청구 및 이의신청)		O	O
세무조사 대응		O	X
민원 업무	주식변동상황명세서 사본 발급	O	X
	주주명부 사본 발급	O	X
	주사업장 총괄납부 신청	O	X
	사업자단위 과세 신청서	O	X
	상가임대차 확정일자 신청	O	X
	거주자증명서 발급	O	X

세금이 억울해 조세불복(과세전 적부심·이의신청)을 진행하는 경우에도 관할 세무서가 아닌 곳에서 접수할 수 있다. 관할 세무서에서 부과한 세금이지만 억울함을 해결하기 위해 반드시 관할 세무서를 찾아갈 필요는 없다는 얘기다.

하지만 서류의 이송절차가 2~3일 소요된다는 점을 고려하면 일 처리는 관할 세무서에 직접 접수하는 것이 훨씬 빠르다는 점을 참고해야 한다. 특히 불복 내용이 불확실한 경우 세무서에서 20일 내에 불복 내용에 대한 보충설명(보정)을 요구하게 되는데, 보정 기한을 생각하더라도 관할 세무서가 유리하다.

아울러 세금 신고 등 관할 세무서가 아닌 곳에서도 처리가 되는 일들은 PC나 모바일로 국세청 홈택스에 접속해서도 처리가 가능하다. 증명서 등 서류의 발급업무 대부분도 전국 무인민원발급기에서 발급받을 수 있다.

> 세무조사 대응, 주주명부 발급 등은
> 관할 세무서에서만 처리 가능
> 조세불복 진행도 관할 세무서가 유리

CHAPTER 3

단골 확보만큼 중요한

자영업자·소상공인 세테크

골목식당
부가세 환급 솔루션

'골목식당'은 세금 신고를 어떻게 해야 할까? 사업자등록부터 부가가치세 신고까지 세무사에게 맡기면 비용이 많이 들진 않을까? 초보 식당 사업자들이 알아두면 유용할 절세 방법에 대해 손서희 세무사(나이스세무법인 강남지점 대표)와 함께 알아봤다.

🏠 골목식당 맞춤 절세 가이드

배달앱 주문, 신용카드 매출에 안 잡히니 따로 신고

**식당사업자는 장부기장과
세무 신고를 어떻게 하는가?**

세무서에서 발급받은 사업자등록증 상단에 '일반과세자' 또는 '간이과세자'로 표시돼 있다면 부가가치세 신고·납부 의무가 있다. 국세청 홈택스의 신고서 미리채움 서비스를 활용하면 세무서 방문 없이도 사업자가 쉽게 신고할 수 있다.

세무사 사무소에 장부 기장을 맡기면 무엇을 해주는가?

세무사 사무소는 식당의 부가세 신고를 비롯해 소득세와 인건비 신고를 대행한다. 의뢰받은 세무사가 정식 세무대리인 자격으로 국세청 홈택스를 통해 식당의 신용카드·현금영수증 매출, 식자재를 구입한 세금계산서·카드사용내역·각종 재료비와 소모품비 등을 조회한다. 조회된 내용과 함께 사업자가 세무사에게 추가로 제출하는 현금매출 등 증빙을 토대로 국세청 홈택스에 신고한다.

식당에서 증빙을 챙길 때 주의할 점이 있다면 무엇인가?

배달앱을 통한 매출은 아직 국세청 신용카드 매출 내역에 자동으로 반영되지 않는다. 배달 매출은 내역을 파악하기 힘들기 때문에 중복이나 누락될 가능성이 높다. 세무서에서 배달 매출 누락 혐의로 소명하라는 연락이 오기도 한다. 가산세를 추가로 부담하기 때문에 정확하게 구분해서 신고하는 게 중요하다.

배달앱 주문은 신용카드 매출에 안 잡히니 따로 신고 하세요.

세무서는 부가세 신고 자료를 어떻게 처리하는가?

상·하반기 부가세 신고가 끝나면 식당의 매출과 비용의 대부분을 세무서에서 파악하게 된다. 자료는 종합소득세 신고와도 연결된다. 매년 1월 25일은 전년 하반기 부가세 신고기간으로 5월 종합소득세 신고와도 연결되기 때문에 가장 중요한 시기다.

매출이 적은 골목식당도 부가세를 신고·납부해야 하나?

간이과세자 중 1년간 매출이 3000만 원 미만인 경우 부가세 납부가 면제되는 혜택이 있다. 물론 신고의무는 있지만, 사실 신고를 안해도 가산세가 없다고 보면 된다. 원래 기준금액이 연 2400만원 미만이었는데 최근「세법」개정으로 3000만원 미만까지 확대됐다.

현금매출 신고 안 하면 국세청에서 의심
신용카드 대비 일정금액 반드시 신고해야

손님이 현금으로 결제한 금액도 반드시 매출로 잡아야 하나?

프랜차이즈 식당은 각각의 매장에서 발생한 매출이나 재료매입금액이 본사와 공유되기 때문에 국세청에서 본사를 조사하면 각 매장의 매출 내역도 드러나게 된다. 하지만 골목식당은 현금매출이 덜 노출되기 때문에 사업자들이 신고하지 않는 경우도 있다. 현금매출을 전혀 신고하지 않으면 국세청에서 의심할 수 있다. 따라서 신용카드 대비 일정 금액은 반드시 현금매출로 신고해야 한다.

현금매출을 누락했다가 세무서에 적발된다면 어떻게 되는가?

세무서에서는 식당의 주류 매입비율, 카페의 우유 매입비율, 배달음식점의 배달앱 지불 수수료 세금계산서 금액 등으로 현금매출 누락 규모를 역산한다. 실제 매출과 신고한 매출의 차이가 큰 식당은 부가세와 가산세를 추징하기도 한다. 일단 매출 누락으로 세무조사를 받게 되면 빠져나갈 방법이 없다. 장사가 잘 되던 식당도 추징된 세금을 납부하는 과정에서 폐업하는 경우도 있다.

합법적으로 부가세를 절세하는 방법이 있는가?

의제매입세액공제와 신용카드 발행세액 공제를 추천한다. 농수산물 의제매입세액 공제(음식점 주인이 농산물 식재료를 구입해 요리하면 부가세를 일부 감면)를 통해 구매금액의 109분의9(8.25%)를 돌려받을 수 있다. 신용카드 발행세액공제는 신용카드나 현금영수증 발행금액의 1.3%(음식점 간이과세자는 2.6%)를 돌려받는 제도다. 간이과세자라면 신용카드 발행세액공제를 통해 납부할 부가세가 거의 없다고 보면 된다.

식당 운영에 들인 비용도 공제받을 수 있는가? 사업자등록 이후 식당 관련 모든 비용에 대해 세금계산서나 계산서·사업용카드 등의 증빙을 받아야 부가세와 소득세 절세가 동시에 가능하다. 가스·전기요금·휴대폰·전화요금 등은 사업자등록증을 제출하고 세금계산서를 받거나, 사업용카드로 결제를 연결해 놓으면 부가세 10%를 돌려받을 수 있다. 이런 비용에 대한 세금계산서만 잘 챙겨도 수십만원 이상의 절세가 가능하다.

🏪 연매출 2억 식당은 어떻게 세금 1500만원을 줄였을까?

골목식당 사장님들! 세금 신고 너무 어렵지 않은가? 어렵다고 손을 놓고 있으면 손해니까 어떻게 절세하는지 한번 알아보자.

요즘 동네마다 하나씩 있는 정육식당을 예로 들어보자. 하루 60만원 정도 매출을 올린다고 가정하자. 그걸 신용카드와 현금영수증으로 다 끊어줬으면 1년에 부가가치세 포함, 매출전표가 2억 2000만원 나온다. 실제 매출은 2억원이고 부가세는 2000만원이다. 부가세를 2000만원 냈으니 환급받아서 세액을 확 줄여야 한다.

부가세를 돌려받으려면 가장 먼저 세금계산서를 잘 챙겨야 한다. 임대료와 주류 등 소모품비가 매출의 25% 정도 된다고 가정하자. 월 임대료 150만원씩 연 1800만원, 주류 등으로 연 3200만원을 썼으면 총 5000만원을 사용한 것이다. 여기서 10%인 500만원을 부가세 환급으로 받는 것이다.

　손님 받아서 고기를 구워야 하니까 가스와 전기요금도 많이 들어갈 것이다. 월 가스비 30만원, 전기요금 25만원, 휴대폰 10만원, 일반전화 5만원을 다 합치면 월 70만원 정도 쓰게 된다. 연간으로는 840만원인데 여기서 10%인 84만원의 부가세를 돌려받을 수 있다. 세금계산서만 제대로 챙겨도 벌써 584만원이 절세 됐다.

▼ **고깃집 사장님의 절세마법 공식**

구분	연간 금액	절세방법	환급액 계산
매출액	2억원	신용카드발행 세액공제	2억2000만원×1.3%(공제율) = 286만원
부가가치세	2000만원		
정육	7000만원	의제매입 세액공제	8000만원×8.25%(공제율) = 660만원
쌀	1000만원		
임대료	1800만원	세금계산서	5840만원×10%(VAT) = 584만원
주류 등	3200만원		
가스·전기료 등	840만원		

※일반사업자 연간 지출액 및 부가가치세액 기준, 간이사업자였다면 납부세액 전액 환급
도움: 손서희 나이스세무법인 세무사

부가가치세 **2000만원** ― 환급액 **1530만원** = 최종 부가가치세 **470만원** 稅

그리고 고깃집이니까 단연 고기도 중요할 것이다. 정육이랑 쌀로 매출의 40%를 지출한다고 가정하자. 정육으로 연 7000만원, 쌀은 연 1000만원씩 총 8000만원 썼다고 해보자. 정육과 쌀은 의제매입세액공제라고 해서 부가세 109분의 9를 돌려받을 수 있다. 복잡하니까 그냥 8.25%라고 외워두면 편하다. 정육·쌀 구입비 8000만원 중에 8.25%인 660만원을 환급받는 것이다.

신용카드 발행세액공제도 꼭 챙겨야 한다. 이건 부가세 포함, 전체 매출의 1.3%(일반사업자)를 돌려받는 제도다. 그러니까 전체 매출 2억2000만원 중 1.3%인 286만원을 돌려받을 수 있다.

그럼 환급받은 세액을 합쳐볼까요? 총 1530만원이다. 원래 부가세 2000만원을 냈는데 돌려받고 나서 470만원만 내면 된다는 얘기다.

만약에 간이사업자로 신고했다면 낼 세금이 없다. 전체 매출 2억 2000만원 중 부가세 10%와 음식점 부가가치율 10%를 감안하면 부가세는 220만원만 내면 된다. 의제매입세액공제와 신용카드 발행세액공제만으로도 전액을 돌려받을 수 있다.

어떤가? 절세하는 방법, 장사보다 쉽지 않은가?

> 세금계산서는 '세금 환급서' 무조건 챙기자!
> 임대료·주류·가스 전기료 등의 10%
> 정육·쌀 구입 비용의 8.25%
> '매출액+부가세'의 1.3% 공제

🏪 창업, 뜨는 업종과 지는 업종

모두가 어렵다고 하지만 여전히 자영업에 뛰어드는 사람들은 많다. 우리나라 자영업자(개인사업자)는 2017년 말 기준 634만명으로 2016년 말보다 30만명이 늘었다. 2017년 한 해 동안 폐업한 개인사업자가 84만명에 달하지만 새롭게 창업한 개인사업자가 116만명으로 폐업한 사업자 수보다 더 많았기 때문이다.

이제 막 자영업에 뛰어든 사업자들은 창업과 폐업 정보 모두를 참고해야 한다. 116만명의 창업정보는 요즘 어떤 사업이 뜨는지, 나의 경쟁상대는 누구인지를 보여주고, 84만명의 폐업정보는 어떤 사업을 하면 쉽게 문을 닫는지를 보여주기 때문이다. 택스워치는 새로운 도전의 실패확률을 조금이라도 낮출 수 있도록 국세청 〈국세통계연보〉의 사업자등록 현황을 분석해 자영업 창업의 트렌드를 정리했다.

많이 생기고 많이 사라지는 부동산 · 소매 · 음식점

2017년에 신규 사업자등록이 가장 많았던 업종은 부동산업(부동산공급·부동산임대·부동산중개 등)과 소매업·음식점업이었다. 부동

▼ **개인사업자 신규등록자·폐업자 수(2017년)**

신규등록자

순위	업종	신규사업자수
1	부동산업	28만8193명
2	소매업	18만8980명
3	음식점업	17만5886명
4	도매·상품중개업	8만3660명
5	건설업	6만2626명

폐업자

순위	업종	신규사업자수
1	소매업	16만6152명
2	음식점업	16만3057명
3	부동산업	13만126명
4	도매·상품중개업	7만2490명
5	운송업	4만4580명

산업은 2017년에 사업자등록을 한 개인이 28만8193명으로 주요 52개 업종구분에서 1위로 기록됐다. 소매업(18만8980명)과 음식점업(17만5886명)도 신규 사업자등록이 많은 빅3 업종에 꼽혔다. 4위인 도매·상품중개업(8만3660명)과 격차도 컸다.

사라지는 사업자들은 어디에서 많을까? 폐업현황을 보면 창업자가 많은 업종에서 폐업자도 많았다. 다만 폐업자 수에서는 소매업과 음식점업이 부동산업을 앞질렀다. 소매업은 2017년 한 해 동안 16만6152명이 폐업했고, 음식점업은 16만3057명, 부동산업은 13만126명이 폐업했다.

청년은 온라인쇼핑몰, 장년은 한식당 차렸다

업종을 더 세분화해서 보면 더 깊이 있는 자료들도 눈에 띈다. 2017년부터 국세청은 52개 업종을 세분화해 이른바 골목업종으로 불리는 100가지 생활밀접업종에 대한 별도 통계를 생성하고 있는데, 2017년의 경우 이 골목업종 중 신규 사업자등록자수 1위가 한식전문점이었고 2위가 통신판매업이었다. 부동산중개업도 그 뒤를 이어 골목상권 빅3 업종임을 인증했다. 한식업종은 대표적인 음식점업이고 통신판매업은 인터넷으로 상품을 사고파는 소매업종 중하나다.

100대 생활밀접업종 신규 사업자등록현황을 사업자 연령대별로 구분해서 보면 연령에 따라 창업의 포인트가 다르다는 것도 알 수 있다. 39세 이하에서는 온라인쇼핑몰로 대표되는 통신판매업에서 신규 사업자등록이 가장 많았고, 한식전문점·옷가게가 뒤를 이었지만, 은퇴 후 창업 연령인 50세 이상에서는 한식전문점·부동산중개업·통신판매업의 순으로 신규 사업자등록이 많았다.

▼ 연령대별 100대 생활밀접업종 신규 사업자수 상위 톱 20

(단위: 명)

순위	전체 신규 사업자수		39세 이하 신규 사업자수		50세 이상 신규 사업자수	
	업종	신규 사업자	업종	신규 사업자	업종	신규 사업자
1	한식전문점	8만6677	통신판매업	5만5499	한식전문점	3만4202
2	통신판매업	7만6458	한식전문점	2만8147	부동산중개업	1만1405
3	부동산중개업	2만5206	옷가게	8299	통신판매업	9008
4	옷가게	1만8314	커피음료점	7856	옷가게	5325
5	커피음료점	1만7030	미용실	5526	분식점	4628
6	분식점	1만4265	피부관리업	5475	커피음료점	4362
7	미용실	1만2365	분식점	5320	실내장식가게	3626
8	실내장식가게	1만1159	부동산중개업	4728	노래방	3612
9	호프전문점	1만390	호프전문점	3985	호프전문점	3255
10	교습학원	9751	패스트푸드점	3954	편의점	3070
11	피부관리업	8898	교습학원	3894	식료품가게	2867
12	패스트푸드점	8823	기타외국식 전문점	3695	슈퍼마켓	2538
13	편의점	8259	화장품가게	3561	미용실	2256
14	화장품가게	8209	실내장식가게	3487	화장품가게	2195
15	노래방	7214	휴대폰가게	3467	여관 · 모텔	2186
16	기타외국식 전문점	6894	교습소 · 공부방	2890	패스트푸드점	2169
17	식료품가게	6616	예술학원	2889	당구장	2123
18	슈퍼마켓	6497	편의점	2795	교습학원	1772
19	교습소 · 공부방	6220	기타음식점	2462	펜션 · 게스트하우스	1630
20	당구장	6026	일식전문점	2372	기타음식점	1546

국세청 관계자는 "청년창업은 상대적으로 초기 창업비용이 적게 들고, 온라인 접근성이 좋은 통신판매업에 몰렸고, 장년창업은 창업비용이 일정 수준이상 필요한 한식음식점과 전문자격증이 필요한 부동산중개업에 집중된 모습"이라고 분석했다.

건강·미용관련 창업 급증

최근 몇 년 간의 사업자등록 추이를 보면 전체적인 골목창업 흐름도 확인된다. 경제활동이 늘어나는 곳은 창업이 활발해지는 반면, 소비활동이 둔해져서 창업도 크게 줄어드는 업종들도 있다. 이른바 뜨는 업종과 지는 업종이다.

2014년 9월 대비 2017년 9월의 업종별 사업자등록 증감률을 보면 스포츠시설 운영업(140.3%)을 필두로 헬스클럽(41.3%)·피부관리업(58.8%) 등 건강관련 업종에서 사업자등록이 많이 늘어나 건강과 웰빙에 대한 관심도가 창업에도 반영됐음을 알 수 있다.

생활과 소비 방식의 변화에 희비가 갈린 업종도 있다. 여가활동이 전체적으로 늘어났음에도 여관이나 모텔(-4.8%)은 신규 사업자등록이 줄어들었고, 펜션이나 게스트하우스(89.1%)는 사업자수가 크게 늘어나는 모습을 보였다. 실내스크린골프점(48.7%)은 늘고 실외골프연습장(-24.1%)은 줄었으며 온라인 통신판매업(46.3%) 사업자가 늘어난 반면, 오프라인매장이 있는 옷가게(-2.4%)와 스포츠용품점(-1.9%)은 사업자등록이 감소했다.

또 결혼인구가 줄면서 예식장(-11.3%)과 산부인과(-3.7%)는 사업자등록이 줄었으나 반려동물과 함께 생활하는 인구가 늘면서 애완용품점(80.2%)·동물병원(13.8%) 사업자 수는 크게 늘었다.

프리랜서가 종소세 신고에서 살아남는 법

이른바 '3.3% 소득자'라고 불리는 사람들이 있다. 일한 대가를 받을 때 3.3%를 세금으로 떼고 나머지를 받는 개인사업자들이다. 이들을 프리랜서로 통칭하기도 한다. 이런 사업자들도 5월에 종합소득세 신고를 해야 한다. 이때 3.3%로 떼였던 세금을 돌려받는 경우가 많지만, 그렇지 않고 세금을 더 떼이는 경우도 있다. 3.3% 소득자의 세금 문제를 알아봤다.

프리랜서여, 경비처리하라! 떼인 돈이 통장으로 돌아온다!

종소세 신고만 잘해도 주머니가 두둑

3.3% 소득자들의 소득은 사업소득이다. 사업소득이 있는 경우에도 매년 5월 종합소득세 신고를 한다. 1년 동안 자신이 떼인 세금이 제대로 된 것인지를 확인하는 절차다. 근로소득자들의 연말정산과 같은 것을 5월에 한다고 보면 된다.

원천징수로 떼인 세금을 연단위로 정산하는 구조가 비슷하지만 프리랜서의 사업소득과 근로소득의 차이는 크다.

우선은 원천징수 시기가 다르다. 근로소득세는 매달 월단위로 월급에서 떼어가지만 사업소득은 소득을 지급할 때마다 뗀다. 떼는 방식도 다르다. 근로소득세는 근로소득 간이세액표라는 소득구간별로 다르게 정해 놓은 금액을 떼고, 사업소득은 소득이 많건 적건 3.3%로 일괄해서 뗀다.

근로소득자는 각종 소득공제를 통해 소득을 줄여 낼 세금을 정산하지만 사업소득이 있는 개인사업자는 사업을 하는 동안 쓴 비용을 소득에서 빼고 세금을 다시 계산한다. 결국 근로소득자는 소득공제를 많이 받으면 세금이 줄고, 사업소득자는 필요경비 처리를 많이 하면 세금이 줄어든다.

각각 정산 후에 1년동안 내야 할 세금보다 더 떼였으면 환급받고, 덜 떼였으면 토해내는 방식은 같다. 하지만 그 과정에서 격차가 크다. 특히 개인사업자가 상대적으로 더 불리하다.

근로자의 연말정산은 소속 회사를 통해 간단한 서류제출로 세금정산이 끝나기 때문에 크게 잘못될 일은 없다. 반면 개인사업자는 스스로 모든 것을 챙겨야 하기 때문에 한번 잘못 처리하면 그 격차가 아주 커진다. 각종 증빙서류도 근로자는 국세청 홈택스에서 대부분 자동으로 수집해 주지만 사업자는 직접 수집해 보관하고 있다가 제출해야 한다. 결국 사업자 중 일부는 필요경비 처리를 잘못해서 수익에 비해 과도한 세금 부담을 지는 상황까지 발생한다.

실제 상당수 프리랜서들은 사업자등록을 하지 않거나 세금 신고를 위한 장부작성을 제대로 하지 않고 있다. 연 수입금액(매출) 7500만원 이하의 사업자는 세금 신고를 위한 장부를 작성할 의무가 없기 때문이다.

장부작성 않고 추계신고하다가는 세금폭탄

하지만 장부를 쓰지 않으면 정확한 신고가 어려워진다. 5월 신고 때가 돼서야 1년치를 더듬어 신고하려다보니 어디에 얼마를 썼는지 확인할 방법이 없게 된다.

게다가 장부가 없는 사업자는 정확한 소득금액을 알 수 없기 때문에 국세청이 정해준 경비처리비율(경비율)로만 세금 신고를 할 수 있다. 이를 '추계신고(推計申告)'라고 한다. 추계신고 대상 중에서도 연소득 2400만원이 넘는 사업자는 상당히 낮은 경비처리비율(기준경비율)로 필요경비 처리를 할 수밖에 없다.

결국 실제 들어간 비용보다 적은 금액의 비용을 소득에서 털어내게 되고, 이에 따라 세금 부담이 크게 오르게 된다.

예를 들어 연 7000만원의 사업소득을 받는 학원강사가 장부작성을 하지 않은 채 추계신고를 한다고 가정해 보자. 이 강사는 소득의

절반 이상을 학원강의를 위한 비용으로 썼다. 하지만 직전년도 매출이 2400만원이 넘는데 추계신고를 하는 경우, 단순경비율(61.7%)보다 훨씬 낮은 기준경비율(17.5%)을 적용받아야 한다. 실제 비용보다 훨씬 적은 17.5%만 필요경비로 인정받을 수 있는 것이다.

이 강사가 뒤늦게나마 장부를 쓰려고 해도 상황은 어렵다. 각종 영수증과 증빙을 잘 챙겨뒀으면 모르겠지만 그렇지 않다면 증빙을 찾기 어려워 장부작성이 어려워진다. 증빙이 있는 것들만 장부를 쓰고 처리하면 세금폭탄을 맞게 될 것이다. 또 허위경비 처리를 하면 세금도 두들겨 맞고 조세범으로 처벌될 것이다.

김조겸 세무사(스타세무회계 대표)는 "인적용역 제공자는 부가가

▼ **인적용역자(프리랜서)의 종합소득세 신고**

장부를 쓰고 신고하면

연매출	7500만원 이상	7500만원 미만
장부작성 방법	복식부기장부 작성	간편장부(단식부기) 작성
경비처리	실제 필요경비 공제 후 세금 신고	실제 필요경비 공제 후 세금 신고

장부 없이 추계신고하면

연매출	2400만원 이상	2400만원 미만
경비처리	기준경비율로 경비 공제 후 세금 신고	단순경비율로 경비 공제 후 세금 신고

주요 인적용역자의 추계신고시 경비율 (2018)

	기준경비율	단순경비율
작가	16.7%	58.7%
가수	14.4%	42.3%
배우	12.1%	39.0%
학원강사	17.5%	61.7%
보험설계사	29.5%	77.6%
퀵서비스배달원	25.3%	78.8%

치세 면세사업자이기 때문에 소득세만 신경쓰면 되는데, 12월까지 세금에 대한 대비를 전혀 하지 않다가 5월 종합소득세 신고기한이 다가와서 갑자기 챙기려면 세금 부담이 커질 수밖에 없다. 특히 연간 7500만원 이상의 고소득 프리랜서들은 불성실 신고에 대한 부담도 크기 때문에 세무대리인을 통해 매월 관리를 받으면서 증빙을 챙기는 것이 좋다"고 조언했다.

누가 프리랜서인가?

소득의 3.3%를 세금으로 떼는 '프리랜서'는 「세법」에 따라 규정돼 있다. 「소득세법」과 「부가가치세법」에서 각각 시행령으로 정한 직업군이다. 우선 「소득세법(제129조)」에 따라 원천징수 대상 사업소득에 해당하면 소득세율 3%를 적용한다. 여기에 지방소득세 0.3%(소득세액의 10%)를 지방자치단체에 내야 하기 때문에 실제 프리랜서가 부담하는 세율은 3.3%가 된다.

원천징수를 해야 하는 사업소득의 범위를 확인하려면 여러 개의 「세법」을 따라가야 한다. 「소득세법」 시행령(제184조)에는 원천징수 대상 사업소득을 「부가가치세법(제126조)」의 면세 인적용역 소득으로 규정했다.

여기에는 저술가·작곡가 등이 제공하는 인적용역이라고만 명시했고, 자세한 사항은 다시 「부가가치세법」 시행령(제42조)에 위임했다. 시행령을 따라가보면 "개인이 물적 시설 없이 근로자를 고용하지 않고 독립된 자격으로 용역을 공급하고 대가를 받아야 한다"고 나와 있다.

구체적인 인적용역은 크게 13개 항목으로 분류된다. 먼저 저술·

서화·도안·조각·작곡·음악·무용·만화·삽화·만담·배우·성우· 가수 관련 용역이 포함됐다. 작가나 만화가·단역배우 등이 일을 하 고 나서 벌어들이는 소득에 대해 원천징수 세율 3.3%를 적용하고, 부가세 면세 혜택도 주는 것이다.

연예에 관한 감독·각색·연출·촬영·녹음·장치·조명 등도 규 정됐다. 영화나 드라마 제작에 참여하는 스태프들이 대표적인 사 례다. 건축감독과 학술 용역에 참여한 전문가, 음악·재단·무용·요 리·바둑을 가르치는 교수의 소득도 원천징수 대상이다. 사교댄스 나 요리교실 강사가 학원에서 받는 강사료에 해당한다.

직업운동선수와 심판, 접대부·댄서, 보험 모집인, 속기사, 작명 가 등도 프리랜서로 분류됐다. 저작권에 대한 인세를 받거나 라디 오·TV에 출연한 해설가·평론가·기자의 출연료, 다수의 대중을

▼ 프리랜서 인적용역 범위

구분	원천징수 대상 사업소득
혜택	소득세율 3.3% 적용, 부가가치세 면세
인적 용역	- 저술, 서화, 도안, 조각, 작곡, 음악, 무용, 만화, 삽화, 만담, 배우, 성우, 가수 - 감독, 각색, 연출, 촬영, 녹음, 장치, 조명 - 건축감독·학술 - 음악, 재단, 무용, 사교무용, 요리, 바둑의 교수 - 직업운동가, 역사, 기수, 운동자도가, 심판 - 접대부, 댄서 - 보험모집인, 서적·음반 등의 외판원 - 저작권에 의해 사용료를 받는 저작자 - 교정, 번역, 고증, 속기, 필경, 타자, 음반취입 - 다수인에게 강의하는 강연자·강사 - 라디오·TV 출연 해설, 연기, 심사 - 작명, 관상, 점술 - 개인이 일의 성과에 따라 받는 수당

*전제조건: 물적시설 없이 근로자를 고용하지 않고 독립된 자격으로 용역을 공급하고 대가를 받아야 함
자료: 「부가가치세법」 시행령(제42조)

상대로 한 강연자의 소득도 대상이다.

이 밖에 개인이 특정 프로젝트에 참여해 일의 성과에 따라 수당을 받는 경우도 마찬가지다. 각 「세법」 규정에는 '이와 유사한 용역'이라는 표현이 있기 때문에 웹툰 작가나 유튜브 크리에이터 등의 소득도 원천징수 대상에 해당할 수 있다.

> 프리랜서는 독립된 용역 제공하고 대가 받는 개인
> 원천징수 대상 사업소득은 부가세 면세

🏪 세금폭탄 막는 3가지 방패

매년 5월은 종합소득세 신고기간이다. 일한 대가에서 세금 3.3%를 떼고 받은 사업자들이 세금폭탄을 피하는 방법은 없을까? 택스워치가 이 분야 전문가인 세무사들에게 이른바 3.3% 소득자들의 세무처리 팁을 물어봤다. 핵심은 크게 3가지로 요약된다.

 **전기요금고지서 · 청첩장 … 증빙은 무조건 챙겨라!**

가장 중요한 것은 증빙이다. 개인사업자는 사업과 관련한 비용을 지출할 때 증빙서류를 꼭 챙겨야 하는데, 프리랜서들도 각각의 업무특색에 맞는 사업유관지출은 경비로 인정받기 때문에 증빙을 반드시 챙겨두는 것이 좋다.

「세법」에서 인정하는 증빙(적격증빙)은 세금계산서·계산서·신용카드영수증·현금영수증 등이다. 사업자등록을 하지 않은 경우라도 업무유관비용이라고 생각된다면 반드시 카드를 쓰거나 현금영수증을 받은 후 증빙을 챙겨두는 것이 좋다.

보험설계사나 자동차 딜러 같은 업종은 접대비나 광고경비로 인정받을 경비가 많고, 연기자는 본인 외모를 가꾸는데 지출한 비용도 경비로 인정받을 수 있다. 웹툰이나 웹작가들은 아이디어를 찾기 위한 여행비용도 출장경비로 인정받을 여지가 있다.

재택근무를 하는 경우에는 사업유관으로 판단되는 비중으로 전기요금·수도요금도 비용으로 인정받을 수 있다. 또한 휴대폰이나 인터넷 요즘 등 통신비도 관련 영수증을 모아둘 필요가 있다.

경조사비는 청첩장 등을 보관해두면 1건에 20만원씩 접대비로 인정된다. 차량을 운행하는 경우는 차량구입비에서부터 보험료나 유류비·수리비까지 비용처리할 수 있다.

혼자서 일을 하는 프리랜서들도 아르바이트를 고용할 때가 있는데, 이런 경우에도 인건비를 비용처리할 수 있다. 아르바이트생은 일당 15만원까지는 소득세를 원천징수하지 않아도 되지만, 인건비 처리를 위한 기록은 남겨야 한다. 이때 반드시 사업자 본인명의의 계좌에서 아르바이트생 명의로 된 계좌로 이체해야 한다. 그냥 지갑에서 현금을 꺼내 지급하면 증빙할 수 없다.

두 번째 방패
장부

작성만 해도 최대 100만원 돌려받는다!

사실 전년도 기준 연 수입금액이 7500만원 이하면 간편장부 대상에 해당돼 장부를 쓸 의무가 없다. 간편하게 써도 되지만 안 써도 된다는 것이다. 장부를 안 쓰고 신고하는 것을 '추계신고'라고 한다.

그런데, 추계신고를 하더라도 연 수입금액 2400만원이 넘는 경우에는 국세청이 정한 낮은 경비율을 적용받아야 하는 단점이 있다. 경비처리를 기대만큼 못하게 되니 세금 부담이 늘어날 수밖에 없다.

반대로 장부작성 의무가 없는 간편장부 대상자가 현금증감 외에 재정상태 모두를 기록하는 복식부기(연 수입 7500만원 이상자 의무 대상)로 장부를 쓰면 20%의 세액공제를 받는다. 복식부기 작성만으로 최대 100만원의 세액을 돌려받을 수 있다. 세무대리인에게 월 5만원의 기장료를 주고 장부를 맡긴다고 생각하면 연 60만원으로 최대 40만원의 세금을 줄일 수 있게 되는 셈이다.

장부를 써야 하는 또 다른 이유는 증빙 관리가 잘되기 때문이다. 프리랜서들은 증빙 관리를 잘 못하는데, 세무대리인에게 맡기면 증빙 관리를 알아서 해주고, 중간중간 재무상태에 따른 경영컨설팅도 제공해준다. 증빙 관리가 잘되면 필요경비 처리도 더 확실해지기 때문에 환급 가능한 세금도 늘게 된다.

세 번째 방패 소득구분

사업소득과 기타소득 분리해야 세금 덜 낸다

프리랜서들이 받는 소득은 대부분 3.3%를 소득세로 원천징수하는 사업소득이다. 그런데 가끔씩 기타소득도 생길 때가 있다. 기타

소득은 22%(지방소득세 포함) 세율로 원천징수되지만 소득의 60%를 필요경비로 인정받기 때문에 실제 세율은 8.8%다.

세율만 보면 기타소득이 불리하지만, 기타소득은 필요경비를 60%로 확정적으로 높게 적용받고 장부작성 의무도 없다는 장점이 있다. 따라서 기타소득으로 받은 소득이 사업소득으로 잘못 분류되지 않도록 주의해야 한다.

예를 들어 추계신고를 해서 40%의 경비율을 적용받는 사업소득이 있는데, 60%의 필요경비율을 적용받아야 할 기타소득이 사업소득으로 분류되면 그만큼 세금을 더 내게 되는 것이다.

둘의 구분은 반복적이냐 일시적이냐에 따라 나뉜다. 사업소득은 계속적이고 반복적인 사업활동으로 발생한 소득을 말하고, 반대로 기타소득은 일시적이고 우발적인 활동으로 발생한 소득이다. 학원 강사를 기준으로 보면 평소 매일 강의하러 가는 학원에서 받는 강사료는 사업소득이지만, 어느날 초빙돼 단발적으로 하게 되는 외부 강의의 강사료는 기타소득이다. 사업소득과 기타소득 명세는 국세청 홈택스에서 확인할 수 있다.

백종원도 알려주지 않는 프랜차이즈 절세 포인트

처음 창업할 때 프랜차이즈 창업을 선택하는 경우가 많다. 본사에서 요구하는 수준의 준비자금이 필요하지만, 상권분석에서부터 인테리어, 메뉴 구성, 홍보까지 개업에 필요한 대부분에 대해 본사의 도움을 받을 수 있기 때문이다. 하지만 프랜차이즈라고 해서 세금까지 해결해주지는 않는다. 본사와 계약관계 때문에 더 무거운 짐을 져야 하는 수도 있다. 창업컨설팅 전문 최성민 세무그룹세종 대표세무사에게 프랜차이즈 창업과 관련한 세무팁을 들어봤다.

포스(POS)기에서 삭제한 현금매출, 세무조사로 이어질 수 있다

일반과세자로 창업하면 초기투자비용 공제에 유리

간이과세자와 일반과세자는 큰 틀에서 세무처리가 동일하다고 보면 된다. 특별히 「세법」에서 세무처리를 다르게 하지도 않는다. 다만, 프랜차이즈 창업시 일반과세를 선택하는 비율이 월등히 높다. 프랜차이즈 창업의 경우 상대적으로 인테리어 등 본사에서 요구하는 수준의 초기투자비용이 크다. 일반과세자로 시작해야만 이러한 초기 비용에 대한 세금계산서를 발급받을 수 있고 매입세액 공제를 받을 수 있기 때문이다.

특히 일반과세자는 창업 초기 인테리어비용 등에 대해 부가가치세 조기환급제도를 이용할 수도 있다는 장점이 있다. 부가가치세 환급은 1월과 7월 확정신고 때에만 가능한데, 사업설비투자(인테리어 등)금액은 조기환급을 통해 다음달 25일까지 신고하면 15일 이내에 환급을 받을 수 있다. 예를 들어 7월에 인테리어공사를 했다면, 8월 25일까지 조기환급 신고를 하고 9월 초에 환급이 가능하다.

또한 프랜차이즈는 최초 창업장소 선택에서부터 이른바 A급 상권의 A급 입지를 추천받기 때문에 간이과세 배제지역인 경우가 많다는 것도 알아둬야 한다. 애초부터 간이과세로 시작할 수 없는 상권에 창업하는 경우가 있다는 얘기다. 다만, 같은 상권이라도 이면도로 부근 등 간이과세 배제지역이 아닌 곳도 있을 수 있으니 국세청 홈페이지에서 간이과세 배제지역을 검색해 본인이 창업할 곳의 번지수를 확인해볼 필요가 있다.

순매출 = 음식값 - 부가세

프랜차이즈 사업의 대부분이 외식업이다. 우리나라는 다른 선진국들과 달리 음식값에 부가가치세를 포함해서 표기하도록 권장하고 있어서 부가가치세도 본인 매출이라고 착각하는 사업주들이 많다. 손님에게 부가가치세를 포함해서 음식값을 받았고, 그에 따라 부가가치세를 신고하고 내야 한다는 인식을 꼭 가져야 한다.

부가가치세를 포함한 매출을 순매출로 착각해서 내야 할 세금을 미처 준비하지 못하는 경우도 있다. 부가가치세는 내 매출이 아니라고 생각해야 한다. 프랜차이즈에서 정한 메뉴가격이 8000원이라면 사업주의 매출은 7000원 정도(7270원)라고 인식해야 한다.

프랜차이즈 현금매출 누락 잘못하다간 큰코다친다

또 하나 현금매출 누락을 주의해야 한다. 요즘은 현금매출이 거의 없을 거로 생각하기 쉽다. 현실적으로는 업종에 따라 차이가 있지만, 평균 전체 매출의 5~15%가 현금으로 발생한다. 그런데 현금은 노출이 안될 거라는 인식이 있어서 간혹 일부 점주들이 포스기 상에서 매출취소를 눌러 매출을 없애는 경우가 있다.

아주 위험한 문제다. 국세청이 프랜차이즈 본사에 대한 세무조사를 들어갔다가 역으로 가맹점까지 조사가 들어가는 경우가 종종 있다. 이때 포스기에서 삭제한 현금매출이 문제가 되기도 한다. 본사에 지출하는 로열티 비율을 통해서 국세청이 가맹점 매출을 역산하기도 한다. 그렇게 되면 현금매출을 포함한 총매출이 계산돼 노출된다.

시설권리금은 세금계산서 꼭 받고, 바닥권리금은 원천징수한 후 신고

프랜차이즈는 본사의 영업방침에 따라 입점 입지가 정해져 있다. 브랜드 이미지에 따라 A급 상권의 A급 입지만 선호하는 곳도 있고, B급이나 C급 상권의 입지를 공략하는 브랜드도 있다. 이에 따라 권리금 차이도 상당히 크다.

권리금은 다시 유형자산인 시설권리금과 무형자산인 바닥권리금으로 구분된다. 시설권리금은 기존에 장사를 하던 분이 설비를 한 후 매입세액공제를 받은 부분이기 때문에 세금계산서를 받고 줘야 하고, 바닥권리금은 상권의 가치에 대한 무형의 권리로 기타소득세 8.8%(지방세 포함)를 원천징수한 뒤에 지급하고 신고해야 한다.

그런데 현실적으로는 시설권리금과 바닥권리금의 구분이 모호한 경우도 많고, 계약 과정에서 기록을 남기지 않고 현금만 주고받는 경우도 적지 않다.

하지만 시설권리금은 세금계산서를 수령하고, 바닥권리금은 원천징수 후 신고해야만 감가상각을 받을 수 있다는 것을 기억해둬야 한다. 권리금은 처음 계약할 때 잘 정리하지 못하면 거액을 날릴 수도 있다.

인건비는 현금으로 지급했더라도 반드시 신고해야 절세

급여 처리에 무지한 창업주들이 인건비를 현금으로 주고 신고하지 않는 경우가 종종 있다. 직원들의 복리후생비에 대한 부가가치세 환급도 되고, 비용으로 처리해 소득세도 줄일 수 있으니 사업초기에 이런 부분들을 놓치지 않도록 주의해야 한다. 인건비 신고는 안하면 무조건 손해다.

휴대전화도 개인이 쓰던 것을 개업 이후에도 계속 쓰는 경우가 많다. 통신사에 연락하면 전화요금에 대한 전자세금계산서를 끊을 수 있다. 통신요금에 대한 10%가 부가가치세 환급 대상이 되는 것이다. 단말기 자체도 구매시 대리점에 연락해서 세금계산서를 요청하면 전자세금계산서를 발급받을 수 있다. 전화요금 등을 월 10만원 정도 쓰는 분이라면 연간 120만원에 대한 부가세 12만원을 환급받을 수 있다. 작은 부분이지만 놓치기는 아깝다.

또 하나 의제매입세액공제를 위해 계산서를 꼭 챙겨두기 바란다. 프랜차이즈 가맹점은 대부분 음식 원재료 매입이 많다보니 의제매입세액공제 비중이 크다. 본사에서 재료를 받는 것들은 계산서가 남아 있겠지만, 개인적으로 현금 구입(사입)한 재료들은 계산서가 없는 경우가 많다. 하지만 계산서와 신용카드 매출전표는 의제매입세액공제를 받는데 필수다. 꼭 챙겨야 한다.

🏪 유령 프랜차이즈, '정보공개서'로 싹 걸러낸다

공정위 가맹사업거래 홈페이지에서
가맹점수·매출액 등 확인 가능

많은 창업자들이 프랜차이즈 창업을 선택하고 있다. 2018년 말 기준 우리나라 전체 프랜차이즈 브랜드수는 6177개, 가맹점수는 24만2585곳에 이른다. 하지만 수많은 프랜차이즈 브랜드 중에서 우리가 흔히 보고 듣는 브랜드는 10%도 채 되지 않는다고 한다. 그만큼 이름 없이 나타났다가 소리소문없이 사라지는 프랜차이즈도 아주 많다.

특히 직영점 하나 없이 가맹점을 모집한 후 가맹비 등 각종 비용만 챙긴 뒤 문을 닫아버리는 이른바 유령 프랜차이즈들은 창업의 꿈을 허무하게 날려버리게 하는 최대 위험요소다.

따라서 전문가들은 프랜차이즈 창업시 반드시 확인할 것 하나를 입 모아 강조한다. 바로 공정거래위원회를 통해 공개되고 있는 프랜차이즈가맹본부 정보공개서다. 여기에는 가맹점수, 가맹점 지역별 평균 매출액, 면적당 매출액 등 가맹현황이 상세하게 공개돼 있다. 프랜차이즈 창업을 꿈꾸는 사람이라면 꼭 활용해야 할 자료다.

정보공개서를 보는 방법은 간단하다. 우선 공정거래위원회 가맹사업거래 홈페이지(http://franchise.ftc.go.kr)에 접속한다. 그리고 정보공개서 메뉴의 '정보공개서 열람' 버튼을 클릭하면 가맹본부별·브랜드별 정보공개서를 열람할 수 있다. 상호나 영업표지(브랜드)명을 넣고 검색하면 해당 가맹본부의 정보공개서를 볼 수 있다.

정보공개서에는 법인설립일이나 사업자등록일·사업자등록번호·주소 등 일반현황부터 연도별재무상황(자산·부채·자본·매출액·영업이익·당기순이익)이 기록돼 있다. 그리고 임직원 수, 가맹점과 직영점 수, 가맹점 변동현황, 지역별 가맹사업자의 평균매출, 면적당 평균매출 등도 확인할 수 있다.

또한 가맹사업자의 부담금은 각각 얼마인지, 홍보 내용과 같은지 비교할 수 있으며 면적당 인테리어비용도 확인된다. 그뿐만 아니라 계약기간 등 영업활동 조건 및 제한정보와 판촉비는 얼마나 쓰는지, 최근 3년간 법을 위반한 사실은 없는지도 나온다.

본사, 계약 14일 전까지 정보공개서 제공 의무
기한 내 안 줬을 땐 가맹비 환불 사유

정보공개서 공개는 가맹본부의 법적 의무다. 가맹사업법에 따라 프랜차이즈 가맹점을 모집하려는 프랜차이즈 가맹본부는 공정위에 정보공개서를 등록해야 하고, 가맹희망자들에게 가맹계약체결 또는 가맹금 수령 14일 전까지 반드시 정보공개서(공정위에 등록된)를 제공해야 한다.

따라서 가맹계약을 할 때에는 반드시 정보공개서를 받고, 공정위에 공개된 것과 동일한지 비교할 필요가 있다.

특히 사업자들이 정보공개서를 꼼꼼하게 보고 판단할 시간을 갖도록 하기 위해, 정보공개서를 받은 후 14일 이내에 계약을 체결하는 것을 금지하고 있다는 사실은 꼭 기억해야 한다. 정보공개서를 받고 2주정도 꼼꼼하게 보고난 후 계약을 해야만 법적으로 유효하다는 것이다.

만약 정보공개서를 주지 않고 바로 계약을 체결하려 한다면, 먼저 정보공개서를 요청해야 혹여 발생할 피해를 줄일 수 있다. 또 정보공개서를 받았더라도 계약일 14일 이전에 받지 않았다면 법적으로 가맹비 반환사유가 되어 가맹비를 환불받을 수 있다.

유튜브 구독자 늘리기 전 알아야 할 세금

1인 창작자라고도 부르는 크리에이터는 연예인 못지않은 인기를 누리며 다양한 분야에 영향력을 행사한다. 여섯 살짜리 유튜버가 한 달에 광고수익으로 버는 돈이 30억원 안팎으로 추정되는 등 억대 수입을 올리는 유튜버들이 늘어나고 있다. 소득이 있는 곳이면 세금이 있는 법. 세무사들과 함께 크리에이터 관련 세금 문제를 알아봤다.

🏬 유튜버 소득도 세금 내야 한다!

크리에이터들은 유튜브· 아프리카TV 등의 플랫폼을 통해 자신이 만들거나 참여한 콘텐츠를 방송하며 고수익을 올리고 있다. 이제는 초등학생들에게 장래 희망이 뭐냐고 물으면 의사와 요리사에 이어 유튜버가 5위를 차지하는 시대가 됐다. 크리에이터들도 세금을 내야 할까? 세무회계 여솔의 방준영 세무사와 이야기 나눠봤다.

크리에이터는 어떤 경로로 소득이 생기나? 유튜브 같은 경우에는 플랫폼 안에 계정만 만들면 아무나 참여할 수 있는데, 많은 팔로워를 거느리는 크리에이터는 보통의 연예인 매니지먼트사가 하는 역할을 MCN(다중채널네트워크)사업자가 소득을 관리해 준다. 그래서 구글과 MCN사업자가 계약을 하고, 광고수익(애드센스)

이 생기면 크리에이터에게 배분해 준다.

MCN사업자라고 하면 생소하다. 우리가 알만한 MCN사업자를 예로 든다면 어떤 곳이 있나? CJE&M, 아프리카TV가 자체 플랫폼을 운영하면서 MCN사업자를 겸하고 있다. 자기 콘텐츠를 팔기도 하고 유튜브랑 계약해서 크리에이터도 관리해주고 있다. 판도라TV 같은 곳도 국내에서는 잘 알려진 MCN사업자다.

MCN사업자에 소속되지 않은 개인이 더 많은 것 같다. 사실 어디에도 소속되어 있지 않은 크리에이터들이 더 많다. 순수 1인 제작자들이다. 이들 중 고소득자도 많은 것으로 알려져 있는데, 이렇게 독립적인 사업자들은 구글에서 따로 정산하기 때문에 소득이 노출되지 않는 문제가 있다. 최근 크리에이터 세금 이슈는 이런 사람들 문제다. 유튜브를 운영하는 구글이 콘텐츠에 광고영상이 노출된 횟수에 비례해 크리에이터에게 직접 수익을 지급하는 구조다.

이들의 수익을 국세청에서 파악하지 못하는 것 아닌가? 상당히 모호한 부분인데, 구글 같은 글로벌기업은 국제조세문제로 이어지니까 아직은 명확하게 결론이 나지 않았다. 외화송금이 1만 달러 이상이면 국세청에 통보가 된다고 하는데, 그 이하 소득자들은 노출되지 않을 수 있다. 또 하나는 유튜버 같은 경우 소득이 애드센스라는 광고수익이기 때문에 일반 연예인과 같은 인적용역 소득이 아닌 광고대행사와 같은 광고소득으로 구분할 여지도 있다. 이 경우 소득세뿐만 아니라 부가가치세 이슈도 있다. 그런데 유튜브 동영상을 우리나라 사람이 제작했다고 해서 우리나라 사람만 보는 게 아

고수익을 올리는 1인 크리에이터들이 늘면서 팔로워 많은 크리에이터들은 국세청이 해외거래까지 모니터링을 한다고 한다. 유튜브 등 해외 플랫폼 사용한다면 5월에 꼭 종합소득세 신고를 하는 것이 좋다.

니라 전 세계에서 다 클릭하기 때문에 광고수익이 어느 나라에서 발생했는지를 구분하기 어려운 측면이 있다.

그렇다면 세금 신고를 하지 않아도 되는 것 아닌가? 팔로워 규모가 어느 정도 있는 크리에이터들은 국세청이 해외거래까지 모니터링을 한다고 하고, 실제로 최근에 세무조사를 받은 사람도 있다. 과세를 하기 모호하다는 것이지 과세를 못한다는 것은 아니다.

세금을 줄일 방법은 없을까? 비용처리되는 부분을 잘 활용해야 한다. 기본적으로 방송을 제작하는데 드는 비용은 대부분 비용처리가 가능해 보인다. 다만 가사경비라고 해서 개인 생활이나 자기만족을 위해 사용한 비용과 콘텐츠 제작을 위해 쓰인 비용의 경계가 불명확한 점이 있다. 어느 선까지 비용처리를 할 수 있는지는 세무전문가와 상담하는 게 좋겠다. 우선은 관련 비용의 영수증 등 증빙을 빠짐없이 갖춰 두는 것이 좋다.

팀으로 작업하는 경우에는 어떻게 하나? 팀원 수가 일정 규모를 넘어가면 법인을 설립하는 게 유리하다. 사업소득으로 집중되는 것을 근로소득과 배당소득 등으로 배분할 수 있기 때문이다. 또 법인은 상대적으로 낮은 세율을 적용받기 때문에 일정 규모가 되면 법인이 유리하다.

요즘은 어린이들이 직접 유튜브를 제작하는 경우도 있는데 부모님이 소득을 관리하게 되면 증여 문제가 발생할 수 있다. 그래서 차라리 가족회사 법인을 하나 차려서 급여를 지급하는 방식으로 소득을 합법적으로 배분하는 게 깔끔하다.

🏬 유튜브 먹방에 쓴 식비도 비용처리 된다!

지난 여름 유튜브에선 맵기로 소문난 송주불냉면 '먹방(먹는 방송)' 릴레이가 한창이었다. 밴쯔·도로시·강유미 등 유명 먹방 크리에이터들이 불냉면 먹는 장면을 연이어 방송했다. 혼자 서너 그릇을 먹어치운 크리에이터도 있어 화제가 됐다. 이런 유명 크리에이터들은 상당한 소득을 올리고 있어 세금 신고도 주의가 필요하다. 먹방을 위해 지불한 음식값도 비용처리를 통해 절세할 수 있다고 한다. 크리에이터 세금 신고 전문가인 한진식 한택스 대표세무사에게 절세 방법과 주의사항을 들어봤다.

> **초보 크리에이터가 신경 써야 할 세금 문제는 무엇이 있나?**

세금 문제는 매출이 늘어나면 생기기 때문에 매출이 적은 초기에는 크게 신경 쓰지 않아도 된다. 사업 초기단계에서는 장비나 프로그램 구입 비용 등에 대한 증빙만 잘 모아두면 된다.

사업자등록은 꼭 해야 하나? 사업자로 등록하면 국민연금이나 건강보험료 부담이 커지기 때문에 매출액이 적을 땐 프리랜서 상태로 있는 게 유리하다. 그런데 연간 매출액이 7500만원을 넘으면 복식장부 대상자가 돼 신고절차가 까다로워지고 국세청의 검증대상이 될 가능성이 높아진다. 따라서 세금계산서와 사업용 신용카드 등 적격증빙을 받을 수 있도록 사업자등록을 하는 것이 유리하다.

어떤 경우에 법인등록이 유리한가? 크리에이터와 같은 개인 서비스 업종은 연매출이 5억원(2020년부터 3억5000만원)을 초과하면 성실신고사업자에 해당돼 세 부담이 크게 증가한다. 그래서 일반적으로는 연매출 5억원을 초과하기 전에 법인으로 전환하는 것이 유리하다. 크리에이터는 다른 업종에 비해 매출 대비 인건비와 임대료 등 경비가 적은 편이어서 매출액이 3억원만 넘어도 순이익이 상당히 많아져 세금 부담이 커진다. 따라서 매출액이 3억원을 넘어가면 낮은 세율을 적용받을 수 있는 법인 전환을 추천하고 있다.

'먹방'을 위해 지불한 식비도 비용처리되나? 방송에 필요한 조명이나 카메라·컴퓨터와 같은 각종 장비 및 동영상 편집프로그램 등은 당연히 비용처리를 할 수 있다. 또 먹방처럼 매회 콘텐츠를 만들기 위해 지출한 음식료품비는 모두 비용처리 대상이다.

뷰티·게임·제품리뷰 콘텐츠에서 비용처리 가능한 항목은 무엇이 있나? 화장하는 장면을 방송하는 뷰티 콘텐츠는 화장품과 화장도구의 비용처리가 가능하고 경우에 따라 옷값도 비용처리할 수 있다. 게

임방송은 게임아이템, 여행방송은 항공비와 숙박비 등 여행경비 등을 비용처리할 수 있다.

비용처리할 수 있는 항목에 제한은 없나? 불법 행위를 하지 않는 이상 사업 관련성을 입증할 수 있다면 비용처리는 대부분 가능하다. 하지만 음식이나 여행·화장품 등은 국세청에서 가사(허위)경비로 볼 가능성이 높으므로 증빙자료를 잘 갖춰야 한다. 특히 연간 매출액이 3억원이 넘는 크리에이터들의 경우 소득신고 검증대상이 될 수 있기 때문에 주의해야 한다.

사업 관련성은 어떻게 입증하나? 방송일자별로 지출내역을 정리해 두는 게 필요하다. 그래야 나중에 국세청으로부터 소득신고 검증을 받더라도 입증하기가 쉽다. 예컨대 뷰티 크리에이터가 방송에 입고 나온 옷을 비용처리하려면 회차마다 입고 나온 옷을 기록해둬야 한다. 먹방 크리에이터는 음식 구매 내역을 써놔야 한다. 또 해당 영수증도 첨부해 둬야 한다.

증빙을 챙길 때 주의할 점은 무엇인가? 현금을 사용하는 경우엔 반드시 현금영수증을 발급받고 사업자 전용 카드를 만들어 사용하는 게 좋다. 카드와 현금

영수증은 전산으로 집계돼 비용처리할 때 편리하고 세무서에 소명하기도 수월하다. 다만 매출 대비 비용이 과도하면 국세청에서 사업용이 아닌 개인적 지출로 볼 수 있기 때문에 유의해야 한다.

화장품·옷값 등도 사업 관련성 입증할 증빙만 챙기면 가능
미성년자 크리에이터 소득신고는 부모 아닌 본인 명의로
여럿이 방송할 경우 매출 3억 넘으면 동업신고가 유리

유튜브에서 벌어들인 매출 신고는 어떻게 하나? 아프리카TV 같은 국내 플랫폼은 BJ들에게 소득을 지급할 때 얼마 지급했는지를 국세청에 신고한다. 국세청은 이를 바탕으로 납세자들에게 안내문을 보내 소득이 누락되지 않도록 한다.

하지만 유튜브 등 해외 플랫폼은 소득을 지급할 때 국세청에 신고하지 않기 때문에 크리에이터들이 소득신고를 누락하는 경우가 종종 있다. 그러다 세금 신고가 잘못돼 1~2년 후에 큰 가산세를 내기도 하므로 크리에이터들은 본인의 연간 수입금액을 정확하게 파악해 5월에 종합소득세 신고를 해야 한다.

미성년자 크리에이터라면 누구 명의로 소득신고를 하나? 미성년자가 실제 일을 했다면 소득은 본인 명의로 신고해야 한다. 「세법」상 납세의무자는 연령기준이 없기 때문에 미성년자도 소득신고를 할 수 있다. 만일 부모님 명의로 소득신고를 하게 되면 나중에 부모가 증여받은 게 돼 증여세가 발생할 수 있다.

여럿이 함께 방송하면 소득신고를 어떻게 해야 하나? 매출이 큰 경우 공동사업자로 신고하면 소득이 여러 명에게 분산되므로 더 낮은 세율을 적용받을 수 있다. 통상 매출액이 3억원 이상 되면 동업신고를 하는 게 유리하다. 매출액이 낮을 때 동업신고를 하면 각자 국민연금 등 사회보험료를 부담해야 하므로 불리할 수 있다. 이럴 땐 동업신고보다 직원으로 등록해 인건비를 처리하는 편이 좋다. 예컨대 세 명이 유튜브 방송을 하는 경우 한 명은 대표이사로, 나머지 두 명은 직원으로 등록하면 인건비를 비용처리할 수 있어 절세된다.

종합소득세 신고는 직접 해도 되나? 소득이 처음 발생한 해이거나 연간 매출액이 2400만원 미만이면 증빙자료가 없어도 경비를 상당부분 인정(단순경비율 적용) 받을 수 있기 때문에 직접 신고해도 세금이 많지 않다. 하지만 이런 경우가 아니면 증빙자료에 근거해 장부를 작성해야 하므로 세무대리인의 도움을 받는 게 좋다. 특히 연간 매출액이 7500만원 이상인 경우 복식부기 대상자이기 때문에 전문적인 회계지식이 필요하다. 신고가 잘못되면 국세청의 조사를 받을 수 있으므로 주의해야 한다.

🏛 유튜버의 구글 광고 수익, 신고하면 오히려 환급받는다

'설마 국세청이 유튜브 수익을 파악할 수 있을까?'하는 잘못된 믿음 탓에 세금을 신고하지 않는 크리에이터가 많다. 하지만 고소득 유튜버들에 대한 세무조사가 실시되면서 유튜버에 대한 세금추징 신호탄은 이미 쏘아올려진 상황이다. 유튜버들이 어떻게 하면 세금 신고를 잘 할 수 있는지, 또 세무조사에서 안전할 수 있는지 정성우 범진세무회계사무소 대표세무사에게 물어봤다.

유튜버의 소득은 어떤 것이 있나? 크게 세 가지다. 우선 가장 큰 비중을 차지하는 것이 구글 애드센스라는 광고수익이다. 구글이 개인 유튜브 채널을 통해 광고를 하고 이에 따른 광고수익을 구글과 유튜버(제작자)가 나눈다. 구독자 1000명 이상, 최근 12개월간 총 재생시간 4000시간이 넘어야 애드센스에서 수익을 창출할 수 있는 기회(승인)가 생기고, 이후 광고수익 100달러가 넘어야 실질 수령이 가능하다. 세금 문제도 100달러가 넘는 시점부터 발생한다.

다음은 직접 특정 브랜드와 광고계약을 하고 제작할 때 PPL(제품 노출을 통한 간접광고)을 하는 것이다. 이 경우 수익이 현금 외에 현물로도 제공될 수도 있는데, 이론적으로는 현물도 시가평가를 해서 세금을 신고해야 한다. 인지도가 높은 유튜버는 현물뿐만 아니라 현금 등의 대가도 크기 때문에 그에 맞는 신고가 필요하다.

마지막으로 슈퍼챗을 통한 후원금 수익이다. 아프리카TV 별풍선과 같은 개념인데, 라이브스트리밍(실시간 전송)을 하면서 계좌로 후원금을 받는다. 보통 수수료 40%를 구글이 가져가고 60%는 제작자가 갖는 구조다. 다만 애드샌스와 PPL은 광고수익으로 잡을 수 있지만, 후원금의 경우 기부금으로 봐야 하느냐에 대한 논쟁이 아직 남아 있다.

국세청이 모르지 않을까? 사실 예전에는 국세청이 파악하기 어려운 부분이 있었다. 종합소득세의 신고안내문조차 발송되지 않았었다. 그래서 요즘도 안 걸릴 거라고 인식하는 유튜버들이 있다.

하지만 지금은 과거와는 분명히 다른 점이 있다. 2018년 12월에 있었던 구글코리아 세무조사가 그 시작이었다. 이후 국세청이 170여명의 고소득 연예인과 운동선수·유튜버들을 대상으로 세무조사를 실시한 걸 봤을 때 국세청이 구글코리아 세무조사 당시 고소득 유튜버에 대한 자료를 상당수준까지 확보했다고 보인다.

어찌됐든 이제 유튜버들도 세금 신고를 잘 해야 하는 상황이 됐다. 이른바 '구글세' 도입은 아직 이뤄지지 않았지만, 구글 매출과 지출을 파악하기 위해 「부가가치세법」도 계속해서 개정되고 있다. 2018년부터는 광고수익과 클라우드 서비스까지 과세 대상에 포함됐다. 구글 광고수익 매출이 파악된다면 그에 따른 지출과 유튜버들의 수익도 파악이 가능해질 것이다.

그 외 크리에이터들의 기획사로 볼 수 있는 MCN사업자를 통한 수익도 있다. 국내에서 인적용역을 제공하고 그 대가를 수령하는 것으로 국내 MCN사업자들이 이미 지출을 다 신고하고 있기 때문에 이부분은 예전부터 100% 세원포착이 됐다.

그렇다면 어떻게 신고해야 하나? 우선 사업자등록부터 살펴보자. 광고수익이 대부분이기 때문에 업종도 광고업으로 등록해야 하는 것 아닌가 하는 의견도 있지만, 포괄적으로 출판영상 및 방송통신정보서비스업으로 구분할 수 있다. 종목으로는 인터넷방송업(업종코드 921303)이 될 것이다. 다양한 제작 콘텐츠를 세분화하기는 어렵기 때문에 포괄하는 개념으로 등록하는 것이 바람직하다.

부가세는 MCN을 통한 사업자는 프리랜서로 구분되는데, 인적용역은 부가세 과세 대상이 아니기 때문에 5월에 종합소득세만 신고하면 된다. MCN을 통하지 않고 직접 구글로부터 수익을 받는 개인사업자는 부가세 과세 대상이긴 하다. 이 부분도 국외로 인적 용역을 제공하는 것이기 때문에 영(0)세율을 적용받는다. 실질적으로 구글로부터 직접 받는 매출에 대한 부가세 부담은 없다고 보면 된다. 이때 내야 할 부가세는 없더라도 매입세액공제를 통해 환급가능한 부가세는 있을 수 있기 때문에 신고를 반드시 하는 것이 좋다.

사업자등록 때 간이과세와 일반과세를 선택하는 문제는 종합적인 판단이 필요하다. 일반적으로 간이과세를 선호하지만 유튜버들은 달리 볼 필요가 있다고 생각한다. 앞서 이야기한 것처럼 애드센스 광고수익은 영세율이 적용되기 때문에 어차피 매출에 의한 부가세 부담이 없다고 본다면, 환급받을 수 있는 일반과세자를 선택하는 것이 합리적이라고 보인다. 영세율도 적용받고 매입공제도 받는 것이 유리하기 때문이다.

소득세 신고에 있어서는 다른 업종에 비해 필요경비 입증이 유리하다. 일반적인 업종은 퇴근시간 이후나 주말 사용분은 경비 인정이 어렵지만, 유튜버들은 하는 일이 모두 동영상으로 노출되고 기록되니까 필요경비 적용이 훨씬 수월하다. 다만 가족이나 지인들끼리 모여서 콘텐츠를 제작하는 사례가 많아서 인건비 처리를 하지 못하는 경우도 있는데 이런 부분은 정확한 수익배분과 인건비 처리가 필요하다.

유튜브 수익 외에 근로소득이 있거나 다른 사업소득이 있는 경우에는 5월에 합산해서 종합소득세 신고를 해야 한다. 개인사업자로 수익을 창출하는 것 외에 간헐적으로 발생하는 프리랜서 소득 등이 있을 수 있기 때문에 종합소득세 신고 때 국세청 홈택스에서 반드시 1년치 소득을 조회해보고 전부 합산해서 소득 누락이 없도록 하는 것이 중요하다.

세무조사에 대한 대비책은 어떤 게 있을까? 누구나 세무조사를 받을 수 있다. 최근 유튜버에 대한 세무조사 내용을 보면 가장 큰 부분이 신고 누락, 즉 '무신고'였다. 따라서 소득에 대해서는 무조건 자진신고를 하는 것이 세무조사에 대한 가장 기본적인 예방책이라고 할 수 있다.

또 하나는 수익금을 타인 명의의 계좌로 받는 경우가 많다는 것이다. 애드센스 등록계좌를 본인 것이 아닌 타인 명의 계좌로 등록하고 수익을 신고하지 않는 사례도 있는데, 이는 추후 차명계좌 사용에 따른 「세법」상의 불이익을 받을 수 있다. 사업자등록 후에는 사업용 계좌로 수익금을 수령해서 적법한 세무처리를 하는 것이 좋다.

> 부가세 부담 없고 매입세액공제 적용 가능
> 동영상으로 증거 남아 필요경비 입증도 쉬워
> 국세청, 구글코리아 세무조사로 수익 구조 파악
> 소득 자진신고가 세무조사 예방을 위한 최선책

인스타 마켓,
세금 신고 꼭 해야 할까?

SNS 마켓이 새로운 쇼핑 플랫폼으로 떠오르고 있다. SNS마켓이란 기존 인터넷쇼핑몰이나 오픈마켓(G마켓, 11번가 등)이 아닌 SNS상에서 상품거래가 이뤄지는 것을 의미한다. 주로 인플루언서(SNS 상에서 영향력이 있는 인물)의 계정을 통해 거래가 이뤄진다. 신유한 세무사(세무회계 유한)와 SNS 마켓 세금 문제를 알아봤다.

🏠 SNS를 통한 개인간 거래는 과세 사각지대

인스타그램 · 블로그 · 카페에서 물건을 사고 파는 걸 'SNS 마켓'이라고 한다.
그런데 물건을 팔면 소득이 생긴다.
세금 신고를 하는 게 맞나?

당연히 돈을 받고서 물건을 파는 행위가 계속적이고 반복적으로 발생한다면 사업이다. 사업에서 소득이 생기면 소득세가 발생하고 부가가치세 신고 · 납부 의무가 생긴다. 의류 소매는 해당되지 않지만 운동용품이나 악기 소매 같은 경우는 현금영수증 의무발행 업종이다. 10만원 이상의 현금거래에 대해서는 현금영수증을 의무발행해야 하고 그렇지 않으면 매출의 50%를 과태료로 내야 한다.

인스타그램·블로그·카페 등에서
계속적이고 반복적으로 돈을 받고
물건을 판다면 소득세가 발생하고
부가가치세 신고납부 의무가 생긴다.

**세금을 신고하지 않는 사람들이 적지 않을 거 같다. 비밀 댓글로 거래하거나
현금영수증을 안 끊어주면 세무서에 걸리나?**

요즘 국세청 시스템이 워낙 발달하긴 했지만 SNS를 통한 개인간
거래는 사각지대다. 세무서 직원들이 쇼핑몰을 다 뒤져보고 팔로우
할 수도 없다. 하지만 워낙 그런 경우가 많으니까 국세청에서 실태
파악에 들어갔고, 조만간 조치가 나올 것 같다.

비용에 대한 증빙을 꼼꼼히 해두는 게 최고의 절세법

**그렇다면 어떤 점을
주의하는 게 좋을까?** 국세청에 탈세제보하면 포상금이 있다. 포
상금을 노리고 신고하는 사람들도 있고 주
변 경쟁업체에서 신고하는 경우도 있다. 그래서 세무조사에 대한
리스크가 상당하다. 세무조사에 들어가면 정상적으로 신고한 경우
보다 훨씬 꼼꼼하게 들여다보기 때문에 세금폭탄을 맞을 수 있다.
사업자등록을 하고 평소 비용에 대한 증빙을 제대로 갖춰 놓는 등
정확하게 세무신고에 대비하는 게 중요하다.

> **사업자등록하면 소득이 노출돼 세금을 더 낼 것 같다.**

세금을 내지 않으면서 위험성을 안고 갈 필요는 없다. 부가가치세의 경우 신규사업 또는 연간 수입금액이 4800만원 이하라면 간이사업자로 등록할 수 있는데, 간이사업자는 신용카드 매출이 있으면 발행세액 공제를 통해 납부할 부가세가 거의 없다. 소득세는 부여받은 사업자번호를 통해 적격증빙을 받을 수 있고 인건비 신고도 원활하게 할 수 있다. 갑작스럽게 세무조사를 받아서 납부하는 세금보다 훨씬 소득세를 절세할 수 있는 것이다. 중소기업에 대한 세금 감면도 가능하니까 세금에 대한 부분은 세무사를 통해 대비하고 사장님들은 마케팅에 힘을 써서 정상적으로 사업하는 게 좋다.

> **SNS 마켓을 주기적으로 하지 않거나 소액 거래만 하는 경우에는 사업자등록을 할 필요가 없지 않을까? 가이드라인 같은 게 있나?**

중고거래 카페처럼 온라인 상에서 자신이 사용하던 물건이나 선물 받은 것을 일회성으로 판매하면 사업으로 보진 않는다. 그런데 다른 사람과 계약을 통해 상품을 지속적으로 사와서 계속·반복적으로 팔면 사업성이 있는 것으로 보기 때문에 사업자등록과 세금 신고를 해야 한다.

> **이왕 사업자등록을 한다면 절세를 해야 할 것이다. 경비처리를 통한 절세 항목에는 어떤 것들이 있을까?**

소득신고를 하기 위해서는 소득과 비용을 정산해야 한다. 소득은 자신이 파는 금액이 되고 비용은 상품을 사오거나 제조하는데 드는 비용, 계정을 관리하는 비용 등이다. 간혹 피팅모델이나 포토그

래퍼 외주용역을 주는 경우에는 용역비가 있다. 기타 사업을 운영하는데 필요한 판매관리비로 차량이 있으면 유류대·교통비·식대 등이 있다. 이런 지출이 사업자등록을 했다고 해서 자동으로 비용 처리되는 건 아니다. 사업자간 거래에서는 세금계산서를 수취해야 하고 그렇지 않은 경우에는 송금내역과 거래명세서 등 증빙을 남겨놔야 비용으로 인정받을 수 있다.

직장 다니며 SNS 마켓을 해도 세금 신고를 해야 하나? 직장에서 받는 월급은 근로소득인데 근로소득만 있으면 2월에 연말정산 신고만 하면 된다. 마켓을 통한 사업소득이 있으면 2월 연말정산은 그대로 하고 5월에 수입과 비용을 정산한 사업소득 금액을 근로소득과 합산해 한번 더 종합소득세 신고를 해야 한다. 사업소득 외에 일시적으로 강연을 하거나 용역을 제공한다면 기타소득이라고 한다. 여기서 필요경비를 인정받기도 하는데 역시 다른 소득과 합산해서 5월에 종합소득과 합산해 신고한다.

SNS 마켓 이용자 입장에서 주의할 점이 있나? 사업자가 현금영수증을 발행해주지 않는 경우 어떻게 대처하는 게 좋을까?

업체들은 연간 수입금액 2400만원 이상이면 현금영수증 가맹 의무가 있다. 소비자가 요구한 경우에는 현금영수증을 발행해야 하고 거부하면 가산세가 5% 부과된다. 카드결제나 현금영수증 발급을 거절당했다면 세무당국에 제보하면 된다.

줄 서는 맛집 사장님은 6월에 세금 신고한다

🏪 업종별로 매출액 일정 수준 넘으면 성실신고확인 대상자

5월 말까지 하는 종합소득세 신고를 6월 말까지 하는 사람들이 있다. '성실신고확인 대상'이라고 불리는 사업자들이다. 개인사업자들 중에도 업종별로 수입금액(매출)이 일정 수준을 넘는, 규모가 큰 사업자들은 좀 더 꼼꼼하게 신고하도록 구분해 놓은 것이다.

성실신고확인 대상자들은 종합소득세 신고서를 쓴 후에 신고서가 성실하게 잘 작성됐는지 세무대리인에게 한 번 더 확인해서 신고해야 한다. 대신 신고서를 점검할 시간이 필요한 까닭에 신고기간을 한 달 더 주는 것이다.

2019년 신고부터는 대상이 좀 더 확대됐다. 전년 매출기준으로 농업·도소매업 15억원 이상, 제조·건설업 7억5000만원 이상, 서비스업 5억원 이상인 사업자는 세무대리인에게 성실신고확인 도장을 받아야 한다.

성실신고확인 대상자는 4월 30일까지 어떤 세무대리인에게 성실신고확인을 받을지를 결정해서 관할 세무서에 성실신고확인자 선임신고서도 제출해야 한다. 그런 후에 6월 말까지 성실신고 확인을 받은 종합소득세 신고서를 제출해야 한다.

단지 규모가 큰 사업을 하거나 특정업종의 사업을 한다는 이유로 불편한 신고과정을 거쳐야 하는 셈이다. 그래서 성실신고확인 대상 사업자에게는 약간의 인센티브도 주어진다.

신고기간을 한 달 더 주는 것 외에도 근로소득자들과 같이 의료비와 교육비 세액공제를 해주고, 성실신고확인 수수료도 60%까지 세액공제해준다. 의료비와 교육비 세액공제는 지출액의 15%를 해주고, 성실신고확인 비용은 120만원까지 세액공제한다.

하지만 성실신고확인 의무를 제대로 이행하지 않는 경우에는 페널티를 받는다. 기한 내에 확인서를 제출하지 않으면 산출세액의 5%를 가산세로 물어야 한다. 납세협력의무 불이행자로 찍혀 국세청의 수시 세무조사 대상에 선정될 가능성도 높아진다.

▼ 업종별 성실신고확인 대상

업종	연매출	
	2014~2017년 귀속	2018년 귀속
농업·임업·어업, 광업, 도·소매업(상품중개업제외) 등	20억원 이상	15억원 이상
제조업, 숙박·음식점업, 건설업, 전기·가스·증기·수도사업, 운수업, 하수·폐기물처리·원료재생·환경복원업, 출판·영상·방송·통신·정보서비스업, 금융·보험업, 상품중개업 등	10억원 이상	7억5000만원 이상
부동산임대업, 부동산관련서비스업, 임대업, 전문·과학기술서비스업, 교육서비스업, 사업지원서비스업, 보건업·사회복지서비스업, 예술·스포츠여가서비스업, 기타개인서비스업 등	5억원 이상	5억원 이상

성실신고확인 대상이지만, 성실신고확인을 받지 않고 남들처럼 5월에 종합소득세 신고만 해도 신고는 가능하다. 다만 이 경우에도 성실신고확인서 미제출 가산세는 부담해야 하며, 세무조사 위험 역시 올라간다.

성실신고확인서가 없다고 해서 종합소득세 신고도 하지 않는다면, 일이 더 커진다. 성실신고확인서 미제출 가산세뿐만 아니라 종합소득세 신고서 미제출가산세(5%)와 무신고가산세(20%)·무기장가산세(20%)까지 떠안을 수 있다.

🏪 국세청에 칭찬받는 성실신고 요령

수입금액이 큰 개인사업자는 종합소득세를 신고하기 전에 '성실신고 확인' 절차를 거쳐야 한다. 업종별로 일정한 수입금액을 넘어선 성실신고 확인 대상자는 7월 1일까지 세무대리인의 검증을 받아 관할 세무서에 확인서를 제출해야 한다. 만약 성실신고 여부를 제대로 확인하지 않은 경우 국세청의 사후 검증을 통해 세무조사 대상에 선정될 수 있다. 또한 세무대리인까지 강력한 징계를 받기 때문에 사업자나 세무대리인 모두에게 부담스러운 제도다.

그렇다면 성실신고확인을 담당하는 세무대리인은 사업자의 어떤 부분까지 들여다볼까?

세무대리인이 국세청에 제출하는 성실신고확인 결과 주요항목 명세서(224쪽 참조)를 보면 사업장의 기본사항을 비롯해 15개 항목을 기재해야 한다.

주요 거래처 현황에는 전체 매출액 대비 5% 이상을 차지하는 매출처 상위 5개와 거래금액·거래품목 등을 적어야 한다. 주요 유형

자산과 차입금·지급이자, 대여금·이자수익, 매출채권·매입채무, 선급금·선수금 명세서도 구체적으로 명시한다.

수입금액 매출 증빙 발행 현황도 중요한 항목이다. 총수입금액에 비해 매출증빙(세금계산서·현금영수증 등)을 발행한 금액이 얼마인지 적은 후 차액이 발생한 원인을 써내야 한다.

특수관계인에게 지출한 인건비와 보증·담보 내역, 지출증명서류 합계표, 금융계좌 잔액 등도 꼼꼼하게 기재해야 한다. 3만원 초과 거래 가운데 적격증빙이 없는 매입거래분에 대한 명세서와 상품권·기프트카드·선불카드 구매 명세서까지 적게 된다.

성실신고 확인 결과에 대한 '주관식' 답변도 있다. 현금 수입금액을 누락했거나 업무와 관련 없는 유흥주점 비용을 쓴 경우, 업무용 차량에 주유비를 과다하게 지출한 경우 등을 일일이 확인한 후 특이사항과 종합의견을 기재해야 한다.

이런 항목들을 허위로 기재하거나 제대로 확인하지 않는 세무대리인은 무거운 징계를 받게 된다. 한국세무사회에 따르면 사업자와 결탁해 성실신고 여부를 제대로 파악하지 않고 세금을 줄여준 세무대리인들이 무더기로 적발됐다.

A세무사는 증빙없는 경비 4억8800만원을 사업자의 요구로 계상해 6200만원의 세액을 탈루했다가 직무정지 1년과 과태료 500만원의 징계를 받았다. B세무사는 직원의 진술만 믿고 증빙이 없는 소모품비 2억원을 비용처리한 사실이 적발돼 직무정지 6월과

매출 상위 거래처 거래액·품목 기재
수입금액 매출 증빙과 비교 검증
세무대리인 허위 기재 방조 땐 징계

과태료 500만원 처분을 받기도 했다.

　국세청 관계자는 "사업자의 장부기장 내용을 국세청이 일일이 확인할 수 없기 때문에 세무대리인에게 성실신고 여부를 맡기는 것"이라며 "사업자와 결탁해 고의적으로 탈세를 방조하는 행위에 대해서는 무거운 처벌을 내린다"고 말했다.

▼ 성실신고확인 결과 주요항목 명세서

항목	주요내용
사업장 기본사항	사업자등록번호 · 건물면적 · 임차보증금 · 월세 · 종업원수
주요 거래처 현황	상호 · 대표자 성명 · 사업자등록번호 · 거래금액 · 거래품목
주요 유형자산 명세	취득일자 · 계정과목 · 자산내역 · 수량 · 취득가액
차입금 · 지급이자 명세	계정과목 · 차입처 · 차입금용도 · 차입금액 · 연간 지급이자
대여금 · 이자수익 명세	계정과목 · 대여처 · 대여사유 · 대여금액 · 연간 이자수익
매출채권 · 매입채무 명세	계정과목 · 거래처 · 잔액
선급금 · 선수금 명세	계정과목 · 거래처 · 잔액 · 용도
임원 현황	성명 · 출생년월 · 직위 · 등기임원 여부 · 담당 업무
수입금액 매출증빙 발행현황	총수입금액 · 매출증빙 발행 · 세금계산서 · 차이금액 · 차이원인
특수관계인 지출 인건비 지급 명세	성명 · 주민등록번호 · 관계 · 지급액 · 지급명세서 제출금액
특수관계인 제공 보증 · 담보내역	성명 · 주민등록번호 · 관계 · 지급보증금액 · 여신금융기관
지출증명서류 합계표	계정과목 · 신용카드 · 현금영수증 · 세금계산서
3만원 초과 적격증빙 없는 매입거래 명세	계정과목 · 매입처 · 거래일자 · 거래내용 · 증빙불비 원인
금융계좌 잔액 명세	개설은행 · 계좌번호 · 정기보통예금 · 기초잔액 · 기말잔액
상품권 · 기프트카드 · 선불카드 구매 명세	구매일자 · 발행자 · 발행금액 · 매수 · 사용 용도

*출처: 국세청

배달앱 쓰는 사장님, 세금계산서 꼭 끊으세요

배달서비스 없이는 장사하기 어려운 세상이다. 전자상거래 활성화로 오프라인매장을 직접 찾는 소비자는 점점 줄어들고, 집에서 스마트폰으로 손쉽게 주문하는 소비자들이 빠르게 늘고 있기 때문이다. 덕분에 배달매출로 먹고사는 사업자들이 챙겨야 할 부분도 많아졌다. 배달앱에서의 다양한 결제방식은 물론, 배달대행과 배달료에 대한 이해도 필요하다. 과거보다 훨씬 다양한 환경에서 매출이 발생하다보니 자칫 매출인식을 잘못해서 세금 문제가 발생하는 일도 잦아졌다. 배달매출 사업자들이 절세를 위해 꼭 챙겨둬야 할 것은 무엇인지 이수진 비앤엘세무회계 대표세무사와 함께 알아봤다.

배달사업자의 매출 구분은 어떻게 하는가? 사업주 입장에서는 크게 카드매출과 현금매출로만 구분하게 되지만 배달업종의 경우 실제로 세금을 신고하는 과정에서 매출 구분이 좀 복잡해진다.

크게는 배달앱 및 배달대행을 통한 매출과 그렇지 않은 매출로 구분할 수 있다. 배달앱을 통하지 않고, 소비자가 직접 매장에서 결제하거나 배달앱이 아닌 전화주문으로 사업주가 직접 배달서비스를 제공하는 경우에는 과거와 같이 카드매출과 현금영수증 발행매출, 그리고 현금영수증이 발행되지 않은 순수 현금매출로 나눠서 신고하면 된다. 카드매출은 여신금융협회, 현금매출은 홈택스에서 매출을 확인할 수 있다.

배달앱 카드결제는
여신금융협회에서
조회 안 돼
누락되기 쉬워요.

하지만 배달앱이나 배
달대행을 통한 매출은
확인 과정이 좀 복잡하
다. 배달앱을 통해 주문이 들어오면, 소
비자는 사업주의 카드 단말기로 결제
하지 않고 PG사(전자결제대행업체)를 통해 결제하거나 기타 다른 지
불 수단(각종 페이, 휴대폰 결제, 쿠폰 사용 등)을 사용하게 된다. 뿐만
아니라 배달을 대행한 배달원에게 직접 현장에서 현금으로 지불할
수도 있다.

이에 따라 카드매출을 종전과 같이 여신금융협회의 자료만 확인
하는 경우 배달앱 업체 등에서 제공하는 매출이 누락될 수 있다. 반
대로 현금매출은 배달앱 업체가 제공하는 현금매출을 다시 더해서
이중으로 매출이 잡히지 않도록 주의해야 한다. 카카오페이, 네이
버페이, 삼성페이 등 각종 페이시스템이나 계좌이체 등으로 현금결

▼ **배달사업자의 매출 구분**

구분	일반 매출	배달앱 매출
결제수단별 매출 구분	– 매장 결제(카드/현금) – 배달 시 결제(카드/현금)	– 온라인 카드결제(PG사) – 온라인 페이 및 계좌이체(현금성) – 온라인 기타 결제 　(소액결제·쿠폰사용 등)
① 카드매출 조회	여신금융협회/홈택스	여신금융협회/홈택스 + 배달앱카드매출(PG사)
② 현금매출 조회	홈택스 + 현금영수증 미발행분	홈택스 + 현금영수증 미발행분 ※ 배달업체 제공 현금매출은 홈택스에 　포함
③ 기타매출 조회	–	배달앱 기타매출(소액결제·쿠폰 등)

제하는 경우에는 현금영수증이 자동발행되고, 국세청 홈택스에서 모두 조회할 수 있다.

그 밖에 소비자가 온라인에서 쿠폰을 사용한 경우나 기타 휴대전화 소액 결제 등 온라인에서 카드결제와 현금결제가 아닌 다른 방식으로 결제를 한 경우도 있을 수 있다. 이 경우 다른 곳에서 매출이 집계되지 않으므로 배달앱 업체에서 제공하는 기타매출 금액을 확인해 더해줘야 한다.

배달원에게 직접 결제하는 경우에는 어떻게 되나? 배달원이 직접 소비자와 만나서 현장에서 결제하는 경우는 소비자가 카드를 사용했는지, 현금을 지불했는지에 따라 구분하면 된다.

카드매출은 온라인 결제의 경우 결제대행업체를 통해 결제되므로 추가로 더해주어야 하는 것이고, 배달원이 사업장의 단말기로 결제를 받았다면 내 사업자번호로 발생된 매출에 이미 포함되어 있으니 여신금융협회 등에서 조회되는 매출을 반영하면 된다.

소비자가 현장에서 바로 현금을 지불한 경우에는 현금영수증이 발행되었는지를 기준으로 구분하면 된다. 현금영수증이 발행된 매출은 국세청 홈택스에서 조회가 가능하므로 현금영수증이 발행되지 않은 나머지 현금매출을 사업주가 직접 확인해 매출 신고 시 포함하면 된다.

배달료도 매출에 포함되나? 사업자가 배달대행업체를 이용하는 경우 배달료를 지불하게 된다. 일반적으로 배달료는 고객이 대금을 결제할 때 매출에 포함되어 결제되므로 이 경우 사업주의 매출에 배달료가 포함되게 된다.

이때 사업주는 추후 상품 판매금액에서 배달료와 기타 수수료를 공제하고 차액을 정산받게 된다. 매출은 배달료를 포함한 금액으로 집계되므로, 배달료와 기타 수수료에 대해서는 배달대행업체에서 매입세금계산서를 발급받아 부가가치세 신고 시 반영해야 배달료가 공제된 순수 매출액에 대해서만 세금을 부담할 수 있다.

일반적으로 대부분의 배달대행업체는 배달료에 대해 월별로 사업주에게 세금계산서를 발행해주고 있다. 일부 소규모 배달대행 업체 중에는 배달료에 대한 세금계산서 등 「세법」상 적격증빙 발행을 꺼리는 업체도 있다.

세금계산서 등의 발행을 요청하면 배달료의 10%를 부가가치세로 추가로 더 달라고 요구하기도 한다. 따라서 부담을 느낀 사업주가 증빙을 발행받지 않는 경우도 많다. 실제로는 적격증빙을 발급받는 것이 유리하다.

부가가치세를 부담하고 세금계산서를 적법하게 발급 받으면 부담한 부가가치세를 공제받을 수 있고, 종합소득세 등 소득신고 시 비용으로 안전하게 처리할 수 있기 때문이다.

세금계산서나 현금영수증 등을 발행받지 못했다고 비용처리가 불가능한 것은 아니다. 부담한 배달료의 상세 내역을 확인할 수 있는 자료를 챙겨 소득신고 시 비용처리를 하면 된다.

「세법」상 부가가치세를 포함한 건당 거래금액이 3만원 이하인 경우 등 일정한 경우에는 적격증빙(세금계산서, 계산서, 신용카드 매출전표, 현금영수증)을 발급받지 않아도 가산세 없이 비용처리가 가능하기 때문이다. 단, 건당 거래금액이 3만원 이하인 것을 입증하기 위한 간이영수증이나 상세 거래내역서 등의 자료를 요청해 보관해야 한다.

배달매출 사업 창업시 주의할 점은 무엇인가? 음식점, 카페 등 배달서비스를 제공하는 사업을 시작한다면 제일 먼저 배달앱 서비스를 이용할 것인가를 놓고 고민할 것이다. 또 상황에 따라서는 배달원을 직접 고용하지 않고 배달대행업체를 이용하려는 경우도 있을 것이다.

사업장의 운영 방식에 따라 다양한 경로에서 매출이 발생하므로 세금 신고 시 매출이 누락되지 않도록 주의가 필요하다.

배달앱 등에서 발생한 매출의 경우 매출자료를 국세청에서 공유하고 있기 때문에 내가 신고한 매출과 차이가 나는 경우 세무서에서 소명 요청이 올 수 있다. 전산으로 조회되지 않는 순수 현금매출에 대해서도 당연히 빠짐없이 신고해야 한다.

매출 누락이 발견되는 경우 납부하지 않은 부가가치세와 소득세에 더해 가산세 부담까지 늘어나므로 세금 신고는 성실하게 하는 것이 좋다.

소비자를 대상으로 하는 개인사업주들은 부가가치세 신고 시 신용카드 및 현금영수증매출의 1.3%(음식점업이나 숙박업 간이과세자는 2.6%)를 연간 1000만원 한도 내에서 신용카드발행세액공제로 세부담을 줄일 수 있다.

다만, 배달앱을 통해 온라인으로 결제한 카드매출은 전자결제대행업체를 통해 결제되기 때문에 해당 업체가 「전자금융거래법」에 따라 등록된 결제대행업체(배달의 민족, 요기요 등)인 경우만 세액공제가 가능하다. 반드시 전자금융업에 등록된 결제대행업체인지 확인해 세액 공제를 적용해야 한다.

매출을 빠짐없이 체크하기 위해 제일 중요한
점은 사업주가 직접 자신의 총 매출금액을 꼼
꼼히 확인하는 것이다. 만약 매장에서 사용하는 포스기를 통해 배
달매출과 현장매출 모두가 집계된다면 빠진 부분이나 더 들어간
부분의 체크가 가능할 것이다.

하지만 실제로는 포스기 조작에 실수가 있었거나 주문 입력을
누락하는 경우가 종종 있기 때문에 한가지 정보를 기준으로 매출
을 체크하기 보다는 여러 경로로 금액을 확인해서 비교해보는 과
정이 꼭 필요하다.

국세청에서 제공하는 신고 안내 자료를 활용해보는 것도 도움이
된다. 국세청에서는 부가가치세 신고기간마다 '부가가치세 신고도
움 서비스'를 제공하고 있다. 납세자가 부가가치세 신고 시 도움을
받을 수 있도록 업종별로 맞춤형 안내자료를 보여준다.

'부가가치세 신고도움 서비스'에서는 사업장 단말기로 수집된
카드매출 금액과 현금영수증이 발행된 매출액뿐만 아니라, 배달앱
이용거래 등 결제대행업체를 통해 결제된 외부 자료도 함께 조회
되므로 내가 집계한 매출 금액에 누락이 없는지 참고자료로 활용
하면 좋다.

업체에 따라 다르지만 배달서비스만 제공하는 배달대행업체를
별도로 사용하는 경우에는 고객에게 직접 받은 현금을 사업주에게
주기적으로 정산하여 주지 않고 적립금 형태로 보관하도록 하는
경우도 있다. 이 경우 업체에 필수로 매출 자료를 요청하여 신고할
금액이 빠지지는 않았는지 확인해 볼 필요가 있다.

새내기 사장님
세금 걱정 확 줄여줄
경비처리 A to Z

사업 초기에는 누구나 어설프기 마련이다. 특히 세금 문제는 더 그렇다. 설사 세무사에게 모든 것을 맡겼더라도 세금에 대한 기본적인 고민이 없으면 낭패를 당할 수도 있다. 이번에는 홍지영·이나래 세무사의 도움을 받아 사업을 시작한 사장님들이 기본적으로 알아야 하지만 놓치고 있는 것들에 대해 한번 짚어봤다.

🏪 세금 납부일정 파악해 유동자금 준비

사장이라면 기억해야 할 6번의 세금 납부 스케줄

사장이라면 기본적으로 연간 세금 일정을 명확하게 알아야 한다. 보통 종합소득세는 5월에 한 번, 부가가치세는 1월과 7월에 두 번 내는 정도로만 알고 있다. 하지만 실제는 이게 전부가 아니다.

간이과세자가 아닌 이상 부가가치세만 1년에 네 번 낸다. 법인만 4회 내는 것으로 알고 있지만, 개인사업자도 두 번의 신고납부 기간 사이에 국세청에서 고지하는 게 두 번 더 있다. 기본적으로 1월에 전년도 하반기(7~12월) 매출에 대한 부가가치세를 신고납부하고, 7월에 상반기(1~6월) 매출에 대해 신고납부한다. 그 사이 4월과 10월에 국세청에서 또 고지가 날아온다. 4월에는 1월에 낸 것의 절반, 10월에는 7월에 낸 것의 절반을 뚝 잘라서 내라고 고지가 온다. 예정고지는 납세자 세금 부담을 분산시켜주기 위한 배려이지만 준비되지 않은 납세자들에게는 부담이 될 수도 있다. 특히 사업초기에는 4월과 10월에 예정고지를 받고 당황하는 경우가 많다.

종합소득세도 보통은 5월만 생각하는데 11월에 중간예납이 있다. 5월에 냈던 것의 절반을 국세청이 고지한다. 이렇게 부가가치세와 종합소득세를 종합해서 보면 1·4·5·7·10·11월까지 모두 여섯 번이나 세금을 내야 한다.

사업자 입장에선 자금이 모일 만하면 세금을 내야 하기 때문에 별도의 유동자금을 모아두지 않으면 세금을 체납하는 상황도 올 수 있다. 업종별로 보면 도소매업종은 원가 규모가 있어 원가비율을 빼면 충격이 크지 않지만, 서비스업은 부가세 낼 돈을 따로 저축해 둬야만 나중에 세금을 낼 여력이 생긴다.

7·8월 건보료 폭탄 피하려면, 종소세 신고 때부터 대비

건강보험은 5월에 종합소득세 신고를 하고나면 사업자가 건강보험공단에 종합소득금액으로 보수총액신고를 하고, 공단에서는 그 금액을 기준으로 부과할 건강보험료를 책정한다. 이 경우 월별 건강보험료 산정 기준이 달라지는 상황이 된다. 2019년 기준으로 보면 1~5월 건강보험료는 2017년 소득을 기준으로 부과됐고, 6~12월 건강보험료는 5월에 신고한 2018년 소득으로 부과된다. 이에 따라 매년 종합소득세 신고가 끝난 후 6월이 되면 이미 낸 보험료를 정산하는 절차를 거친다. 해마다 소득이 오르는 경우 앞서 적게 낸 보험료를 몰아서 한번에 부과받게 된다. 6월에 정산한 보험료는 7월이나 8월에 부과된다. 이때 사업자들이 보험료 폭탄을 맞게 되는 것이다.

물론 건강보험료는 10개월 분할납부도 가능하지만 종합소득세를 신고할 때부터 전년도 대비 소득증가분에 따른 건강보험료 정산도 자금관리를 통해 대비해두는 것이 좋다.

회사용 車라도 세단·SUV는 대부분 부가세 공제 불가

업무용 차량, 구입과 렌트 중 뭐가 유리할까? 많은 사업자가 차량을 구입할지, 아니면 리스나 렌트를 할지 고민한다. 사실 어떤 선택을 하든 세무처리엔 영향이 없다. 업무용 승용차의 비용처리는 「세법」에서 정한 연간 1000만원까지만 되기 때문에 그 안에서는 다 비용처리가 가능하다(차량운행기록부 작성시 1000만원 이상 비용처리도 가능).

따라서 차량 구입 방법은 절세 측면보다는 사업자의 현금 유동성에 따라 선택해야 한다. 리스는 목돈이 들어가지 않지만 캐피탈 등 금융사의 이자가 많이 발생한다. 현금으로 구입하면 한 번에 큰 돈이 들지만, 상대적으로 저렴하다. 특히 차량을 구입한다면 중고 차량으로 처분할 때의 양도소득도 고려해야 한다. 차량은 사업용 고정자산이기 때문에 양도소득이 있는 경우 종합소득에 합산해서 과세를 하게 된다. 결론적으로 차를 자주 바꾸는 사람은 리스나 렌탈이 더 유리할 것이다. 오래 탈 것 같으면 신차를 구입해서 쓰는 것도 좋다.

일반적인 차량 구입 비용은 부가가치세 공제가 안 된다고 보면 된다. 부가가치세 공제는 업무용의 개념이 아니라 영업용인 경우에만 가능하다. 하지만 일반적으로 사업주들이 타고 싶어하는 세단이나 SUV는 포함되지 않는다. 공제 가능 차량은 1000cc이하 경승용차와 9인승 이상 승용차·승합차·화물차 등으로 제한적이다. 이런 차의 구입은 구입 및 부가 비용에 대한 매입세액공제가 가능하다.

그밖의 승용차는 운수업이나 자동차 매매업·택시업 등 실제 영업용으로 차를 쓰는 경우가 아니라면 부가가치세 공제가 거의 없다고 보면 된다.

사업용 카드는 안 만들어도 사업용 계좌는 꼭 만들어야

사업용 카드는 꼭 만들 필요는 없다. 사업자 본인 명의의 카드를 국세청 홈택스에 사업자용으로 등록하면 그것이 사업자의 사업용 카드가 된다. 요즘은 국세청에서 카드사용내역을 수집해서 확인할 수 있다. 사용 시간과 장소·금액을 보고 복리후생비인지, 접대성 경비인지, 경비처리 가능한 식대인지 등을 다 파악해서 구분해 비용처리 가능 여부를 판단한다. 사업자 카드 여부가 중요한 것이 아니라 본인 명의의 카드를 홈택스에 등록하는 것이 중요하다.

사업용 계좌는 또 다른 문제다. 복식부기의무자의 경우 반드시 사업용 계좌를 신고할 의무가 있다. 다만 일반적으로 신규사업자들은 대부분 간편장부 대상이기 때문에 사업용 계좌를 만들지 않는다. 하지만 사업용 계좌는 사업을 시작하면 무조건 만들 필요가 있다. 간편장부 사업자로 시작했는데 사업 첫해에 매출이 좋아서 복식부기의무자로 곧장 전환돼 버리면, 사업용 계좌를 신고하지 않은 것에 대한 미신고가산세가 붙는다.

더 큰 문제는 사업용 계좌가 없으면 「조세특례제한법」상 각종 감면을 받을 수 없다는 것이다. 특히 중소기업특별세액 감면은 업종 및 지역별로 최대 30% 세액공제를 받을 수 있는데, 사업용 계좌가 없으면 받을 수 없다. 이는 상당히 큰 혜택이다. 만약 신규 개설이 어려우면 개인계좌를 사업용 계좌로 전환할 수도 있으니 꼭 챙겨두는 게 좋다.

🏛 사업자 세금 줄이는 경비처리,
   사업 관련성 입증이 가장 중요

개인사업자는 세무처리를 할 때 개인의 사적 영역과 사업 영역의 구분이 쉽지 않다고 한다. 실제로 집에서 쓴 돈과 사업장에서 쓴 돈을 구분 없이 관리하는 사업자들이 적지 않다고 한다. 하지만 이렇게 사업과 무관하게 쓴 돈을 관행적으로 업무유관 비용으로 처리하다가는 뜻하지 않은 세금 부담을 떠안을 수 있어다. 추후 세무조사를 받을 수도 있다. 사장 개인이 쓴 돈과 사업을 위해 쓴 돈은 어떻게 구분해야 하고, 세무처리를 해야 하는지 살펴봤다.

유사업종 평균비용을 과도하게 벗어나면 비용으로 인정 안 돼

비용의 업무 관련성 여부는 「세법」에서 명확하게 나열돼 있지는 않다. 다만 '사회통념상' 사업 관련성이 없는 비용은 가사경비라고 해서 필요경비로 인정을 못받게 돼 있다. 이때 사회통념에 대한 구분이 문제가 될 수 있다. 보통은 유사업종과 비교를 통해 판단하게 된다. 예를 들어 의류 쇼핑몰을 운영하는 사업자가 식대로 1000만 원을 쓰고 사업용 경비로 처리했다고 하자. 같은 의류쇼핑몰 업종에서 평균적으로 식대를 얼마나 사용했는지를 비교해 거기에 부합하면 사회통념에 어긋나지 않은 것이 되고, 그보다 과하게 많으면 사회통념에 어긋난 게 된다.

이때 개인사업자와 법인사업자의 차이가 좀 있다. 법인사업자는 1인 사업자라도 법인과 사주를 동일시하지 않기 때문에 어느 정도의 활동비를 인정하는 편이지만, 개인은 개인적인 지출과 업무적인 지출의 판단이 불명확하면 일반적으로 업무용으로 인정받지 못한다. 즉, 가사경비인지 필요경비인지가 '모호하면' 모두 필요경비로 인정하지 않는다.

　물론 개인사업자라도 전부 인정을 해주지 않는 것은 아니다. 사업 관련성을 따져서 입증이 되면 경비 인정이 가능하다. 하지만 대표자가 사업장과 동떨어진 자신의 집 근처에서 지출했거나 휴일에 사업장과 멀리 떨어진 곳에서 쓴 식대 같은 것은 사업을 위해 사용됐다고 인정받기 어렵다. 법인도 원칙은 같다. 지출된 시간이나 장소, 지출의 용도를 따져 사업유관 비용인지를 판단한다.

모바일 청첩장 · 부고 문자도 경조사비 증빙

　사업주 개인의 경조사비는 접대비로 비용처리가 가능하다. 모바일청첩장과 부고 문자메시지 같은 것도 증빙이 되니까 잘 챙겨두는 것이 좋다. 청첩장 1장당 20만원까지 인정해준다. 조화를 보냈거나 선물을 했다거나 하는 비용도 인정된다. 다만 1만원 이상의 선물구입비는 적격증빙(세금계산서 · 계산서 · 신용카드 매출전표 · 현금영수증 등)이 있어야 한다.

　개인사업자는 연간 2400만원까지(매출 100억원 미만 사업자는 사업소득의 0.2%) 접대비로 인정받을 수 있다. 경조사비를 포함한 모든 접대비의 한도이기 때문에 청첩장이나 부고장을 무작정 많이 갖고 있다고 다 처리가 되는 것은 아니니 주의해야 한다.

사업 관련성 없는 대출은 경비 인정 안 돼

　사업을 하면서 고정자산을 구입하는 등 목돈이 들어갈 때 대출을 받는 경우가 있다. 이때에도 대출 이자에 대해서는 필요경비가 인정된다.

　주의할 것은 대출 역시 사업과 관련성을 따진다는 것이다. 부동산과 무관한 사업인데 갑자기 큰 부동산을 구입했다든가 하면 필요경비 인정을 받지 못하게 된다. 또 사업유관이라고 하더라도 구입한 자산보다 대출, 즉 부채가 훨씬 많다면 해당 부채비율만큼은 비용으로 인정이 안 된다. 빌려서 사업이 아닌 다른 곳에 썼다고 판단한다는 것이다. 대출금 이자의 경비처리의 경우 자산과 부채비율을 꼭 고려해야 한다.

가족에게 과도한 급여 주면 인건비 인정 불가

가족에게 급여를 주고 함께 일하는 가족사업도 많다. 가족이라고 해서 급여(인건비)를 인정해주지 않는 것은 아니다. 다만 사회통념상 동일업종, 동일업무에 비해 과도하게 많은 급여가 지급되고 있다거나 하면 인건비로 인정이 안 될 수 있다. 업무성격상 고급인력이 아닌데 월 1000만원씩 지급된다거나 하면 의심을 사기에 충분하다. 실제로 소득세 부담을 줄이려고 일하지 않는 가족에게 급여를 지급하는 경우도 있다. 가족 인건비도 비용으로 인정받기 위해서는 실제 지출내역이 입증돼야 한다. 4대보험 가입뿐만 아니라, 소득세를 원천징수하고 신고를 해야 한다. 지급명세서도 국세청에 제출해야 한다.

개인사업자 본인의 급여는 비용처리가 불가능하지만, 사회보험료는 비용처리가 가능하다. 신고 때 가끔 누락되는 경우가 있으니 주의해야 한다. 국민연금과 건강보험은 직전연도 소득금액이 납부액을 계산하는 지표가 된다는 것도 참고하면 좋다. 작년에 소득이 많이 늘었으면 올해 4대보험 부담이 늘 것이라는 예측이 가능하다.

CHAPTER 4

유리지갑 철벽 방어!
샐러리맨 세테크

내 월급에서 소득세는 얼마나 뗄까?

직장인에게 가장 기다려지는 날을 꼽으라면 '월급날'을 빼놓을 수 없다. 급여통장에 찍힌 월급을 확인하면 직장생활에서 겪은 피로와 스트레스가 잠시나마 풀리는 기분이다. 그런데 월급명세서를 보면 매달 꼬박꼬박 따라붙는 항목이 있다. 바로 세금이다. 회사가 월급을 주기 전에 소득세를 원천징수하기 때문에 실수령액도 줄어들게 된다.

한눈에 보는 근로소득 간이세액

내 월급에서 세금이 얼마씩 빠져나가는지는 이미 정해져 있다. 국세청이 제공하는 '간이세액표'를 기준으로 회사가 원천징수 세액을 계산하는 방식이다.

원천징수 세액은 월급과 부양가족수에 따라 결정된다. 예를 들어 월급이 200만원인 독신(1인 가구) 직장인은 월 소득세로 1만9520원을 떼지만, 배우자 1명과 자녀 2명(20세 이하)을 둔 4인 가구라면 소득세를 내지 않는다.

직장인을 위한 각종 공제 혜택이 부양가족 수에 따라 점점 늘어나기 때문에 원천징수 세액도 달라지는 것이다. 부양가족이 없는 독신 직장인은 똑같은 월급을 받더라도 공제받을 항목이 별로 없기 때문에 세금 부담이 더 커진다.

📑 월급 일정액 이하면 세금 안 내

월급이 적은 경우 기본적인 공제만으로도 세액이 산출되지 않는 경우도 있다. 1인 가구는 월급 106만원 미만은 세금을 떼지 않는다. 2인 가구는 월급 134만원, 3인 가구는 172만원, 4인 가구는 189만원 미만이면 세금을 뗄 필요가 없다.

월급이 300만원이면 1인 가구의 월 세금은 8만5000원, 2인 가

▼ **월급에서 떼는 소득세 얼마일까**　　　　　(단위: 원)

월급	월 소득세(비율)			
	1인 가구	2인 가구	3인 가구	4인 가구
100만	0 (0%)	0 (0%)	0 (0%)	0 (0%)
200만	2만 (1%)	1만5000 (1%)	3000 (0%)	0 (0%)
300만	8만5000 (3%)	6만7000 (2%)	2만7000 (1%)	1만7000 (1%)
400만	21만 (5%)	15만 (4%)	11만 (3%)	7만6000 (2%)
500만	35만 (7%)	32만 (6%)	23만 (5%)	20만 (4%)
600만	55만 (9%)	50만 (8%)	39만 (7%)	35만 (6%)
700만	78만 (11%)	73만 (10%)	57만 (8%)	51만 (7%)
800만	100만 (13%)	95만 (12%)	78만 (10%)	72만 (9%)
900만	124만 (14%)	119만 (13%)	100만 (11%)	94만 (10%)
1000만	155만 (16%)	150만 (15%)	122만 (12%)	116만 (12%)
2000만	516만 (26%)	508만 (25%)	482만 (24%)	476만 (24%)
3000만	892만 (30%)	885만 (30%)	859만 (29%)	853만 (28%)
4000만	1284만 (32%)	1277만 (32%)	1251만 (31%)	1245만 (31%)
5000만	1686만 (34%)	1678만 (34%)	1652만 (33%)	1646만 (33%)

*3인가구는 20세 이하 자녀 1명, 4인가구는 20세 이하 자녀 2명 기준
자료: 국세청 홈택스 근로소득 간이세액표

구는 6만7000원을 뗀다. 그런데 배우자 1명과 자녀 1명(20세 이하)을 둔 3인 가구는 2만7000원, 4인 가구(배우자 1명, 자녀 2명)는 1만7000원으로 확 줄어든다.

3인 가구를 기준으로 보면 월급 400만원인 직장인은 월 11만원을 세금으로 내고, 월급 500만원이면 23만원, 월급 600만원은 39만원을 각각 떼게 된다. 월급이 900만원이면 100만원 수준이다.

월급 대비 세금 비율을 보면 3인 가구 월급 500만원인 경우 세금이 5% 수준이고, 월급 800만원을 받으면 10%까지 올라간다. 월급이 2000만원이면 24%(482만원), 월급 4000만원이면 31%(1251만원)까지 치솟게 된다.

세금을 많이 뗐더라도 연말정산을 통해 돌려받을 기회가 있다. 의료비와 교육비를 비롯해 보험료·개인연금·기부금·신용카드 등으로 지출한 내역이 있으면 연말정산 공제 혜택을 받을 수 있다.

국세청 〈국세통계연보〉에 따르면 2018년 연말정산을 통해 세금을 돌려받은 인원은 1200만명으로 전체 직장인 가운데 67%를 차지했다. 직장인 3명 가운데 2명이 세금을 환급받았다는 의미다.

반면 연말정산에서 세금을 추가로 납부한 인원도 321만명(18%)이나 된다. 회사에서 원천징수한 세금이 실제 결정세액보다 적어 오히려 세금 부담이 늘어난 것이다.

월급에서 떼는 세금, 직접 바꿀 수 있다

직장인의 월급명세서에서 빠지지 않고 등장하는 것이 바로 세금이다. 월급은 쥐꼬리인데 세금이 거머리처럼 붙어서 실수령액을 낮춘다. 국세청에 내는 소득세액에 더해 지방소득세까지 10%가 붙기 때문에 무언가 단단히 뜯기는 기분이 든다. 어차피 연말정산에서 돌려받을텐데 왜 이렇게 떼어가는지 불만스럽다면 직접 원천징수 세액의 비율을 선택할 수 있다. 선택지는 세 가지다. 매월 세금을 80%만 내거나, 120%로 더 낼 수도 있다. 물론 기존에 내던 방식을 그대로 유지할 수도 있다.

선택지1. 당장 아깝다면 80%

직장인들은 회사에 간단한 서류만 내면 매월 세금을 덜 낼 수 있다. 원천징수세액 조정신청서를 작성하거나, 연말정산 공제신고서를 통해 원천징수 세액을 80%로 선택하면 된다. 월급에서 떼는 세액의 20%를 할인받는 셈이다.

월급 400만원인 3인 가구 직장인은 현재 매월 소득세 11만 6420원(지방소득세 포함)을 낸다. 이 직장인이 원천징수세액을 80%로 선택하면 매월 2만3290원의 세금을 덜 내게 된다. 하지만 공짜는 없다. 다음해 초 연말정산에서 그만큼 환급을 덜 받아야 하기 때문이다. 이 방법은 "나중에 연말정산은 모르겠고, 당장 월급명세서에서 빠지는 세금 한 푼이 아깝다"는 직장인에게 추천한다.

선택지2. 몰아서 받고싶다면 120%

매월 세금의 20%를 더 내는 방법도 있다. 원천징수세액 조정신청서에서 '120%'에 동그라미를 치면 된다. 세금을 더 내는 대신 연말정산에서 환급 보너스를 늘릴 수 있다. 월급 500만원인 4인 가구 직장인이라면 매월 5만1500원을 더 내고, 연말정산에서 61만 8000원을 돌려받을 수 있다. 적금과 비슷한 개념이지만, 아쉽게도 이자는 없다. 이 방법은 "어차피 월 소득세는 관심없고, 연말정산 환급이나 많이 받아보자"는 직장인에게 권한다. 물론 차라리 그 돈으로 은행에 저축하면 조금이나마 이자를 가져갈 수 있다.

선택지3. 다 귀찮다면 100%

어떤 방식을 택하더라도 연간 세 부담은 다 똑같다. 연말정산에서 결정세액은 달라지지 않고, 월 얼마씩 납부했느냐(기납부세액)에 따라 환급액이 정해지기 때문이다. 조삼모사(朝三暮四)나 조사모삼(朝四暮三)이나, 둘 다 싫다면 어떻게 해야 할까? 그냥 아무것도 하지 않으면 된다. 따로 회사에 신청하지 않으면 기존 방식대로 100% 세액으로 원천징수하고, 연말정산도 정상적으로 진행한다.

어찌 보면 별다른 의미가 없어 보이는 '맞춤형 원천징수' 제도는 왜 나온 것일까? 2015년 직장인들을 충격과 공포로 몰아넣었던 '연말정산 대란' 때문이다.

당시 「세법」 개정으로 인해 직장인들 사이에서 연말정산 환급액이 적어졌다는 불만이 커지자 기획재정부가 내놓은 고육책이다. 직장인이 스스로 연말정산 환급을 얼마나 받을지 선택하게 하고, 대신 나중에 딴소리하지 말라는 정책이었다.

최종 세 부담의 차이가 없기 때문에 실제로 원천징수세액 조정 신청서를 제출하는 직장인은 소수에 불과하다. 하지만 정부가 관련 「소득세법」 시행령을 개정하지 않으면서 원천징수 세액 선택 규정은 여전히 남아있다.

> 월급 늘리고 싶다면 세액 비율 80%
> 환급 많이 받으려면 세액 비율 120%
> 어떤 비율이라도 연간 세 부담은 동일

'90년생'을 위한
연말정산 완전정복

송년회·성탄절 등 각종 행사가 몰리는 연말에는 돈 쓸 일들이 많다. 한편으로는 돈이 되는 일도 하나 있다. 바로 근로자들이 세금을 환급받을 수 있는 연말정산이다. 어떻게 하면 한 푼이라도 세금을 더 돌려받을 수 있을지 알아봤다.

⛁ 아는 만큼 환급액이 늘어나는 연말정산 꿀팁

대학을 졸업하고 오랜 기간 취업준비생 생활을 한 김씨(29세). 고진감래(苦盡甘來) 끝에 2019년 취업에 성공했다. 연말이 다가오면서 김씨는 '13월의 월급'에 대한 기대를 잔뜩 품고 있다. 김씨처럼 1990년 이후 출생한 청년 세대가 꼭 알고 있어야 할 연말정산 꿀팁을 신유한 세무사와 함께 알아봤다.

> **2019년 연말정산에서 달라지는 것은 무엇인가?**

중소기업에 다니는 청년들은 근로소득세를 깎아주고 있는데, 그 공제폭이 커졌다. 또 월세 세액공제도 총급여 5500만원 이하인 사람의 경우 공제율이 10%에서 12%로 늘었다. 도서구입비와 공연비 소득공제도 2018년 하반기부터 생겼다. 연말에 공연 볼 때 체크해 가면서 보면 좋다.

원래는 15~29세 청년이 중소기업에 취
업하면 3년간 근로소득세의 70%를
150만원 한도 내에서 감면했는데, 2018년부터 감면기간이 3년에
서 5년으로 늘었다. 감면율도 90%로 올라갔고, 대상연령도 15세에
서 34세까지 확대됐다. 연간 소득세가 100만원이라면 5년 동안 소
득세로 매년 10만원만 내면 된다는 얘기다. 연령 확대는 2018년
8월 28일부터 시행됐는데 그 이전에 취업한 경우에도 소급적용이
가능하다. 신청은 본인이 취업한 기업이 중소기업인지를 확인한 후
에 감면신청서를 작성해서 회사에 제출하면 된다.

월세 사는 분들, 집주인이 싫어할까 봐 월
세 세액공제를 못 받는 경우가 있다. 이런
경우 5년 이내에 경정청구할 수 있으니 꼭 챙기길 바란다. 본인 명
의의 임대차계약서·전입명세 등이 있으면 집주인 협력 없이도 경
정청구가 가능하다.

연봉에서 비과세 소득을 뺀 총급여가 5500만 원 이하인 직장인
은 월세 세액공제율이 12%다. 1월부터 월 50만원(연 600만원)씩 월
세를 내왔다면 72만원을 연말정산에서 돌려받을 수 있다. 월세 공
제는 연 750만원까지만 받을 수 있기 때문에 12% 세액공제율을
적용할 경우 최대 환급액은 90만원 수준이다. 국민주택규모(85㎡)
이하인 주택에 사는 무주택 직장인에게 적용되며 주거용 오피스텔
과 고시원도 세액공제를 받을 수 있다. 집주인과 계약한 임대차계
약서의 주소지와 주민등록표 등본의 주소지가 같아야 공제를 받을
수 있다는 사실도 유의해야 한다.

소득이 없는 부모님인데 부양가족으로 등록이 안 된 경우에도

경정청구를 통해 등록하고 환급을 받을 수 있다.

학자금 대출상환도 교육비 공제가 되나? 학자금 대출상환액의 교육비 공제가 2017년부터 시행됐다. 학자금 대출액은 금액이 크기 때문에 한 번에 다 상환하지 말고, 본인이 낼 세금을 계산해서 쪼개어 상환하는 것이 유리하다. 결정세액이 200만원인데 200만원을 넘기는 세액공제는 소용이 없기 때문이다. 연말정산은 본인이 낸 세금의 범위 안에서 환급을 받을 수 있다는 것을 기억해야 한다. 계획을 세워서 분할상환하는 것이 세금을 최대로 환급받는 방법이다.

연말정산 때 개인정보를 공개하고 싶지 않다면 어떻게 해야 하나? 5월에 직접 종합소득세 신고를 하면 된다. 하지만 직접 신고하다 보면 놓치는 부분들이 많으니까 꼼꼼하게 체크해야 한다. 회사에서 신고할 때는 국세청 간소화 서비스에서 연말정산 PDF자료를 받아 제출하면 회사가 자료를 자동으로 올려주는데, 본인이 직접 신고할 때에는 일일이 전부 다 입력해야 빠짐없이 공제를 받을 수 있다.

국세청 간소화 서비스는
믿을 만한가?

간소화서비스는 상당히 잘 만들어진 프로
그램이지만 그것을 이용한 신고가 잘못된
경우에는 그 책임이 근로자에게 있다. 국세청은 서비스를 해주는
것일 뿐 법적으로 자진신고하는 세금이기 때문이다. 만약 공제를
잘못 신청하면 그 책임은 직장인 본인이 지게 된다. 부정 환급받은
세액은 토해내고, 가산세까지 추가로 부담하기 때문에 각별한 주의
가 필요하다. 따라서 신고서 작성 후에는 신고서 내용이나 자료 제
출은 잘 되었는지 본인이 한번 더 확인해보는 절차가 필요하다.

간소화 서비스에서 제공하지 않는 자료도 있다. 안경구입비와 중
고생 교복, 취학전 아동 학원비, 기부금, 벤처기업투자신탁 납입액,
장애인 보장구 구입·임차비용 등은 국세청이 자료를 수집하지 않
는다. 직장인이 직접 영수증 발급기관에서 증빙서류를 받아 회사에
제출해야 한다.

중도 퇴사자들은
연말정산을 어떻게 하나?

중도퇴사 후 다른 곳에 입사하지 않았다
면 퇴사할 때 받은 근로소득원천징수 영
수증을 확인해보자. 거기에 결정세액이 없으면 아무것도 할 필요가
없지만, 결정세액이 있다면 반드시 연말에 신고를 해야만 한다. 특
히 근무기간에 사용된 것만 공제되는 항
목들이 있기 때문에 근무기간을 합산해서
신고하는 것이 필요하다.

34세 이하 中企 취업자, 청년세액공제 필수
월세 공제 못 받았어도 5년 이내면 경정청구 가능
학자금 대출 상환액도 교육비 공제 대상

🏦 국세청에 딱 걸리는 과다공제 포인트

연말정산은 각종 공제 항목들을 꼼꼼하게 챙기면 13월의 보너스를 챙길 수 있는 좋은 기회가 된다. 하지만 세금 환급을 더 받겠다는 욕심에  공제기준을 잘못 적용하는 경우에는 과다하게 더 받은 세금뿐만 아니라 가산세까지 추징될 수 있으니 주의해야 한다.

실제로 국세청은 매년 과다공제 사례들을 집중점검하고 있다. 국세청이 확인한 근로자들의 빈번한 과다공제 사례를 정리해봤다.

부양가족이라고 다 되는 건 아니다

인적 공제 부분에서는 부양가족의 요건을 갖추지 못했는데도 공제 대상에 올려서 공제를 받는 사례들이 많다. 부양가족의 경우 연간 소득이 100만원(근로소득만 있는 경우 총급여 500만원)이 넘지 않아야만 기본공제 대상이 되는데 소득이 이보다 많은데도 공제를 받은 경우 과다공제가 된다.

실제로 임대소득이나 기타소득이 있는 부양가족이지만 근로자 본인은 모를 수가 있다. 부양가족을 공제 대상으로 올릴 때에는 소득기준에 맞는지를 잘 확인해야 한다. 또 맞벌이 부부의 경우 자녀나 부양가족을 중복해서 공제받지 않도록 해야 한다. 부양가족이 사용한 신용카드 등 사용액에 대한 공제 역시 중복해서 받을 수 없다.

주택자금공제, 비싼 집은 안된다

주택자금과 관련한 공제 항목들은 저소득층이나 집이 없는 사람들을 지원하기 위한 제도이기 때문에 고가의 주택이나 다주택자들은 혜택이 없다는 점을 기억해야 한다.

주택임차차입금 원리금 상환공제는 무주택 세대주나 국민주택 규모(85㎡ 이하) 이하의 주택을 임차했을 때에만 적용받을 수 있고, 장기주택저당차입금 이자상환액 공제는 무주택이나 1주택자가 기준시가 4억원 이하인 주택을 구입하면서 받은 담보대출에 대한 이자상환액만 공제 대상이 된다.

세대 기준으로 2주택인 경우에는 주택자금과 관련한 공제를 받을 수 없으며, 기준시가 4억원이 넘는 고가 주택 역시 공제를 받을 수 없다. 주택기준시가는 국토교통부의 공시가격 알리미에서 확인할 수 있다.

장기주택저당차입금 이자상환액 공제는 근로자 본인 명의로 설정된 담보대출에 대해서만 공제받을 수 있다. 부부가 공동명의로 취득한 경우에는 둘 중 공제 요건을 갖춘 한 사람이 공제를 받을 수 있다.

월세 세액공제도 무주택, 총급여 7000만원 이하의 요건을 갖춰야 하며, 근로자뿐만 아니라 세대원이 주택을 보유하고 있는 경우에는 세액공제를 받을 수 없다.

내가 내지 않은 의료비는 안된다

연금계좌 세액공제는 연금저축과 퇴직연금 등에 납입한 금액의 12%(총급여 5500만원 이하는 15%)를 세액에서 빼주는 혜택인데, 노후 대비를 지원하기 위한 제도이기 때문에 중도에 해지한 경우에는 혜택을 받을 수 없다. 또 근로자 본인이 아닌 부양가족이 납입한 금액은 공제 대상이 아니다.

의료비 세액공제도 근로자가 직접 부담하지 않은 의료비, 즉 사

내복지기금이나 보험회사·국민건강보험공단 등에서 의료비를 보전받은 금액은 공제를 받을 수 없다. 형제가 부모님의 의료비를 쪼개어 공제받는 것도 안 된다.

교육비 세액공제에서는 대학원 교육비에 대해 착각하는 경우가 많은데, 대학원 교육비는 근로자 본인의 교육비만 공제 대상이다. 부양가족의 대학원 교육비는 공제 대상이 아니다.

⬛ '2개월의 반전'을 위한 틈새 전략

국세청의 연말정산 미리보기 서비스는 11월 초 오픈된다. 연말정산 미리보기는 납세자들이 9월까지 쓴 신용카드 등 사용액을 보여주고 예상세액을 계산해 볼 수 있도록 하는 서비스다. 남아 있는 2개월(11~12월) 동안 어떤 경제활동을 해야 절세에 도움이 되는지 분석해준다.

하지만 월 소득이 일정한 근로소득자들이 남아 있는 2개월 동안 할 수 있는 일은 많지 않다. 세금 조금 더 환급받자고 안쓰던 신용카드를 몰아서 쓰는 것은 정말 '스튜~핏'한 일이다. 아프지 않은데 의료비 공제를 더 받자고 병원을 갈 수도 없는 노릇이다.

그럼에도 불구하고 미리보기 서비스를 활용할 가치는 있다. 이왕에 계획된 소비라면 시점을 조금 당겨볼 수도 있다. 소비하지 않고도 챙겨볼 수 있는 공제 항목들도 적지 않다. 남은 2개월의 반전을 위해 틈새 정보들을 모아 봤다.

신혼부부는 연내 혼인신고해야 혜택

연말정산 신고서에서 가장 먼저 등장하는 인적공제 부분은 공제 혜택은 크지만 단기간에 챙기기는 쉽지 않은 항목이다. 당장 아이를 낳거나 입양할 수는 없으니까.

하지만 틈은 있다. 특히 올해 결혼한 신혼부부의 경우 당장 혼인신고를 했는지 따져볼 필요가 있다. 「세법」은 단순히 같이 살고 있는 게 아닌 법적인 부부관계의 성립 여부를 따지기 때문이다.

올 가을에 결혼했는데 아직 혼인신고 전이라면 올해가 가기 전에 혼인신고를 해야 내년 1월 연말정산 때 배우자에 대한 인적공제 혜택을 받을 수 있다.

직접 모시지 않는 부모님 중에서도 아직 인적공제 대상에 오르지 않은 분은 없는지 확인해 볼 필요가 있다. "형님이 부양가족으로 등록하고 공제받고 있겠지"했지만 알고보니 형제 중에 아무도 부모님을 인적공제 대상에 올리지 않은 경우도 종종 있기 때문이다. 부양가족 공제 부분도 형제간에 정리해두면 좋다.

부양가족이 한명 늘면 생각보다 연말정산에 커다란 변화가 생긴다. 부양가족이 사용한 신용카드 등 사용액과 의료비·기부금 등이 모두 공제 대상으로 따라온다.

맞벌이라면 소득 높은 쪽에 신용카드 몰아줘야

소비를 갑자기 늘려서 소득공제를 더 받는 건 바보같은 짓이다. 신용카드 사용으로 받을 수 있는 세금 감면 혜택은 사용액 대비로 보면 그리 크지 않다. 하지만 이왕에 써야 할 소비라면 약간의 변화를 주는 게 필요하다.

맞벌이 부부의 경우 신용카드 등 사

용액 공제를 각자 사용한 부분에 대해 자기 소득에서만 공제받는다. 어느 한쪽의 소득공제 여력이 남아 있다면 그쪽으로 몰아주는 것이 좋다. 특히 연봉이 많은 쪽의 사용액을 늘려 주는 것이 더 유리하다. 남편의 연봉이 높다면 11월과 12월에는 아내도 남편의 카드를 사용하는 것이 세금을 조금 더 환급받을 수 있는 방법이다.

도서구입비와 공연관람료 소득공제 챙기기

또 2018년 7월부터 새로 도입된 도서구입비와 공연관람료 소득공제 혜택도 챙겨보자. 신용카드 등 사용액 공제 항목에서 추가로 100만원(지출액의 30%)까지 더 공제해준다.

300만원어치를 넘게 써야만 10만원 정도의 세액을 줄일 수 있는 혜택이라 큰 도움은 안되지만, 아이들이 있는 집은 수십만원짜리 아동도서 전집을 구매하는 경우가 있고 연말에는 콘서트와 뮤지컬 등 각종 공연도 몰려 있다. 일시불이 아니라 할부로 구매하더라도 구매시점을 기준으로 공제 혜택을 받을 수 있다.

의료비 역시 계획을 세워 지출하기는 어려운 항목이다. 또 총급여의 3% 이상을 사용해야만 공제 대상이 되는 문턱도 있다. 이럴 때 효도 프로그램을 동원해 보는 건 어떨까? 부양가족으로 모시고 있는 부모님의 건강검진과 임플란트를 해드리는 거다. 인적공제 대상인 부양가족의 의료비를 근로자가 직접 지출한 경우에는 의료비 공제 대상이 된다.

그밖에 스케일링, 라식·라섹수술비용 등도 의료비 공제 대상이고, 안경 구입과 콘택트렌즈 구입 등도 의료비에 해당된다. 어차피 계획한 일이었다면 실행에 옮기는 것이 건강도 챙기고 세금도 돌려받는 일이다.

카드 소득공제 받으려면 얼마나 긁어야 할까?

"당신은 연말정산에서 신용카드로 얼마를 환급받고 있는가?" 신용카드를 사용하는 직장인이라면 한번쯤 짚고 넘어가야 할 문제다. 매년 수천만원을 신용카드로 결제하면서도 세금 환급액이 얼마인지 모르는 경우가 다반사다. 국세청 연말정산 간소화 자료를 들여다봐도 신용카드 사용금액만 나와있을 뿐, 실제 세금 환급액은 확인할 방법이 없다. 직장인의 급여와 신용카드 사용액에 따라 세금 환급액이 얼마나 되는지 계산해봤다.

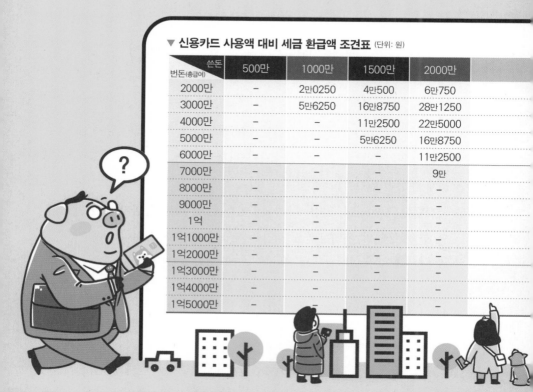

▼ **신용카드 사용액 대비 세금 환급액 조견표** (단위: 원)

번돈(총급여) \ 쓴돈	500만	1000만	1500만	2000만	
2000만	–	2만0250	4만500	6만750	
3000만	–	5만6250	16만8750	28만1250	
4000만	–	–	11만2500	22만5000	
5000만	–	–	5만6250	16만8750	
6000만	–	–	–	11만2500	
7000만	–	–	–	9만	
8000만	–	–	–	–	
9000만	–	–	–	–	
1억	–	–	–	–	
1억1000만	–	–	–	–	
1억2000만	–	–	–	–	
1억3000만	–	–	–	–	
1억4000만	–	–	–	–	
1억5000만	–	–	–	–	

🏦 환급액에도 한도가 있다

신용카드 공제는 총급여(연봉-비과세소득)의 25%를 넘는 부분에 대해 15%를 공제하는 제도다. 쉽게 말해 총급여 4000만원인 직장인은 신용카드 결제금액이 1000만원이 넘어야 신용카드 공제 대상이 된다는 의미다. 2018년 신용카드로 1100만원을 사용했다면 100만원의 15%인 15만원을 공제하는 셈이다.

많이 쓴다고
많이 환급해주지
않아요.

급여별 최대 환급액

	2500만	3000만	4000만	5000만	6000만	...	1억	공제한도
	8만1000	8만1000	8만1000	8만1000	8만1000		8만1000	
	38만380	41만5380	41만5380	41만5380	41만5380		41만5380	
	33만7500	45만	45만	45만	45만	...	45만	300만
	28만1250	39만3750	45만	45만	45만		45만	
	22만5000	33만7500	45만	45만	45만		45만	
	27만	45만	72만	72만	72만		72만	
	18만	36만	60만	60만	60만		60만	
	9만	27만	60만	60만	60만	...	60만	250만
	–	18만	54만	60만	60만		60만	
	–	13만1250	65만6250	87만5000	87만5000		87만5000	
	–	–	52만5000	87만5000	87만5000		87만5000	
	–	–	39만3750	70만	70만		70만	
	–	–	26만2500	70만	70만	...	70만	200만
	–	–	13만1250	65만6250	70만		70만	

여기서 주의할 점은 세금 15만원을 돌려받는 것이 아니다. 전체 근로소득에서 15만원만큼만 공제한 후 세율(6~42%)을 적용하기 때문에 실제 세금 환급액은 훨씬 적다. 소득세율 6%를 적용받는 저소득(과세표준 1200만원 이하) 직장인은 9000원의 환급 효과가 있고, 세율 42%인 고소득(과세표준 5억원 초과) 직장인은 6만3000원의 환급이 이뤄지게 된다.

다만 과도한 신용카드 사용과 공제를 방지하기 위해 한도를 두고 있다. 신용카드 공제 한도는 300만원이며, 총급여가 7000만원을 넘고 1억2000만원 이하인 직장인은 250만원, 총급여 1억2000만원을 넘는 직장인은 200만원 한도 내에서 공제받게 된다. 공제금액이 높아질수록 고소득 직장인이 세금 환급을 많이 받는 구조를 재설계해서 총급여가 높은 구간의 한도를 줄인 것이다.

그렇다면 실제 환급액은 얼마나 될까? 국세청의 '2018년 연말정산 환급액 모의계산 서비스'를 활용해 총급여 2000만원부터 1억5000만원까지 신용카드를 사용했을 때와 사용하지 않았을 때의 결정세액을 비교해 조견표를 만들었다. 독신 직장인(1인 가구)이 다른 공제를 받지 않고 표준세액공제(연 13만원)만 받았다고 가정했고, 연간 신용카드 사용금액은 500만원부터 1억원까지 설정했다.

총급여 2000만원 직장인부터 시작해 보겠다. 2018년 신용카드 사용액이 총급여의 25%인 500만원을 넘어야 공제가 가능하다. 총급여의 50%인 1000만원을 신용카드로 썼다면 2만250원을 돌려받고, 총급여 2000만원을 모두 신용카드로 사용하면 6만750원을 돌려받게 된다.

총급여 4000만원이면 역시 1000만원(25%)까지는 세금 환급액이 없다. 신용카드로 1500만원을 사용하면 세금 11만2500원을 돌려받고 신용카드로 2000만원을 결제하면 22만5000원을 환급받는다. 신용카드 사용액이 3000만원을 넘기면 45만원을 돌려받는다. 이때부터 공제 한도(300만원)를 모두 채우기 때문에 4000만원이나 5000만원을 써도, 혹은 1억원을 써도 똑같이 45만원만 돌려받게 된다.

직장인의 총급여가 7000만원인 경우는 신용카드로 3000만원을 써야 45만원을 환급받고, 신용카드 사용액 4000만원을 넘기면 72만원을 돌려받는다. 총급여가 1억원이면 5000만원을 써야 세금 60만원을 환급받을 수 있다. 신용카드 공제 한도인 250만원을 채우기 때문에 6000만원이나 7000만원을 넘게 써도 세금 환급액은 똑같이 60만원이다.

환급액이 최고로 늘어나는 신용카드 사용액 구간을 정리해보면 ▲총급여 3000만~4000만원은 사용액 3000만원 ▲총급여 5000만~9000만원은 사용액 4000만원 ▲총급여 1억~1억4000만원은 사용액 5000만원이다. 이들 구간을 넘기면 신용카드를 아무리 많이 써도 세금 환급액은 늘어나지 않는다는 사실을 주의해야 한다.

> 연봉 4000만~6000만원은 최대 45만원
> 연봉 7000만원은 72만원까지 환급

🏢 신용카드로 결제한 세금·공과금·통신비는 소득공제 X

신용카드 등 소득공제는 연말정산에서 가장 기본이 되는 공제 항목으로 꼽힌다. 소비생활을 하면서 신용·체크카드로 결제하거나 현금을 쓰고 현금영수증을 받은 금액 중 일정액을 세금을 낼 소득에서 빼주는 제도이다 보니 누구나 손쉽게 공제받을 수 있다.

하지만 모든 소비에 대해 소득공제를 해주지는 않는다. 소득공제는 근로소득자가 근로소득을 얻기 위해 투입한 필요경비를 인정해주는 차원인데, 필요경비로 보기 어려운 소비도 있기 때문이다. 또 이미 다른 공제 항목에서 공제받은 것과 중복해서 적용되는 것도 일부를 제외하고는 신용카드 소득공제 대상에서 빠진다.

연말정산 때마다 헷갈리는 신용카드 등 소득공제 대상에 대해 정리해 봤다.

세금·공과금 X

요즘은 국세와 지방세 등 세금도 신용카드로 내는 것이 가능하다. 하지만 세금 납부액은 신용카드 등 소득공제 대상이 아니다. 국세나 지방세를 현금으로 내더라도 현금영수증을 발급해주지 않는 이유이기도 하다.

각종 공과금 역시 공제 대상이 아니다. 전기요금·수도요금·가스요금을 비롯해 아파트관리비 납부액·고속도로 통행료·TV수신료 등이 여기에 해당한다. 휴대전화 요금과 인터넷 사용료 등 통신비도 공제 대상이 아니다.

휴대폰 요금에 포함돼 결제되는 스마트폰 기기값은 별도로 분리해 공제받을 수 있다. 이 경우 통신사와 카드사에 연락해 통신비에서 기기값을 구분한 월별 내역을 받아야 한다. 또 자동차 구입비 중 예외적으로 중고차 구입비는 10%를 공제한다.

중복공제 X

요즘은 신용카드로 결제하지 못하는 품목을 찾는 게 더 어렵다. 그러다보니 신용카드 등 사용액 소득공제 대상이 다른 공제 대상과 겹치는 경우가 적지 않다. 교육비·보험료, 심지어 기부금까지 카드로 결제하는 경우가 있기 때문이다.

「세법」에서는 이런 경우 중복 공제를 받지 못하도록 하고 있다. 예를 들어 아이들의 어린이집이나 유치원 수업료와 입학금을 신용카드로 결제한 경우 교육비로 공제를 받았다면 신용카드 공제 대상에서는 제외된다.

보험료 공제 대상인 실비보험 등 각종 보험료와 공제료도 카드로 냈다면 중복공제를 받을 수 없다. 또 지정기부금 단체에 신용카드를 이용해 지급한 기부금, 「정치자금법」에 따라 정당 등에 기부한 정치자금 등도 기부금 공제 대상으로 신용카드 공제 대상에서는 제외된다.

단, 의료비는 의료비 공제와 신용카드 등 공제를 중복해서 받을 수 있다. 또 교육비 중 미취학 아동의 학원비 등은 교육비 공제도 받고 신용카드 공제도 받을 수 있다.

형제자매가 쓴 카드값 X

본인뿐만 아니라 기본공제(인적공제) 대상이 사용한 신용카드 등 사용액도 공제 대상이 되지만 일부 제한이 있다.

우선 배우자나 자녀, 부모와 조부모(배우자의 부모·조부모 포함)의 경우 연소득 100만원(근로소득만 있는 경우에는 총급여 500만원)이 넘는 경우에는 기본공제 대상도 될 수 없을 뿐만 아니라 이들이 사용한 신용카드 등 사용액의 소득공제도 받을 수 없다. 특히 형제자매의 신용카드 등 사용액은 형제자매의 기본공제 여부와 무관하게 근로자의 신용카드 등 소득공제 대상에서 제외된다.

근로자 본인이 취직하기 전에 사용한 신용카드나 결혼 전에 배우자가 쓴 신용카드 사용액도 공제받지 못한다. 근로자가 근로를 제공한 기간, 그리고 혼인으로 기본공제 대상이 된 기간에만 공제받을 수 있다.

▼ 신용카드 등 사용액 소득공제 제외 대상

항목	대상
세금	국세·지방세 카드 납부액
공과금	전기·수도·가스요금·아파트관리비·도로통행료
통신비	휴대전화요금·인터넷사용료
자동차구입	신차 구매, 리스료
해외사용액	해외여행 현지 카드사용액
유가증권구입	상품권 및 유가증권 구입비
중복공제 제한	▶ 교육비 공제대상인 수업료와 입학금 ▶ 보험료 공제대상인 보험료 및 공제료 ▶ 기부금 공제대상인 기부금 및 정치자금 ▶ 월세액 소득공제받은 월세액
기본공제 제한	▶ 연소득 100만원(근로소득자는 총급여 500만원) 　초과 배우자의 사용액 ▶ 형제자매의 사용액

▼ OX로 보는 신용카드 소득공제

취직 전 카드사용액	X
결혼 전 배우자의 사용액	X
12월에 할부결제한 사용액	O
스마트폰 기기값 할부금	O
중고차 구입비	O
의료비로 공제받은 사용액	O
취학 전 아동 학원비	O
출국 전 국내면세점 사용액	O

배기량만 알면
내 애마 자동차세가 뚝딱

오너 드라이버가 되면 매년 부담해야 하는 세금이 있다. 자동차세다. 자동차세는 자동차 소유주에게 부과하는 재산세 성격의 세금이다. 승용차의 경우 배기량이 클수록 높은 세율을 적용하는 식으로 계산 방법이 단순하다. 차량의 배기량만 알고 있으면 구입하기 전부터 앞으로 매년 낼 자동차세까지 미리 계산해 볼 수 있다는 특징이 있다.

▼ **비영업용 아반떼 자동차세** (※원단위 절사)

연간 자동차 계산식

(배기량×cc당 세액) + (배기량×cc당 세액)×0.3
ㄴ자동차세   ㄴ지방교육세

배기량을 공식에 대입하면

(1591cc×140원) + (1591cc×140원)×0.3
= 22만2740원 + 6만6820원
= 28만9560원

자동차 구입 4년 뒤 자동차세

28만9560원×0.9 = 26만600원

🏬 공식은 '배기량×세율+ 지방교육세'

실제로 승용차의 자동차세는 배기량에 세율을 곱하면 산출된다. 여기에 자동차세의 30%인 지방교육세를 합하면 집으로 날아오는 고지서에 찍히는 실제 최종세액이 된다.

2015년 5월 1일 구입
1591cc 아반떼

대부분 일반 개인이 보유한 비영업용 승용차의 경우 자동차세율은 배기량에 따라 3단계 구간으로 나뉜다. 1000cc 이하는 cc당 80원, 1001~1600cc는 cc당 140원, 1600cc 초과 차량은 cc당 200원의 세율이 적용된다.

가솔린이나 디젤 등 연료의 차이는 자동차세에 아무런 영향을 주지 않는다. 차값도 고려 대상이 아니다. 오로지 배기량에 세율을 곱한다. 국산차량의 경우 999cc(경차), 1591cc(준중형) 등으로 배기량이 절묘하게 상대적으로 낮은 세율구간에 포함되도록 생산되는

▼ 자동차세율

구분	영업용		비영업용	
	배기량	cc당 세액	배기량	cc당 세액
승용차	1000cc이하	18원	1000cc이하	80원
	1600cc이하	18원	1600cc이하	140원
	2000cc이하	19원	1600cc초과	200원
	2500cc이하	19원		
	2500cc초과	24원		
승합차	고속버스	10만원	-	
	대형전세	7만원	-	
	소형전세	5만원	-	
	대형일반	4만2000원	대형일반	11만5000원
	소형일반	2만5000원	소형일반	6만5000원
화물차	1톤 이하	6600원	1톤 이하	2만8500원
	2톤 이하	9600원	2톤 이하	3만4500원
	3톤 이하	1만3500원	3톤 이하	4만8000원
	4톤 이하	1만8000원	4톤 이하	6만3000원
	5톤 이하	2만2500원	5톤 이하	7만9500원
	8톤 이하	3만6000원	8톤 이하	13만500원
	10톤 이하	4만5000원	10톤 이하	15만7500원

것도 자동차 제조사들이 이런 세금 부담을 고려했기 때문이다.

2019년 1월 1일에 2019년식 신차를 구매했다고 가정하고 자동차세를 계산해보자. 배기량이 1591cc인 현대자동차의 아반떼(1.6 LPi)를 소유한 차주는 자동차세 22만2740원과 지방교육세 6만6820원을 더한 28만9560원을 자동차세로 내게 된다(원단위 절사). 자동차세는 6월과 12월에 반씩 나눠서 내기 때문에 이 차주의 고지서에는 6월과 12월에 각각 14만4780원이 찍히게 된다.

요즘 한창 인기차종인 현대차의 팰리세이드 3.8가솔린 모델은 100만원 가까운 자동차세를 내게 된다. 이 모델은 배기량이 3778cc로 지방교육세 22만6680원을 포함해 98만2280원의 자동차세를 내야 한다.

그런데 자동차세는 차령이 오래될수록 세금이 깎이는 특징도 있다. 주택 재산세는 집이 오래되더라도 집값에 따라 오히려 세금이 오르는 반면, 자동차는 연식이 오래될수록 차값이 떨어지는 것을 반영했다고 볼 수 있다.

차령 감경은 2년이 지난 차부터 적용된다. 신차부터 2년차까지는 단순 배기량을 곱한 그대로가 자동차세가 된다. 3년차부터는 초과 차령에 5%를 곱해서 내야 할 세액에서 빼준다.

계산식이 다소 복잡하다고 생각할 수 있다. 단순화하면 신차로 구입한지 3년이 넘은 차부터는 매년 자동차세 연세액의 5%씩 빼면 된다. 3년 된 차는 5%, 4년 된 차

▼ 차령별 세금 적용률

차령	적용률
1년	100%
2년	100%
3년	95%
4년	90%
5년	85%
6년	80%
7년	75%
8년	70%
9년	65%
10년	60%
11년	55%
12년 이상	50%

는 10%, 5년 된 차는 15%를 뺀다. 그래서 10년을 탄 차는 신차 때 냈던 자동차세의 60%만 내게 된다. 다만 차령 감경은 12년(50%)까지만 적용된다. 12년 된 차나 15년 된 차나 모두 50%만 깎아준다는 얘기다.

차령 감경은 반기 단위로 계산한다. 1~6월 중에 등록한 차량은 이듬해 1월이 되면 1년이 지난 차가 되는 것이고, 7~12월 중 등록 차량은 다음해 7월부터 한 살을 먹는다.

차령 감경 이전에 기본적인 자동차세 계산은 일단위로 계산한다는 특징도 있다. 차를 구입해서 차주가 된 그날부터 보유한 기간 만큼만 자동차세를 낸다는 것이다. 11월 1일에 차를 구입(등록)했으면 그해 자동차세는 11월과 12월분만 일할계산해서 고지된다.

그렇다면 이상의 모든 변수를 포함해서 좀 더 디테일하게 2015년 5월 1일에 구입한 1591cc 아반떼 승용차(비영업용)의 자동차세를 계산해 보자. 1591cc의 자동차세는 cc당 140원의 세율을 적용, 지방교육세를 포함해 28만9560원이다. 2015년 상반기 중에 구입했으니 2019년는 상반기부터 차령 4년을 인정받아서 10% 경감을 받는다. 28만9560원의 90%인 26만600원이 고지총액이다. 이것을 다시 반씩 나눠서 6월과 12월에 각각 13만300원의 고지서를 받아보게 된다.

이 아반떼 차주가 올해 차량을 계속해서 보유한다고 가정하면 자동차세 일할계산은 의미가 없다. 하지만 이 차를 연중 어느 때 중고차로 팔아버린다면 팔기 직전까지의 자동차세만 일할계산해서 내면 된다. 이 차의 2019년 일할 자동차세는 26만600원을 365일로 나눈 약 714원이 된다.

▼ 차종별 자동차세 (2019년 구입 신차 기준)

구분	제조사	차종	출시가	배기량	자동차세	지방교육세	고지총액
경차	기아	모닝 1.0가솔린	950~1445만원	998cc	7만9840원	2만3940원	10만3780원
	쉐보레	스파크 1.0가솔린	979~1470만원	999cc	7만9920원	2만3960원	10만3880원
소형	현대	엑센트 1.4가솔린	1138~1591만원	1368cc	19만1520원	5만7440원	24만8960원
	기아	스토닉 1.4MPI 가솔린	1625~2022만원	1368cc	19만1520원	5만7440원	24만8960원
	쉐보레	트랙스 1.4가솔린 터보	1664~2416만원	1362cc	19만680원	5만7200원	24만7880원
준중형	현대	아반떼 1.6LPi	1698~2102만원	1591cc	22만2740원	6만6820원	28만9560원
	기아	쏘울부스터 1.6가솔린	1914~2346만원	1591cc	22만2740원	6만6820원	28만9560원
	쉐보레	말리부 1.6디젤	2936~3195만원	1598cc	22만3720원	6만7100원	29만820원
	르노삼성	SM3 1.6가솔린	1444~1930만원	1598cc	22만3720원	6만7100원	29만820원
중형	현대	소나타 2.0가솔린	2346~3289만원	1999cc	39만9800원	11만9940원	51만9740원
	기아	K5 2.0가솔린	2228~2891만원	1999cc	39만9800원	11만9940원	51만9740원
	쉐보레	말리부 2.0터보	3022~3279만원	1998cc	39만9600원	11만9880원	51만9480원
	르노삼성	SM5 2.0가솔린	2155만원	1998cc	39만9600원	11만9880원	51만9480원
	벤츠	E클래스 E300	6350~8060만원	1991cc	39만8200원	11만9460원	51만7660원
	BMW	3시리즈 320d	5320~5920만원	1995cc	39만9000원	11만9700원	51만8700원
	볼보	S90 T5	6590만원	1969cc	39만3800원	11만8140원	51만1940원
대형	도요타	캠리	3540만원	2487cc	49만7400원	14만9220원	64만6620원
	벤츠	CLS클래스 400d	9850~1억750만원	2925cc	58만5000원	17만5500원	76만500원
	BMW	5시리즈 530d	8500~8930만원	2993cc	59만8600원	17만9580원	77만8180원
	현대	제네시스 G90 3.8가솔린	7706~1억995만원	3778cc	75만5600원	22만6680원	98만2280원
	기아	K9 3.8V6	5419~7873만원	3778cc	75만5600원	22만6680원	98만2280원
	벤츠	마이바흐 S클래스 S560	2억4090만원	3982cc	79만6400원	23만8920원	103만5320원
	렉서스	LS500	1억2460~1억4820만원	3445cc	68만9000원	20만6700원	89만5700원
RV	현대	싼타페 2.2디젤	2975~4153만원	2199cc	43만9800원	13만1940원	57만1740원
	현대	팰리세이드 3.8가솔린	3475~4261만원	3778cc	75만5600원	22만6680원	98만2280원
	기아	쏘렌토 2.2디젤	2842~3878만원	2199cc	43만9800원	13만1940원	57만1740원
	쌍용	G4렉스턴 LET220디젤	3448~4605만원	2157cc	43만1400원	12만9420원	56만820원
	랜드로버	디스커버리 SD6	9590~1억1740만원	2993cc	59만8600원	17만9580원	77만8180원
	랜드로버	레인지로버 SD V8	1억8640~2억200만원	4367cc	87만3400원	26만2020원	113만5420원

자동차세 몰아내면 10% 할인

1월에 1년치 한꺼번에 내는 '연부연납'

자동차세는 1년 치를 6월과 12월에 절반씩 나눠 내도록 고지서가 나간다. 그런데 1월에 한꺼번에 내면 10%를 깎아주는 제도도 운영하고 있다. 자동차세 연세액 선납공제 제도다. 연납할인·선납할인 등으로 불린다.

1월이 아니더라도 할인을 받을 수 있다. 3월과 6월, 9월에도 남은 기간분의 자동차세를 몰아서 내겠다고 하면 그만큼에 대해 10%를 할인해준다. 3월에 몰아 내면 자동차세 75%에 대해 10%를 할인받고, 6월에는 50%에 대해 10%, 9월에는 25%에 대해 10%를 할인받는다. 전체 1년 치 세액에서 1월에는 10%, 3월에는 7.5%, 6월에는 5%, 9월에는 2.5%가 할인되는 셈이다.

정해져 있는 세금 납부기한이 있는데 단지 빨리 낸다고 해서 10%나 깎아주는 세금은 자동차세 외에는 찾기 어렵다. 1994년 자동차세 징수율이 60%대에 머물 때 징수율을 높이기 위해 도입됐다고 한다.

하지만 최근에는 자동차세 징수율이 90%대까지 올라왔고, 미리 낼 여유가 있는 사람에게만 할인혜택을 준다는 점, 정상적인 법정 납부기한을 지키는 사람이 상대적으로 손해를 본다는 점, 지방자치단체의 세금 수입에 손실이 온다는 점 등 때문에 연납할인제도를 폐지하자는 주장도 끊이지 않고 있다.

車 2대 할인혜택이 2억 아파트 재산세

어찌됐건 혜택을 주는 제도는 있는 동안 최대한 활용하는 것이 손해보지 않는 방법이다. 2000cc급 중형 승용차를 기준으로 보면 연간 내야 할 자동차세가 50만원 수준이다. 1월에 몰아 내고 10% 할인을 받으면 5만원을 적게 내는 셈이고, 이런 차량 2대를 굴리는 집이면 단지 미리 내는 것만으로 세금 10만원을 적게 낼 수 있는 것이다.

10만원의 세금은 결코 적지 않다. 연봉 5000만원인 4인 가족 가장(미성년 자녀2명 기준)이 매월 월급에서 떼는 세금 9만8600원(근로소득세+지방소득세)보다 많다. 실거래가 2억~3억원, 공시가격 1억 5000만원인 아파트의 연간 재산세(10만5000원)와 맞먹는 금액이다. 또한 하루 한 갑의 담배를 태우는 흡연자가 한 달 동안 쉬지 않고 담배를 사서 피워야 부담할 수 있는 담뱃세(10만800원)와도 비슷한 규모다. 주세로 따지면 매일 소주 1병을 6개월간 마셔야 겨우 10만원어치 세금을 낼 수 있다.

미리 내면 무조건 이득이라는 얘기다. 극단적인 사례지만 당장

세금 낼 돈이 없어서 연 4%금리로 100만원을 대출받아 자동차세를 미리 내고 10만원을 할인받는다고 하더라도 연이자 4만원(만기 일시상환)을 내면 되니까 6만원이 이득이다.

연납할인을 받는 것은 어려운 일이 아니다. 아직 한 번도 연납할인을 받은 적이 없는 자동차 소유주는 관할 지방자치단체(시·군·구청)에 신청서(성명·주민등록번호·차량번호 등 기재)를 써 내면 신청과 동시에 연납세액으로 자동차세를 낼 수 있다. 1월 연납 할인신청은 1월 16~31일, 3월에는 3월 16~31일, 6월에는 6월 16~30일, 9월에는 9월 16~30일에 신청하면 된다.

한 번 신청하고 연납한 사실이 있으면, 다음해부터는 별도로 신청하지 않더라도 1월에 10% 할인된 연납세액이 적힌 고지서가 자동차 소유주의 주소지로 발송된다. 물론 이때 납부하지 않으면 정상적인 기간, 6월과 12월에 자동차세 고지서가 나온다.

연납신청은 직접 지자체를 찾아가 할 수도 있지만 인터넷 지방세 신고 홈페이지 위택스(WETAX, 서울·부산·인천은 ETAX)에서 온라인으로 신청하고 납부할 수도 있다. 물론 스마트폰(스마트위택스, 서울은 STAX)으로도 가능하다.

> 자동차세 1월에 1년치 내면 할인 10%로 최대
> 3월 7.5%, 6월 5%, 9월 2.5%
> 나중에 낼수록 할인율 감소

의료비 소득공제
언제 얼마나 될까?

세금을 돌려받자고 일부러 병원에 갈 수는 없는 노릇이지만 이왕에 치료를 받는다면 세금 환급에 신경을 쓰는 게 좋을 것이다. 집안에 아픈 부양가족이 있는 경우 의료비 부담을 조금이라도 더는 방법이기도 하다.

하지만 모든 의료비가 다 공제 대상이 되는 것은 아니다. 병원비·약값·의료기기 구입비 중에서도 공제가 되는 게 있고 안 되는 것도 있다. 알아 두면 돈이 되는 알쏭달쏭한 의료비 세액공제 대상을 총정리해 봤다.

🏥 의료비는 세액공제와 소득공제 중복 가능

의료비는 연말정산에서 가장 큰 비중을 차지하는 항목 중 하나다. 일정액 이상의 의료비 지출액을 내야 소득세에서 직접 세액공제해 주기 때문에 의료비 규모에 따라 연말정산 환급액이 크게 달라질 수 있다. 특히 의료비는 연말정산 항목 중 유일하게 공제 대상 전체에 대해 신용카드 등 공제와 중복공제를 받을 수 있다. 하나의 지출로 신용카드 소득공제도 받고 의료비 세액공제도 받는 것이다.

의료비 세액공제는 일정 규모 이상이 되어야만 혜택을 받을 수 있는 문턱이 있다. 총급여의 3%를 초과해야 한다. 공제율은 15%다. 난임수술비에 한해서는 20%까지 공제율을 적용하는 특례도 있다.

🏢 본인과 65세 이상·장애인 부양가족은 한도 없어

공제 한도는 기본적으로 연간 700만원으로 정해져 있지만 근로자 본인과 65세 이상의 부양가족, 장애인 부양가족의 경우 공제 한도가 없다. 예를 들어 총급여 5000만원인 근로자가 갑자기 쓰러진 70대 노모의 의료비로 1000만원을 썼다고 하면, 총급여의 3%인 150만원을 초과한 850만원의 15%인 127만5000원을 이미 낸 세금에서 환급받을 수 있다. 65세 이상의 부양가족 의료비이기 때문에 700만원 한도를 적용하지 않는 것이다.

의료비 세액공제는 기본공제 대상자의 소득이나 연령에 제한을 두지도 않는다. 연소득 100만원(근로소득만 있는 경우 500만원)이 넘거나 만 20세가 넘는 부양가족의 경우 1인당 150만원의 기본공제나 기타 소득공제를 받을 수 없지만 의료비 공제는 받을 수 있다.

병원비에는 「의료법」 3조에 따른 의료기관에 지출한 비용은 모두 해당된다. 종합병원·병원·치과병원·한방병원·요양병원·의원·치과의원·한의원·조산원 등이 모두 여기에 포함된다. 이들 의료기관에서 진찰과 진료·치료·수술 등을 받거나 입원했을 때 입원비 지출까지 의료비 공제 대상이 된다.

🏢 미용·건강증진을 위한 의료비·약값은 공제 불가

미용을 위한 성형수술 비용은 공제 대상이 아니다. 간병인비·진단서 발급비도 공제 대상에서 빠진다. 하지만 시력교정을 위한 라식수술과 라섹수술 비용은 공제 대상이다. 치과의 스케일링도 충치예방과 치료 목적이어서 의료비 공제에 포함된다. 치열교정의 경우에는 미용 목적과 구분하기 위해 저작장애(씹기장애) 진단서가 있는

▼ 의료비 세액공제 요건

공제문턱	근로자 총급여의 3% 초과 지출액
공제율	15%(난임수술비는 20%)
공제한도	본인·65세 이상·장애인은 한도 없음 (난임수술비도 한도 없음) 그 외 기본공제대상의 의료비는 연 700만원

▼ 의료비 공제 대상 TAX

종류	공제 대상	예외
병원비	종합병원·병원·치과병원·한방병원· 요양병원·의원·치과의원·한의원· 조산원의 진찰·진료·진단·치료·수술· 입원비(라식·라섹수술 포함)	미용성형· 간병인비· 진단서발급비
약값	– 약사법상 의약품 – 한약	의약외품·보약· 건강기능식품
안경 구입비	시력보정용 안경·콘텍트렌즈 도수 있는 선글라스·서클렌즈 (기본공제대상 1인당 50만원)	도수 없는 선글라스·서클렌즈, 안경테만 구입
의료기기	– 휠체어·목발 등 구입·임차비 – 틀니·보철·임플란트	치열교정은 저작(씹기)장애 진단서 필요
장애인 보장구	의수족·휠체어·보청기·목발· 성인용보행기·화면낭독소프트웨어· 지팡이·점자판·점자프린터·골도전화기· 장애인용 키보드·마우스·욕창예방물품· 기저귀·TV수신기·음성독서기 등 구입비	
산후 조리원비	산후조리원비 200만원 한도	2019년 지출분 부터 적용

경우에만 공제 대상이 된다. 출산 관련해서 기존 조산원 외에 산후
조리원비도 200만원까지 의료비 공제 대상에 포함된다.

약값은 병원비와 연결돼 필연적으로 지출되는 의료비다. 의사 처
방전 없이 편의점에서도 구입이 가능한 의약외품을 빼고 대부분의
약국판매 의약품은 의료비 세액공제 대상이다. 하지만 약국에서 팔
더라도 비타민이나 영양제 등 일반의약품이 아닌 건강기능식품(건
강기능식품법에 관한 법률)은 의료비 공제 대상에 포함되지 않는다.

한약 구입비도 의료비 공제 대상이다. 건강증진을 위한 보약인
경우에는 공제 대상이 아니다. 문제는 한약과 보약의 구분이 어렵
다는 것이다. 한의원이나 한약방에서 치료 목적인지 건강증진 목적
인지를 구분해서 국세청에 제출하기 때문에 약을 지은 곳에 문의
하면 어떤 항목으로 처리됐는지 알 수 있다.

치료용 한약으로 처방받아서 먹었는데 나중에 의료비에서 누락
된 것이 확인됐다면 해당 한의원이나 한약방에 자료를 추가로 요
청해 국세청에 제출해야 한다.

📖 선글라스·서클렌즈도 '도수' 있으면 공제 가능

안경과 콘텍트렌즈 구입비도 의료비 공제 대상에 포함된다. 본인을
비롯해 기본공제 대상자 1인당 연간 50만원까지 공제 대상이다.
근로자 본인의 안경값으로 50만원을 채웠더라도 부양가족의 콘텍
트렌즈비를 추가로 더 공제받을 수 있다.

안경과 콘텍트렌즈는 시력보정용이냐 아니냐가 공제 여부를 가
르는 가장 큰 기준이다. 따라서 도수가 있는 안경이나 콘텍트렌즈
는 모두 공제 대상이 된다. 도수가 있다면 서클렌즈나 선글라스도

공제 대상이 된다. 반대로 도수가 없는 서클렌즈나 선글라스는 대상이 아니다. 외모를 위해 안경테만 구입해 쓰는 경우도 마찬가지다. 다만 국세청 홈택스에서 제공하는 간소화 서비스에서는 안경구입비가 조회되지 않으니, 직접 증명서류를 발급받아 회사에 제출해야 한다.

의료기기를 구입하거나 대여하는 비용도 의료비 세액공제를 받을 수 있다. 휠체어나 목발 등을 구입하거나 치과에서 틀니·보철을 하는 경우, 그리고 임플란트 시술을 하는 경우도 그 비용을 공제받을 수 있다.

장애인을 위한 의료용 보장구들은 거의 대부분 공제 대상이다. 의수족을 비롯해 휠체어·보청기·목발·성인용보행기·지팡이·욕창예방쿠션·기저귀 구입비용도 의료비공제 대상이다. 시각장애인을 위한 점자판·점자프린터·화면낭독소프트웨어·음성독서기와 장애인용 키보드·마우스·TV수신기 등을 구입한 비용도 공제가 된다.

장애인보장구 구입비용 공제를 받으려면 장애인등록이 필수다. 만약 과세연도 도중에 장애인 판정을 받은 경우에는 판정 이전에 지출한 의료비도 장애인의 의료비로 공제받을 수 있다.

아저씨, 선글라스도 도수가 있으면 공제 된데요.

!

문화비 소득공제 받으려면
한 달에 책을
몇 권 읽어야 하나?

2018년 7월 1일부터 책값과 공연 관람료를 연말 정산 신용카드 등 사용액 공제 항목에서 추가로 공제해준다. 시행한 지 얼마 되지 않다 보니 어떤 책, 어떤 공연이 공제 대상인지에 대해 모르는 사람들이 많다.

공제율은 30%, 공제 한도는 최대 100만원

문화비 소득공제는 기존에 있던 '신용카드 등의 사용액에 대한 소득공제'에 추가된 항목이다. 신용카드 등 사용액의 일정 부분을 세금 계산의 기준이 되는 소득에서 빼주는 혜택이다. 그런데 신용카드 등의 소득공제를 받기 위해서는 사용액이 연소득의 25%를 넘

어야 한다. 신용카드는 연소득 25% 초과분의 15%를, 직불카드·체크카드·현금영수증은 연소득 25% 초과분의 30%를 소득공제해 준다. 공제 한도는 급여 수준에 따라 차등 적용되며, 공제액은 200만~300만원이다. 문화비 소득공제는 여기에다 30%의 공제율로 100만원을 추가로 공제해 주는 혜택이다. 단 총급여액이 7000만원 이하인 근로자만 받을 수 있다.

총급여 7000만원 이하인 근로자가 연소득의 25%가 넘는 소비를 했다고 가정하면 100만원의 추가 소득공제를 받기 위해서는 연간 333만3333원을 책 구입이나 공연관람비로 사용해야 한다는 계산이 나온다(333만원×30%공제율=100만원). 책 한 권에 1만5000원이라고 가정하면 연간 222권, 월 18.5권의 책을 사봐야만 공제혜택을 최대로 누릴 수 있다는 계산이 나온다. 입장료 10만원짜리 뮤지컬이나 음악회는 연간 33회 관람해야 한다.

🏬 만화책·오디오북·웹툰은 공제, 잡지 구입비는 안돼요

법에서 정하고 있는 공제 대상은 크게 「출판문화산업 진흥법」상 '간행물'과 「공연법」상 '공연'이다. 간행물과 공연은 그 범위가 넓기 때문에 다시 어떤 간행물, 어떤 공연이 공제 대상인지도 별도로 정해 놓고 있다.

구체적으로 살펴보자. 우선 소득공제가 되는 간행물은 저자, 발행인, 발행일, 출판사, 「도서관법」에서 정하는 국제표준자료번호(ISBN)가 적혀 있어야 한다. 전자책도 「콘텐츠산업 진흥법」에 따른 콘텐츠식별체계(ECN)가 표기돼 있으면 공제 대상이 된다. 종이책은 물론 전자책, 외국에서 발행한 간행물도 이런 표기만 있으면 모두 공제 대상이 된다. 또 ISBN과 ECN 표기가 있는 오디오북·웹툰·웹소설도 소득공제 대상이다.

중고책의 경우에도 관련 표기가 있으면 공제 대상이 된다. 하지만 책 대여점에서 책을 빌리면서 치른 대여료는 구입비용이 아니기 때문에 공제를 받을 수 없다.

공제를 못받는 간행물로는 잡지 등 연속간행물이 대표적이다. 연속간행물은 ISBN이 아닌 ISSN(국제표준연속간행물번호)을 받고 있지만 소득공제 대상에서는 빠졌다. 주간·월간·계간 등으로 발행되는 잡지들이 모두 여기에 포함된다.

또 장난감이 포함된 어린이용 책처럼 부속물이 결합된 상품의 경우에도 기본적으로 공제 대상이 아니다. 다만 이런 결합상품에도 ISBN이 부착돼 있다면 소득공제가 된다고 한다.

도서구입비 공제에서 특이한 점은 책을 온라인 등으로 주문해서 배송받는 경우 배송비도 공제금액에 포함된다는 것이다. 보통 배송비와 묶어서 책값을 결제하기 때문에 따로 떼지 않고 함께 공제 대상이 된다.

▼ 도서구입비
소득공제 가능 여부

- ISBN 표기가 있는 서적·만화책·학술서·참고서 등 구입비
- ECN 표기가 있는 오디오북·웹툰·웹소설 등 구입비
- ISBN 표기가 있는 중고서적 구입비
- 공제 대상 도서 구입비에 포함된 배송비

- 주간·월간·계간 등으로 발행되는 잡지 구입비
- 문구 등 부속물이 결합된 도서 구입비 (ISBN 있으면 공제 대상)
- 유해 간행물로 지정된 간행물의 구입비
- 책을 빌리고 치른 도서대여비

연극·콘서트 등 현장 공연뿐 아니라 실황중계 관람료도 공제받을 수 있어

법에서는 음악·무용·연극·연예·국악·곡예 등 예술적 관람물을 실연(實演)에 의하여 공중(公衆)에게 관람하도록 하는 행위를 '공연'이라고 정의하고 있다. 간단히 정리하면 공연이 주가 되느냐 아니냐에 따라 공제 대상을 구분하고 있다고 보면 된다. 음악축제·국제 음악제·콘서트 등 공연을 주된 목적으로 하는 축제 및 행사의 입장료 및 관람료는 소득공제 대상이 되지만, 음식축제나 박람회 등에 딸린 공연의 경우에는 그 비용을 소득공제하지 않는다.

또 공연비 소득공제 제공사업자들을 별도로 구분하고 있기도 하다. 문화체육관광부가 운영하는 문화포털에 접속하면 도서·공연비 소득공제 대상인 사업자를 검색(http://www.culture.go.kr/deduction/)창을 통해 확인할 수 있다.

무대에서 실제 연주나 연기를 하는 것이 아닌 녹화물이나 실황중계물 관람을 위한 티켓은 기본적으로 도서·공연비 공제 대상이 아니지만 대상 사업자로 등록된 곳에서 하는 녹화물 및 중계물 관람은 공제 대상이라고 한다. 2019년 7월 1일부터 박물관과 미술관 관람료도 소득공제 대상에 추가됐다.

▼ 공연비
소득공제 가능 여부

- 공연이 주가된 음악·무용·연극·연예·국악·곡예 등 관람료
- 문화체육관광부 등록 공연사업자가 하는 공연의 관람료

- 축제나 박람회 등에 딸린 공연의 관람료
- 녹화물과 실황중계물을 관람하는 공연장 관람료 (등록 사업자 공연장은 공제 대상)

공덕 족발은 공제 YES!
노량진 수산시장 회는 공제 NO!

전통시장을 이용하면 신용카드나 직불·체크카드, 현금 등 결제수단에 관계없이 사용액의 40%를 추가로 소득공제해주는 혜택이 있다. 일반 신용카드 사용액의 소득공제율이 15%인 점과 비교하면 혜택이 상당히 크다. 또한 신용카드 등 사용액 소득공제를 최대 300만원을 받았더라도 추가로 전통시장 사용분만 100만원을 더 공제받을 수 있다는 장점도 있다.

🏬 전통시장 40% 공제 혜택 쏠쏠

직장인이 연말정산 신고서를 쓸 때 한번쯤 멈칫하는 공제 항목이 있다. 바로 전통시장 소득공제 항목이다. 결제할 당시에는 무심코 지나쳤더라도 공제율이 무려 40%에 달하기 때문에 상당히 쏠쏠한 혜택이다. 대형마트에서 신용카드로 2만원을 결제하면 15%인 3000원이 공제금액에 포함되지만, 전통시장에서는 8000원이 공제되는 셈이다.

국세청 홈택스를 통해 전통시장 정보를 조회하면 지번 주소에 따라 공제 여부를 확인할 수 있다. 재래시장이라고 여기는 곳은 대부분 포함돼 있다. 남대문·동대문·광장·경동시장 등 서울의 대표적인 시장들은 모두 전통시장 공제 대상이다.

공덕동 족발골목과 구로시장 떡볶이골목, 응암동 감잣국거리, 사

278

▼ **결제수단 · 사용처별 소득공제율**

구분	공제율	공제 한도
신용카드	15%	- 총급여 7000만원 이하 : 300만원 - 총급여 7000만원 초과 1억2000만원 이하 : 250만원 - 총급여 1억2000만원 초과 : 2 00만원
현금 · 체크카드 · 직불카드	30%	- 총급여 7000만원 이하 : 300만원 - 총급여 7000만원 초과 1억2000만원 이하 : 250만원 - 총급여 1억2000만원 초과 : 2 00만원
전통시장	40%	+100만원

※최저사용금액은 총급여의 25%

당역 10번출구 인근의 먹자골목에서도 전통시장 공제가 가능하다. 또한 마장동 마장축산물시장, 성산동 마포농수산물시장, 용두동 청량리수산시장 등에서도 신선한 식재료와 함께 40% 공제 혜택을 받게 된다.

이른바 '백종원 거리'라고 불리는 논현동 먹자골목의 일부와 영동전통시장으로 이어지는 상점들도 전통시장 주소로 등록돼 있다. TV프로그램 〈골목식당〉에서 화제를 모았던 홍은동 포방터시장도 40% 공제가 가능한 시장이다.

이밖에 규모가 크지 않더라도 시장 분위기가 물씬 풍기는 골목상권들이 전통시장으로 분류됐다. 압구정동 현대아파트 단지 내의 신사시장, 신림동 신림현대상가, 남성역 골목시장 등이 대표적이다.

시장 주변의 지하상가에서도 전통시장 공제를 받을 수 있다. 종로5가역과 회현역 · 시청역 · 동대문역 등을 중심으로 형성된 지하쇼핑센터에서 구매할 경우 전통시장 공제가 적용된다.

▼ 서울 주요 전통시장 현황

※가나다순

지역구	시장명	지번 주소	인근 지하철역
강남	영동전통시장	논현동 140	논현역
강동	암사종합시장	암사동 501-17	암사역
강북	숭인시장	미아동 60-4	미아사거리역
강서	공항시장	방화동 620-17	공항시장역
관악	신원시장	신림동 1587-2	신림역
광진	중곡제일골목시장	중곡동 221-6	중곡역
구로	구로시장	구로동 733-5	남구로역
금천	남문시장	독산동 979-3	독산역
노원	공릉동도깨비시장	공릉동 561-21	태릉입구역
도봉	방학동도깨비시장	방학동 632-2	방학역
동대문	경동시장	제기동 849-1	제기동역
동작	성대시장	상도동 324-72	신대방삼거리역
마포	공덕시장	공덕동 256-10	공덕역
서대문	영천시장	영천동 294	독립문역
서초	남부종합시장	방배동 767-1	이수역
성동	마장축산물시장	마장동 480-4	마장역
성북	돈암시장	동소문동5가 74	성신여대입구역
송파	새마을시장	잠실동 205-4	잠실새내역
양천	목4동시장	목동 724-8	목동역
영등포	영신상가	영등포동5가 18-1	영등포시장역
용산	용문전통시장	용문동 43-1	효창공원역
은평	연서시장	불광동 310-4	연신내역
종로	광장시장	예지동 6-1	종로5가역
중구	서울남대문시장	남창동 2-4	회현역
중랑	면목시장	면목동 650	사가정역

▼ 서울 전통시장 지하상가 현황

지역구	지하상가명	인근 지하철역	지역구	지하상가명	인근 지하철역
종로	동대문 지하쇼핑센터	동대문역	중구	남대로 지하쇼핑센터	회현역
	마전교 지하쇼핑센터	종로5가역		명동역 지하쇼핑센터	명동역
	종각 지하쇼핑센터	종각역		명동 지하쇼핑센터	을지로입구역
	종로4가 지하쇼핑센터	종로5가역		소공 지하도상가	시청역
	종오 지하쇼핑센터	종로5가역		시청광장 지하쇼핑센터	시청역
				청계5가 지하쇼핑센터	종로5가역
				청계6가 지하쇼핑센터	동대문역
				회현 지하쇼핑센터	회현역

🏬 노량진 수산시장 회는 전통시장 공제 ✕

전통시장에서 물건을 구입한 적이 없는 것 같은데 연말정산 자료에 떠 있는 경우를 볼 수 있다. 분명히 전통시장에서 돈을 쓴 것 같은데 전통시장 추가공제 항목에서 빠져 있는 경우도 있다.

여전히 많은 사람들이 전통시장 추가 소득공제에 대해 잘 모르고 있다는 의미일 것이다. 정확하게 어디에서 어떻게 써야만 공제를 받는지 헷갈린다는 얘기다. 그래서 전통시장 소득공제에 대해 자주 묻는 질문들을 뽑아 정리해 봤다.

전통시장 공제 대상 매장은 어떻게 알 수 있나? 국세청 홈택스에서 등록 및 인정된 전통시장명과 주소 지번을 검색할 수 있다. 점포의 지번이 전통시장에 해당하면 업종과 관계없이 전통시장 소득공제를 받을 수 있다. 지번은 영수증에 쓰인 점포 주소를 통해서도 확인할 수 있다. 대규모점포(백화점·대형마트 등)나 그 계열사의 프랜차이즈(SSM) 체인사업점이 아니라면 모두 소득공제 대상이다. 유흥주점과 사행성 업소도 공제 대상이 아니다.

작년에 공제받았던 전통시장인데 올해는 안 될 수도 있나? 전통시장은 법(「전통시장특별법」·「유통산업발전법」)에 따라 등록된 '등록시장'과 등록시장이나 마찬가지 역할을 하고 있는 것으로 지자체에서 인정을 받은 '인정시장'이 있다. 등록 및 인정을 통해 추가되기도 하지만 개발 등 지역환경 변화로 사라지기도 한다. 국세청 홈택스에서 조회되는 서울시내 전통시장도 2018년 7월에는 274곳이었지만 1년 뒤인 2019년 6월에는 266곳으로 줄었다.

또 카드사별로 국세청에 자료가 수집될 때 누락되는 부분도 있을 수 있다. 분명히 전통시장에서 사용한 금액인데 누락된 경우에는 해당 카드사에 연락해서 왜 연말정산 간소화 서비스에 자료가 누락됐는지를 알아봐야 한다.

가락동 농수산물시장은 왜 조회가 안될까? 도매시장은 전통시장 소득공제 대상이 아니다. 서울시내만 하더라도 노량진 수산시장, 독산동 우시장, 가락동 농수산물시장, 영등포 청과물시장, 양재동 꽃시장 등은 도매시장이어서 이곳에서 사용한 금액은 전통시장 추가 소득공제를 받을 수 없다. 도매시장은 홈택스나 전통시장 통통(sijangtong.or.kr) 사이트에서 전통시장으로 조회도 되지 않는다.

전통시장에서 신용카드로 계산하면 중복공제되나? 중복공제는 되지 않는다. 신용카드 사용액 중 전통시장에서 사용한 것은 전통시장 사용분으로 공제되고, 나머지 금액은 신용카드 사용분으로 공제된다. 국세청 홈택스의 '편리한 연말정산' 메뉴로 들어가보면 모두 구분되어 자료가 입력되니 따로 신경써서 챙겨야 할 부분은 없다.

전통시장 상품권을 샀는데 공제 대상인가? 전통시장 상품권(온누리상품권)을 구입한 행위 자체로는 소득공제를 받지 못한다. 전통시장 상품권도 유가증권이기 때문에 현금을 유가증권으로 바꿨을 뿐 전통시장에서 소비를 한 것은 아니기 때문이다.

**전통시장 상품권 사용시
현금영수증을 발급받을 수 있나?** 전통시장 상품권도 다른 일반 상품권과 마찬가지로 사용 후 현금영수증을 발급받을 수 있다. 특히 전통시장에서 전통시장 상품권을 사용한 경우에는 현금영수증을 받급받지 않으면 증빙이 없기 때문에 전통시장 추가 소득공제 대상에서 누락되게 된다. 참고로 소상공인진흥공단의 전통시장 통통 홈페이지에서는 전통시장의 매장별 전통시장 상품권 가맹현황을 조회할 수 있다.

**카드사용액이 총급여의 25%에 미치지
않는다면 전통시장 공제도 받을 수 없나?** 신용카드 사용금액 소득공제는 총급여액의 25%를 초과 사용한 금액 중 일정금액을 소득공제하는 제도다. 전통시장 사용분 추가공제는 신용카드 소득공제에 부수되는 혜택이다. 신용카드 사용액이 총급여액의 25%에 미달하면 신용카드 사용금액 소득공제뿐만 아니라 전통시장이나 대중교통 사용금액의 추가공제도 받을 수 없다.

> 홈택스 주소 조회되는 매장은 OK!
> 도매시장 · SSM체인 · 유흥주점 NO!

CHAPTER 5

적자경영을 흑자경영으로 바꿀
기업·CEO 세테크

지도를 펼치면
절세가 보인다

정부가 세금을 감면해 주는 사유는 다양하다. 중소기업이기 때문에, 연구개발 활동을 장려하기 위해, 투자 촉진 목적으로, 기업의 원활한 구조조정을 지원하기 위해 다양한 조세감면이 이뤄진다. 그 중에서 국가를 균형 있게 발전시키고 수도권과 지방의 격차를 해소하기 위해 지방의 일정 지역에 한해 감면을 부여하는 지역특구세제(「조세특례제한법」)가 있다. 지금 창업 또는 사업장 이전을 계획하고 있다면 지도를 펼쳐보길 바란다. 지도 안에 다양한 세제 지원 혜택이 있다.

🏛 위기지역 창업, 5년간 세액 100% 감면

첫 번째로, 위기지역 창업기업 세액 감면이다. 일반 창업중소기업에 대해서는 5년간 50%의 감면을 적용하지만, 위기지역에 대해서는 창업을 통한 경제활성화를 지원하기 위해 그 감면율을 100%로 상향해 적용한다. 다만, 위기지역 지정일 전에 창업한 경우에는 제외된다는 사실에 주의해야 한다. 위기지역에 대한 신규 투자를 지원하기 위해 중소기업이 사업용자산에 투자하는 경우 투자세액공제의 공제율을 3%에서 10%로 상향해 적용한다. 중견기업도 지방 공제율을 2%에서 5%로 상향한다.

▼ 산업위기 대응 특별지역

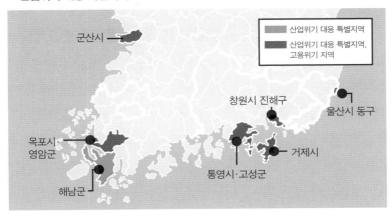

구분	지정 기간	지정 지역
산업위기 대응 특별지역	2018년 4월 5일~ 2020년 4월 4일	군산시
	2018년 5월 29일~ 2021년 5월 28일	울산시 동구, 창원시 진해구, 거제시, 통영시, 고성군, 목포시, 영암군, 해남군
고용위기 지역	2018년 4월 5일~ 2020년 4월 4일	울산시 동구, 군산시, 창원시 진해구, 거제시, 통영시, 고성군
	2018년 5월 4일~ 2020년 5월 3일	목포시, 영암군

🏛 지방 중소기업 특별지원지역에 입주한 중소기업, 5년간 세액 50% 감면

두 번째로, 농공단지 입주기업에 입주해 농어촌소득개발사업을 하거나 또는 지방중소기업 특별지원지역에 입주해 사업을 하는 중소기업에 대해서는 5년간 세액 50%를 감면한다. 농공단지 현황은 한국산업단지공단 홈페이지(www.kicox.or.kr)에서 조회 가능하다.

세 번째로, 기업도시개발구역, 낙후형 지역개발사업구역, 여수

그림 1 ▼ 지방중소기업 특별지원지역

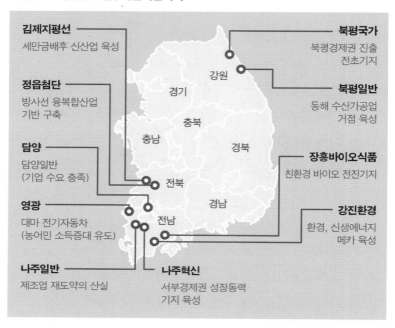

김제지평선
세만금배후 신산업 육성

정읍첨단
방사선 융복합산업
기반 구축

담양
담양일반
(기업 수요 충족)

영광
대마 전기자동차
(농어민 소득증대 유도)

나주일반
제조업 재도약의 산실

나주혁신
서부경제권 성장동력
기지 육성

북평국가
북평경제권 진출
전초기지

북평일반
동해 수산가공업
거점 육성

장흥바이오식품
친환경 바이오 전진기지

강진환경
환경, 신생에너지
메카 육성

경기
강원
충북
충남
경북
전북
경남
전남

그림 2 ▼ 지역 활성화 지역과 폐광지역 진흥지구

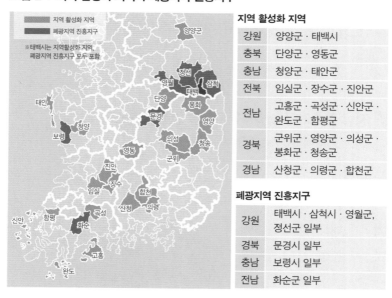

■ 지역 활성화 지역
■ 폐광지역 진흥지구

※태백시는 지역활성화 지역,
폐광지역 진흥지구 모두 포함

지역 활성화 지역

강원	양양군 · 태백시
충북	단양군 · 영동군
충남	청양군 · 태안군
전북	임실군 · 장수군 · 진안군
전남	고흥군 · 곡성군 · 신안군 · 완도군 · 함평군
경북	군위군 · 영양군 · 의성군 · 봉화군 · 청송군
경남	산청군 · 의령군 · 합천군

폐광지역 진흥지구

강원	태백시 · 삼척시 · 영월군, 정선군 일부
경북	문경시 일부
충남	보령시 일부
전남	화순군 일부

해양박람회특구의 세액 감면이다. 다만, 이 지역에는 일정 규모 이상의 금액을 투자해야 하며 고용인원 요건을 추가로 충족해야 한다. 예를 들어 제조업의 경우에는 20억원 이상 투자해야 하며, 30명 이상을 고용해야 한다.

기업도시개발구역은 충주, 원주, 태안, 영암·해남에서 시행 또는 추진 중에 있다. 낙후형 지역개발사업구역(지역 활성화 지역)은 2015년에 그림 2와 같이 지정됐으며 지정기간은 고시일로부터 10년이다. 또한 관광숙박업과 종합휴양업·축산업을 폐광지역 진흥지구에서 경영하는 경우에도 2025년 12월 31일까지 감면받을 수 있다.

여수박람회 특구는 전라남도 여수시 덕충동·수정동 일원의 해양박람회 특구 내 조성된 전시시설(박람회장)·전시지원시설(엑스포역·에너지파크·여객터미널 등)을 대상으로 한다.

🏛 연구개발특구에 입주하는 첨단기술기업, 법인세 또는 소득세 3년간 100% 감면

네 번째로, 연구개발특구에 입주하는 첨단기술기업 등에 대한 감면이다. 입주한 첨단기술기업과 연구소기업이 생명공학산업·정보통신산업·정보통신서비스제공산업 및 첨단기술 및 첨단제품과 관련된 사업을 영위하는 경우에 법인세 또는 소득세를 3년간 100%, 그다음 2년간 50%를 감면한다. 연구개발특구는 2005년 대덕특구가 최초로 지정됐으며, 이후 2011년 광주특구 및 대구특구, 2012년 부산특구, 2015년 전북특구가 추가로 지정됐다.

이외 지역특구조세특례를 지역 중심으로 간략히 살펴보자. 제주
국제자유도시 육성을 위해 제주시 아라동에 소재한 제주첨단과학
기술단지 입주기업에 대한 세액 감면, 제주투자진흥지구에 대한 세
액 감면이 있다. 그리고 광주광역시의 KDB생명빌딩·국립아시아
문화전당권역·CGI센터권역 등 3곳을 아시아중심문화도시 투자진
흥지구로 지정해 출판·방송업 등에 대해 세액 감면하고, 부산 문현
금융중심지의 창업기업 등에 대해서도 세액을 감면한다. 또한 충북
오송과 대구경북의료복합단지의 보건의료기술 관련 사업을 영위
하는 입주기업을 세제 지원한다.

▼ **지역특구조세특례 지역**

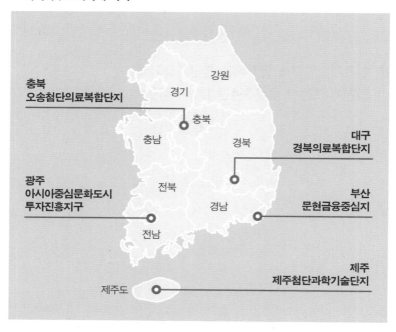

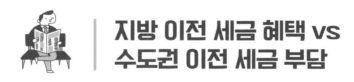

지방 이전 세금 혜택 vs 수도권 이전 세금 부담

🏛 지방 이전 기업이 알아야 할 세금 혜택

정부는 균형발전과 수도권 인구분산을 위해 지방으로 본사나 공장을 이전하는 기업에 다양한 세금 혜택을 주고 있다. 지방으로 이전하는 기업은 교통·금융·인력충원 등 재무적·비재무적 비용 측면에서 불이익을 볼 수 있지만, 기업에 대한 세금 혜택은 이러한 비용을 줄여주는 역할을 하므로 긍정적이다.

하지만 지방 이전 기업이 세금 혜택을 받기 위해 충족해야 하는 조건은 다양하고 복잡하다. 지방 이전 기업들이 가장 많이 활용하는 지방 이전 법인 세제 지원제도(「조세특례제한법」 제63조의2)를 중심으로 지방 이전 기업이 받을 수 있는 세제 지원에 대해 살펴보자.

양도세 5년간 분납, 취득세와 재산세 감면,
법인세는 이전 후 6년간 면제 그 후 3년간 50% 감면

지방 이전 기업은 먼저 지방으로 이전하기 위해 매각한 수도권 본사나 공장(대지·건물)의 양도차익에 대한 세금 부담을 덜 수 있다. 수도권 부동산은 상대적으로 양도차익이 클 수밖에 없다. 기업의 지방 이전에 따른 수도권 부동산의 양도차익은 양도일이 속하는 사업연도 종료 후 5년(사업연도)이 지난 후부터 5년 동안 나눠낼 수 있다. 예컨대 2019년에 지방으로 이전한 기업의 수도권 부동산 양도차익은 2025년부터 2029년까지 5년간 분납할 수 있다. 이전 초기 재정 부담을 줄여주는 혜택이다.

또 지방으로 이전해 새로 취득한 부동산에 대해서는 취득세와 재산세 감면 혜택을 받는다. 기존 과밀억제권역에 있는 본점이나 대도시에 있는 공장시설을 매각하거나 임차를 종료하고 대도시 외의 지역으로 이전하는 경우, 사업을 직접 하기 위해 취득하는 부동산에 대해서는 취득세를 면제하고 재산세는 5년간 면제한 후 3년간은 50%를 감면받는다.

특히 법인세 감면 혜택은 크다. 지방으로 공장과 본사를 이전한 이후 최초 소득발생 사업연도와 이후 6년간은 법인세가 면제되며, 그 후 3년간도 50%를 감면받는다.

사업 중단하거나 업종을 변경하면 세금 혜택 취소되기도

하지만 일정기간 내에 사업을 폐지하거나 법인이 해산하면 세금 혜택이 취소되며, 이전 이후 여전히 수도권에서 본사업무를 수행하거나 공장시설이 유지되는 경우에도 본사나 공장이 이전하지 않았다고 보고 기존에 줬던 세금 혜택까지 추징된다.

따라서 기업의 지방 이전에는 장기적이고 세심한 계획과 준비가 필요하다. 특히 이전 시기는 수도권에서 본사나 공장을 계속 운영한 기간을 고려해 결정해야 한다. 세금 혜택을 받기 위해서는 이전 전에 일정기간(3년, 중소기업의 경우 2년도 가능) 이상 본사나 공장시설을 계속 운영해야 한다. 세금 혜택은 건물과 대지의 소유여부와 무관하게 적용되며, 신공장으로 이전 과정에서 일시적으로 공장시설의 운영을 중단하는 경우에는 계속 운영한 것으로 본다.

업종에 대한 제약도 있다. 부동산업·건설업·소비성서비스업 등을 영위하는 법인은 지방 이전에 대한 세금 혜택을 받을 수 없다. 다만 본사 이전 전후에 동일업종을 유지해야 하는지는 제도마다 차이가 있다. 지방 이전 법인(「조세특례제한법」 제63조의2) 세제 혜택은 이전 전후에 동일업종을 유지할 필요는 없으나 지방 이전 중소기업(「조세특례제한법」 제63조) 세제 혜택은 동일업종을 유지해야 한다.

임직원수의 변화도 중요하다. 이전 후 본사 인원이 이전 전 본사 인원보다 많을수록 더 많은 세금 혜택을 받을 수 있다. 특히 이전한 본사에서 상시적으로 근무하는 임원 수를 유지하는 것이 중요하다. 이러한 임원이 전체 임원 중 50% 이상 유지되지 않으면 그 이후 세금 혜택은 없다.

공장 이전은 공장 전체의 이전이 아니라 공장시설 전부의 이전을 의미한다. 즉, 공장의 여러 라인 중 하나의 라인만 이전해도 공장 이전으로 인정받을 수 있다. 여기서 공장시설은 원재료 투입공정으로부터 제품생산 공정까지 독립적으로 작업을 할 수 있는 제조설비를 말한다. 하지만 실제 제조활동이 없는 경우에는 세금 혜택을 받을 수 없다. 예를 들어, 제조활동을 대부분 외주로 진행하는 경우에는 세금 혜택이 적용되지 않는다.

독립적인 생산라인으로 이루어진 공장시설을 단계적으로 이전한 경우에는 먼저 이전한 생산라인의 사업개시일부터 2년 이내에 구공장이 양도·철거·폐쇄돼야 한다. 2년 이내에 이전을 마쳐야 한다는 것이다. 만약 2년 이내에 양도 등을 하지 않는 경우에는 세금 혜택을 받을 수 없다. 물론 2년 이내에 양도 등을 한 경우에는 각각의 생산라인에서 발생한 소득에 대해 세금 혜택이 가능하다.

만약 법인세 감면 혜택을 받는 법인이 감면대상사업과 다른 사업을 겸영하는 경우에는 각각 다른 회계로 구분해서 기록해야 한다. 또한 법인세 감면 혜택을 받을 경우에는 투자세액공제를 동시에 적용받을 수 없다는 점도 알아두자.

🏛 수도권 이전 기업이 알아야 할 세금 부담

기업은 여러 이유로 본사나 공장을 옮긴다. 좋은 인력 채용, 거점 확보, 유통비용 절감, 다른 기업들과 협업이나 정보교류 등 이유는 다양하다. 특히 수도권으로 이전은 기업에 필요한 자원과 정보에 쉽게 접근할 기회를 주고, 생산한 재화나 용역을 공급할 수 있는 큰 시장을 제공한다는 점에서 매력적이다.

하지만 수도권으로 이전하려는 기업은 수도권집중을 억제하는 규제를 받을 수 있다. 우리나라의 수도권 규제정책은 1964년 '대도시 인구집중방지책' 이후 현재까지 지속되고 있다. 이 중 세금정책의 골자는 수도권 이전 기업에 대해 세금 부담을 늘리는 것이다.

취득세 중과세, 등록면허세 3배

우선 신경써야 할 것은 수도권에서 취득하는 재산에 대한 취득세 중과다. 대도시(수도권과밀억제권역에서 산업단지를 제외함)로 이전하는 법인은 재산의 취득과 관련된 세금 부담이 늘어난다. 법인의 본점·주사무소·지점·분사무소(이하 본점 등)를 대도시 밖에서 대도시로 전입함에 따라 대도시의 부동산을 승계취득하는 경우에는 표준세율 4%가 아니라 중과된 8%의 세율로 취득세가 적용된다. 대도시 밖에서 대도시로 건물을 신축해 이전하는 경우에도 표준세율 2.8%가 아니라 중과된 8.4%의 세율이 적용된다. 취득세에 더해 지방교육세와 농어촌특별세도 과세된다.

특히 대도시 밖에 있는 법인의 본점·주사무소를 대도시로 전입한 경우, 이를 법인 설립으로 보아 설립에 관한 등록면허세에 3배를 납부해야 한다. 게다가 이미 납부한 설립관련 등록면허세도 공제되지 않는다. 대도시로 전입한 이후에도 5년 내에 자본이나 출자액이 증가하는 경우엔 중과된다는 점을 유의해야 한다.

대도시 전입 전후 5년 이내에 취득한 부동산도 취득세 중과세 적용 대상이 될 수 있다. 대도시 전입 이전 5년 이내에 본점 등으로 직접 사용하기 위해 취득한 부동산은 전입시 취득세가 중과된다. 다만 임대·매각 목적으로 취득한 부동산은 중과세되지 않는다.

본점 등의 대도시 전입 이후 5년 이내에 취득한 부동산은 업무용·사업용 여부와 관련 없이 모두 중과세될 수 있다. 전입 후 5년이 경과한 이후에 취득한 부동산은 중과세되지 않지만, 수도권에서 본점·주사무소용 건축물을 신·증축해 취득하면 동일한 수도권 안에 있던 기존 본점·주사무소에서 이전해 오는 경우라고 해도 취득세 중과 대상이 된다.

뿐만 아니다. 서울이 아닌 대도시에서 서울로 본점 등을 이전하는 경우에도 취득세가 중과될 수 있다. 대도시 전입 이후에 대도시 안의 다른 곳으로 이전하는 경우에는 취득세를 중과하지 않는다. 서울이 아닌 대도시에서 서울로 본점 등을 이전하는 경우에는 대도시로의 이전으로 보기 때문이다. 이때 본점은 본점등기 여부를 기준으로 판단하는 것이 아니라 중추적 관리기능의 수행여부를 기준으로 판단한다. 본점은 기획·재무·총무 등 법인의 전반적인 사업을 수행하고 있는 곳인 영리법인의 주된 사무소를 의미한다. 다수의 사업 분야를 목적사업으로 하고 있는 경우 각 사업부분의 총괄·조정·사업전략 등의 기능도 본점기능으로 본다.

산업단지로 이전하는 경우에는 중과세 폭탄 피할 수 있어

물론 수도권 취득재산 중과세에도 예외는 있다. 이전 법인의 본점 등을 수도권에 있는 산업단지로 이전하는 경우는 중과세를 피할 수 있다. 대도시에 있는 벤처기업집적시설·산업기술단지에 입주한 기업에 대해서는 취득세·등록면허세·재산세를 중과하지 않는다. 또한 이전한 법인이 은행업·첨단기술산업·유통산업·사회기반시설사업·의료업·전기통신사업 등 대도시 중과제외 업종에 직접 사용할 목적으로 취득한 부동산에 대해서도 취득세를 중과하지 않는다.

대도시로 이전했지만 재산 취득 관련 세금을 줄일 수도 있다. 최초로 해당 지식산업센터를 분양받은 중소기업이 사업시설용으로 직접 사용하기 위해 취득하는 부동산에 대해서는 취득세의 50%를, 사업시설용으로 직접 사용하는 부동산에 대해서는 재산세의 37.5%를 경감한다. 또한 창업벤처중소기업은 수도권과밀억제권역에서 부동산을 취득해도 창업일 당시 업종의 사업을 계속하기 위해 취득한 경우에 해당된다면 창업일부터 4년(청년창업기업의 경우 5년) 이내에 취득하는 부동산에 대해서는 취득세의 75%를 경감한다.

한편, 수도권 밖에서 얻을 수 있었던 세금 혜택을 잃는다는 부분도 알아야 한다. 수도권 이전 기업은 투자세액공제를 더 이상 받지 못할 수 있기 때문이다. 수도권과밀억제권역으로 이전하는 기업이 그 지역에 있는 새 사업장에서 사용하기 위해 취득하는 사업용 고정자산에 대해서는 연구시험용시설등 투자에 대한 법인세·사업소득세 세액공제(1~5%)와 신성장기술사업화시설 투자에 대한 법인세·사업소득세 세액공제(5~7%)가 적용되지 않는다. 다만 중소기업은 수도권으로 이전해도 이들 세금 혜택을 계속 적용받을 수 있다.

세금 다이어트엔
부설연구소 설립이 답!

🏛 만족스러운 절세 효과를 보장하는 R&D 세액공제

기업들이 가장 많이 사용하고, 조세 절감 효과도 큰 조세특례를 꼽자면 연구인력개발비(R&D) 세액공제를 들 수 있다. R&D 세액공제는 투자나 고용 인원의 증가가 아닌 연구인력개발비라는 비용에 대한 세액공제라는 점에 특색이 있다. 비경상적으로 발생하는 거액의 투자가 아닌, 경상적으로 매년 발생하는 비용을 공제 대상으로 하기 때문에 실제로 적용하는 기업이 많은 조세특례다.

또한 중소기업의 R&D 세액공제는 '최저한세(最低限稅)' 적용 대상에서 제외된다는 점에서 세금을 전혀 납부하지 않는 경우도 종종 볼 수 있다. 최저한세란 납세자가 감면 등을 적용받은 후 세액이 일정 수준, 예컨대 중소기업은 과세표준의 7%에 미달하는 세액에 대해서는 더 이상 감면을 적용하지 않는 제도를 가리킨다. 그런데 중소기업의 R&D 세액공제는 최저한세도 적용되지 않으므로, 과세표준에 세율을 곱해서 산출되는 세액보다 공제세액이 더 많다면 세금을 납부하지 않는 경우가 발생할 수 있다.

그리고 중소기업의 당기에 발생한 R&D 비용 공제율은 25%로 매우 높다. 또한 일반적인 세액공제를 받을 때에는 공제세액의 20%를 농어촌특별세로 납부해야 하지만, R&D 세액공제는 농어촌특별세를 납부할 필요도 없다.

🏛 인적·물적 요건 갖춘 연구소 필요
인증받은 다음부터 비용 공제

조세 절감 효과가 큰 만큼 기업들은 조세특례를 검토할 때 우선적으로 R&D 세액공제를 고려한다. R&D 세액공제를 받으려면 어떠한 절차가 필요할까?

먼저 연구인력개발비의 공제 대상을 살펴보자. 공제 대상은 자체연구개발비와 위탁공동연구개발비·기타연구비다. 다만 정부출연금 등으로 받은 연구개발비는 제외한다. 그 중에서 금액 비중이 높은 항목을 보자면 인건비와 부품 등의 재료비다.

인건비와 재료비를 세액공제받기 위해서는 첫 번째로 기업부설연구소 또는 연구개발전담부서를 그 기업에 설치해야 한다. 기업부설연구소의 경우 기업 규모에 따라 연구전담요원 2~10명 이상이 근무해야 하지만, 이보다 요건을 완화한 연구개발전담부서는 1명 이상만 근무하면 된다.

또한 연구요원 등이 상시 근무하는데 필요한 일정한 면적 이상을 확보해야 하며, 고정된 벽과 별도 출입문으로 다른 부서와 구분해 독립적인 공간을 확보해야 하는 게 원칙이다. 다만 반드시 독립된 별도의 건물일 필요는 없으며, 다른 부서와 사무실이 분리돼 있으면 된다.

이러한 인적 요건과 물적 요건 등을 갖추고 한국산업기술진흥협회에 신청하면 심사를 통해 인증서를 발급받는다. 바로 이 인증서가 R&D 세액공제를 받기 위한 첫 관문이자 가장 중요한 서류다.

주의할 점은 신고일 이후 발생하는 비용만 세액공제를 적용받을 수 있으며, 연구소 등 승인 이전 비용을 소급하여 공제받을 수 없다. 따라서 연구소 등 요건을 갖추었다고 판단되면 가급적 빠른 시일 내에 절차를 진행해 인증서를 받아야 공제세액을 온전히 지켜낼 수 있다.

두 번째로 연구소 또는 전담부서에서 종사할 연구요원과 연구보조원을 고용해 연구개발활동을 수행해야 한다. 이 경우, 연구개발과제를 직접 수행하거나 보조하지 않고 행정·관리 업무를 담당하는 연구관리 직원은 공제 대상이 아니다. 연구요원 등은 전업적으로 연구개발업무를 수행해야 하며 연구소 등 소속 인력으로 한국산업기술진흥협회에 연구요원으로 신고돼야 한다. 다만, 자격 요건을 갖추지 못해 연구요원으로 신고되지 않았더라도 실질상 전업적으로 연구개발 관련 업무에 종사했다면 공제 대상에 포함할 수 있다.

세 번째로 연구소 등의 연구요원 등에게 인건비를 지급해야 한다. 급여·수당·상여금 등은 원칙적으로 인건비에 포함되지만 퇴직금은 제외한다. 또한 연구요원 등의 복리후생비·출장비·여비교통비·회의비 등도 제외한다.

실무상 간과하기 쉬운 항목을 보자면 국민연금보험료·건강보험료 및 고용보험료 사용자부담금 등 4대 사회보험의 사용자 부담금이 있다. 해당 사용자 부담금을 급여 등이 아닌 복리후생비로 회계처리한 경우에도 R&D 세액공제를 받을 수 있다.

또한 연구소 또는 전담부서를 설치하면 해당 연구소 등에서 연구용으로 사용하는 견본품·부품·원재료와 시약류 구입비도 공제받을 수 있다. 2019년부터는 콘텐츠 분야에 사용되는 창작용 소프트웨어와 서체·음원·이미지의 대여·구입비도 재료비에 추가됐다.

R&D 세액공제는 안정적인 R&D 활동을 통해 기업의 경쟁력을 높이면서 동시에 만족스러운 절세 효과를 기대할 수 있는 조세특례다.

재무제표에서 '진짜 법인세'는 바로 여기!

🏛 법인세는 기업회계를 세무회계로 바꾸는 세무조정의 결과

법인세는 법인(기업)이 소득에 대해 부담하는 세금이다. 개인이 소득에 대해 소득세를 내듯이 기업 또한 벌어들인 소득에 대해 법인세를 낸다. 그래서 법인세를 '법인소득세'라고도 부른다. 그런데 기업이 얼마의 소득에 대해 얼마의 세금을 냈는지를 정확히 파악하기는 쉽지 않다. 상장사의 경우 재무정보를 비교적 상세하게 공시하지만 기업의 재무상태를 기록하는 기업회계와 법인세를 계산하는 세무회계가 서로 다르기 때문이다.

진짜법인세

재무제표	제 50 기 제 49 기 제 48 기	2016. 12. 31 제 50 기	제 49 기 38,906,190	24,901,464
		44,341,217	41,350,471	11,579,749
		53,596,311	28,800,837	14,910,093
현금흐름		32,815,127	18,012,976	(1,588,378)
서 창출된 현금흐름		27,095,149	(5,463,342)	622,118
기순이익		(6,313,965)	491,501	(208,010)
조정		459,074	(265,364)	903,758
영업활동으로 인한 자산부채의 변동		(343,270)	1,118,779	(2,234,526)
이자의 수취		779,567	(3,789,197)	(14,240,450)
이자의 지급		(10,150,465)	(28,118,806)	(1,407,068)
배당금 수입		(31,678,548)	2,960,592	3,010,003
법인세 납부액		(7,203,807)		700,000
투자활동 현금흐름			1,700,000	(1,700,000)
단기금융상품의 순감소(증가)			(500,000)	692,547
단기매도가능금융자산의 처분		(1,860,000)	98,265	(477,744)
장기금융상품의 취득			(163,765)	
장기매도가능금융자산의 처분				
기매도가능금융자산의 취득				

예를 들어 1억원의 접대비를 썼는데 「세법」에서는 5000만원밖에 인정받지 못하는 경우 회계처리는 문제 없더라도 세금 부담은 늘어난다. 또 건물 감가상각비처럼 내용연수 판단에 따라 세금 부담의 시기가 달라질 수도 있다.

이번 회계연도에 발생한 일이지만 세금 부담은 나중에 발생할 수도 있는 것이다. 회계처리상으로는 나중에 법인세 부담을 줄여주는 것은 이연법인세자산, 나중에 법인세 부담을 늘리는 부분은 이연법인세부채로 구분하는데, 이것 역시 실제 내거나 받을 세금을 '추정'한 금액이다.

하지만 실제 국세청에 낼 세금은 「세법」에 따라 명확해야 한다. 이에 따라 기업들은 세금을 내기 위해 기업회계를 세무회계로 바꾸는 세무조정 작업을 하는데, 세무조정 내용은 공시되지 않는다. 세무조정 내용은 개별 납세정보이기 때문에 당사자 기업과 세금 신고를 받은 국세청만이 알 뿐이다.

이런 점을 고려하면 현실적으로 외부인이 기업의 실제 법인세 부담을 확인할 수 있는 가장 확실한 방법은 기업 사업보고서의 현금흐름표에 있는 '법인세 납부액'을 확인하는 것이다. 실제 해당 사업연도 중 기업이 국세청에 현금으로 납부한 세금총액이기 때문이다.

🏛 재무제표에서 '법인세 납부액'이 실제로 낸 세금

그렇다면 법인세 납부액은 어떻게 구성될까? 우선 두차례의 법인소득에 대한 법인세 납부액이 포함된다.

12월 말 결산법인을 기준으로 보면 2018년 소득에 대해 2019년 3월 말에 신고납부하는 것이 기본이지만 법인세는 '중간예납'이라는 중간정산제도도 있어서 상반기 소득은 8월 말에 중간예납하고 하반기 소득은 다음해 3월에 신고납부한다. 중간예납은 상반기 소득을 정산하지 않고 전년도에 낸 세금의 절반을 뚝 잘라서 낼 수도 있다.

여기에 수시적인 변수로 내는 세금도 있다. 세무조사 후 추징되는 세금이다. 반대로 이미 냈던 세금을 경정청구를 통해 돌려받는 경우도 있을 수 있다.

결국 기업이 지난해 실제 납부한 법인세액(12월 말 결산법인 기준)은 3월 법인세 신고납부분, 8월 법인세 중간예납액(이자나 배당에 대한 원천세액 포함), 그리고 연중 수시로 발생하는 추징액이나 환급액의 합계라고 할 수 있다. 현금흐름표상 '법인세 납부액'이다.

법인세 용어의 이해
- 법인세 비용 : 회계상 이익으로 산출한 법인세 부담액 합계
- 이연법인세자산 : 회계상 이익으로 산출한 미래에 줄어들 법인세 부담액
- 이연법인세부채 : 회계상 이익으로 산출한 미래에 늘어날 법인세 부담액
- 미지급 법인세 : 「세법」상 내야 하지만 일정상 아직 내지 않은 법인세
- 법인세 납부액 : 「세법」상 국세청에 이미 현금으로 낸 법인세

중소기업 사장님, 세무조사 걱정 말고 사업하세요

🏢 국세청, 매출 1500억 미만 기업 정기세무조사 배제

기업 입장에서는 세무조사만큼 두려운 것이 없다. 당장 세무조사를 수검하면서 영업에 차질이 생기는 것은 물론 그 결과에 따라 상당한 경제적 손실을 부담하는 것이 일반적이기 때문이다. 기업의 잘잘못을 떠나 세무조사 자체는 기업을 물적·심적으로 위축시킨다. 앞으로는 대기업과 중견기업만이 5년에 한 번씩 받는 과세당국의 정기세무조사 대상이 된다. 정기세무조사 대상이 되는 기준을 2019년부터 연매출 1500억원 이상으로 높였기 때문이다.

국세청은 법인세 정기세무조사의 선정 대상 수입금액(매출액) 기준을 1000억원 이상에서 1500억원 이상으로 완화하는 내용의 법

▼ 법인세 정기조사 대상 선정 기준 변화

개정시기	대상(수입금액)	선정주기
2010년 3월 2일	- 매출 5000억원 이상	4년
2012년 3월 12일	- 매출 5000억원 이상	5년
2013년 12월 27일	- 매출 3000억원 이상	5년
2016년 12월 27일	- 매출 1000억원 이상 - 매출 500억원 이상(대기업계열, 자산 2000억원 이상, 전문인적용역법인)	5년
2019년 2월 1일	- 매출 1500억원 이상 - 매출 500억원 이상(대기업계열, 자산 2000억원 이상, 전문인적용역법인)	5년

인세 사무처리규정을 2019년 2월 1일부터 시행했다.

국세청은 매년 연초에 법인세 정기세무조사 대상을 선정한다. 이번 개정안으로 연매출 1500억원 미만 법인들은 2019년 법인세 정기세무조사 선정 대상에서 빠진다. 기준을 1500억원으로 결정한 것은 중견기업 기준이 연매출 1500억원 이상(최근 3년 평균)인 것이 참고된 것으로 보인다. 대기업과 중견기업을 제외하고는 정기적인 세무조사는 원칙적으로 하지 않겠다는 의미다.

🏛 중소기업은 비정기조사도 축소

국세청은 별도 통계를 집계하지 않지만, 통계청의 매출액 규모별 기업수를 보면 연매출 1000억~1500억원인 기업은 2016년 기준으로 1102곳이다. 따라서 개정안이 시행되면 2019년 정기세무조사 대상으로 선정될 수 있는 법인의 수도 1100여개가 줄어든다고 볼 수 있다.

하지만 5년 전에 비해서는 정기세무조사 대상이 많은 게 사실이다. 2013년만 하더라도 연매출 5000억원이 넘는 대기업들만을 대상으로 했기 때문이다. 연매출 5000억원이 넘는 기업은 2013년 기준 686곳으로 전체 법인세 신고사업자(48만2574개)의 0.001%에 불과하다. 2017년 기준으로도 0.001%(64만5061개 중 754곳)에 그칠 정도로 범위가 좁다.

그런데 정기세무조사 선정 범위는 박근혜 정부에서 세수입 부족을 겪으면서 갑자기 확대되기 시작했다. 2014년에 연매출 3000억원 이상으로 확대했고, 2017년에는 1000억원 이상까지 늘렸다. 특히 2017년부터는 대기업 계열사(상호출자제한기업집단 소속)와 총자산 2000억원이 넘는 기업은 연매출이 500억원만 넘어도 포함시켰다. 이에 따라 2013년 이후 전체적인 법인사업자수 대비 정기세무조사 건수는 꾸준히 줄어드는 감소 추세를 보이는 가운데서도 매출 1000억~5000억원 기업은 2014년과 2017년에 각각 세무조사 받은 기업 수가 일시적으로 늘어나는 모습을 보였다. 1000억~5000억원 기업 세무조사 비율은 2013년 18%에서 2014년 20.5%로 늘었고, 이후 2015년 19.1%, 2016년 15.4%로 줄었다가 2017년에 다시 16.9%로 반등했다.

같은 기간 전체 기업의 세무조사 비율이 2013년 0.95%, 2014년 0.94%, 2015년 0.89%, 2016년 0.81%, 2017년 0.71%로 계속해서 줄어든 것과 비교하면 조사 대상 선정 범위의 변화가 실제 해당 기업들의 조사건수에 미치는 영향이 확인된다.

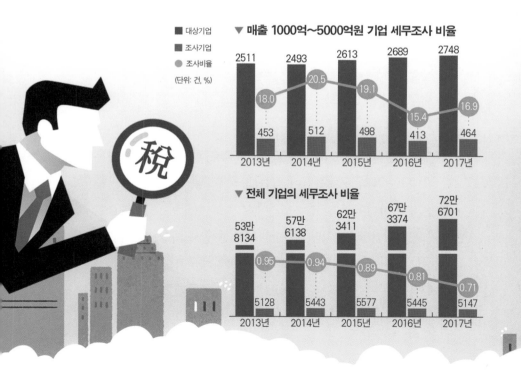

■ 대상기업
■ 조사기업
● 조사비율
(단위: 건, %)

▼ 매출 1000억~5000억원 기업 세무조사 비율

	2013년	2014년	2015년	2016년	2017년
대상기업	2511	2493	2613	2689	2748
조사기업	453	512	498	413	464
조사비율	18.0	20.5	19.1	15.4	16.9

▼ 전체 기업의 세무조사 비율

	2013년	2014년	2015년	2016년	2017년
대상기업	53만8134	57만6138	62만3411	67만3374	72만6701
조사비율	0.95	0.94	0.89	0.81	0.71
조사기업	5128	5443	5577	5445	5147

정기조사 대상 선정 범위가 넓어졌을 때 일시적으로 세무조사 건수가 늘어난 것에 비춰보면 조사 대상 선정 범위가 좁혀질 경우 1000억~1500억원 구간 법인의 세무조사 건수가 줄 것이라는 예측도 가능하다.

　다만 연매출 1000억~1500억원 사이의 법인이라도 대기업 계열이거나 자산 2000억원 이상인 경우, 그리고 오랜 기간 정기세무조사를 받지 않은 장기미조사법인인 경우에는 앞으로도 정기조사 대상에 포함될 수 있다.

　정기조사 외에 조세포탈 혐의가 확인되거나 탈세제보 등에 의한 비정기적인 세무조사를 받을 가능성도 있지만 최근 비정기조사 축소방침에 따라 비정기조사를 받을 가능성은 낮아지고 있다. 국세청은 비정기조사의 비중을 2015년 49%에서 2018년 40%까지 낮췄고, 2019년엔 더 낮출 계획이다. 비정기조사 전담부서인 서울지방국세청 조사4국 인원도 2018년부터 200명 이하로 축소했다.

🏛 세무조사 후 6번의 기회

세무조사 결과를 받아들일 수 없다면 어떻게 해야 할까? 세무조사 불복 절차는 복잡하고 오랜 시간을 필요로 한다. 세무조사 이후에는 최대 6단계의 구제수단이 있는데, 바로 법원의 판단을 받을 수 있는 것도 아니어서 납세자 입장에서는 그 과정이 여간 복잡한 게 아니라고 생각할 수 있다. 특히 과세관청이 세무조사를 마친 경우에는 그 조사를 마친 날부터 20일 이내에 세무조사의 결과를 통지하게 되고, 이때부터 불복절차별로 고유의 불복기한이 있으므로 주의가 필요하다.

▼ 세무조사 이후 구제 단계

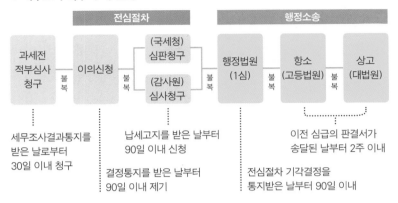

우선, 세무조사결과통지에 불만이 있는 납세자는 그 통지를 받은 날부터 30일 이내에 과세전적부심사를 청구할 수 있다. 과세전적부심사를 청구하지 않는다면 과세표준 및 세액을 조기에 결정하거나 경정결정해 줄 것을 신청할 수 있다.

과세관청은 과세전적부심사청구에 대해 원칙적으로 30일 이내에 심사를 거쳐 결정하고 그 결과를 납세자에게 통지하도록 되어 있다.

과세전적부심사에서 불채택 결정이 있거나 납세자가 조기 결정 신청을 하는 경우에는 과세관청의 납세고지(부과처분)로 구체적인 납세의무가 확정된다. 그런데 이러한 납세고지에 불만이 있는 경우 그것이 국세에 대한 것이면 바로 행정소송을 제기할 수는 없고 전심절차를 거쳐야 한다.

「국세기본법」에 근거해 국세청에 심사청구를 하거나 조세심판원에 심판청구를 할 수 있고, 「감사원법」에 따라 감사원에 심사청구를 할 수도 있다. 납세자는 이 중 어느 하나를 선택할 수 있는데, 「국세기본법」에 따른 심사청구와 심판청구 이전에는 세무서장 또는 지방국세청장에 대한 이의신청을 먼저 할 수도 있다.

전심절차를 밟기 위해서는 정해진 신청 기한을 지켜야 한다. 이의신청을 거치는 경우에는 그 결정통지를 받은 날부터 90일 이내에 심사청구 또는 심판청구를 제기해야 하고, 심사청구 또는 심판청구는 모두 납세고지를 받은 날로부터 90일 이내에 그 신청서가 제출되어야 한다. 이 기한을 경과하면 납세자는 더 이상 불복의 기회를 가질 수 없게 된다.

만약 이러한 전심절차에서 납세자의 의견이 받아들여지면 절차는 끝난다. 전심절차들은 행정청을 기속하므로, 과세관청이 전심절차의 결정에 불복하여 행정소송을 제기할 수 없다.

납세자가 전심절차에서 소기의 목적을 달성하지 못하는 경우에는 비로소 행정소송 절차를 밟을 수 있는데, 이때에도 정해진 기한 내에 소를 제기해야 한다. 납세자는 전심절차의 기각결정을 통지받은 날부터 90일 이내에 피고(과세관청)의 소재지를 관할하는 행정법원에 소를 제기해야 한다.

행정소송을 시작한 납세자는 대법원까지 소를 끌고 갈 각오를 해야 한다. 납세자가 행정법원(1심)에서 승소하더라도 과세관청이 상소를 포기하는 경우는 매우 드문 일이기 때문이다. 항소(고등법원)와 상고(대법원)는 이전 심급의 판결서가 송달된 날부터 2주 이내로 해야 한다.

과세전적부심사청구, 이의신청, 심사 또는 심판 청구, 그리고 3심의 행정소송을 모두 합하면, 납세자가 과세관청의 결정에 불복을 할 수 있는 기회는 여섯 번이다. 물론 이 모든 절차를 다 거칠 필요는 없다. 사안에 따라 가장 효율적인 불복절차를 전략적으로 선택해야 한다.

우리사주만 누리는 특별한 세금 혜택

🏛 회사와 종업원이 상생하는 우리사주제도

창업 5년째를 맞는 중소기업 A사는 폭발적인 성장을 기반으로 현재 코스닥 상장을 진행하고 있다. A사 김 대표는 회사의 성장을 위해 고생한 직원들에게 상장의 이익을 나눠주고 싶었다. 먼저 김 대표는 이미 시행하고 있는 스톡옵션을 전직원으로 확대하려고 고민했다. 하지만 종전에 부여한 스톡옵션의 행사가격이 시가에 근접해 있었다는 게 문제였다. 동일한 행사가격으로 스톡옵션을 주게 된다면 상장한다고 해서 당장 직원들에게 돌아갈 이익이 많지 않았다. 그래서 시가보다 낮은 가격에 종업원에게 주식을 배정할 수 있도록 우리사주제도(ESOP : Employee Stock Ownership Plan)를 도입키로 했다.

우리사주제도는 회사와 종업원의 상생을 끌어낼 수 있도록 설계돼 있다. 우리사주제도를 통해 종업원이 자신이 근무하는 회사의 주식을 취득하면 근로의욕이 높아지게 된다. 높아진 근로의욕으로 회사가 성장해 주식 가치가 상승한다면 다시 주식을 보유한 종업원의 재산을 늘릴 수 있는 선순환이 발생한다. 또한 소수 주주에게 자본이 집중되는 폐해를 방지하고 대립적 노사관계에서 노사협력관계를 이끌어 낼 수 있는 장점도 있다.

309

🏛 우리사주조합 출연시 출자금 소득공제, 취득시 이익에 대해 비과세

정부는 우리사주제도 활성화를 위해 출연 시점부터 취득·운용·인출·양도 시점까지 다양한 세금 혜택을 부여하고 있다.

먼저 조합원이 우리사주조합에 출연할 때 출자금을 소득공제한다. 일반기업의 소득공제 한도는 400만원이지만, 벤처기업은 1500만원까지다. 출연시 소득공제된 금액은 우리사주를 인출할 때까지 과세하지 않는 특례를 부여한다.

두 번째로 취득 단계에서는 조합원의 이익에 대해 비과세하고 출연시 소득공제받은 금액과 동일하게 우리사주의 인출 시점까지 과세를 이연하므로, 출연과 취득시점에는 과세되지 않는 장점이 있다.

좀 더 자세히 살펴보면, 우리사주조합원이 조합에 출자하고 우리사주를 취득할 때 출자금액이 400만원 이하인 경우에는 취득가액과 주식의 시가와 차액에 대해서 전액 비과세한다. 출자금액이 400만원 이상인 경우에는 시가의 70%에 상당하는 가액과 취득가액의 차액에 대해서는 근로소득으로 과세하지만, 시가의 70%를 초과하는 금액에 대해서는 비과세한다. 즉, 시가의 30% 상당액은 비과세하는 특례를 준다. 예를 들어 출자금액과 취득가액이 1000만원이고 주식 시가가 2000만원이라면 시가의 70%인 1400만원과 취득가액 1000만원의 차이에 대해서는 근로소득으로 과세하지만, 시가의 30%인 600만원에 대해서는 비과세한다. 물론 벤처기업은 출자하는 경우에도 1500만원을 기준으로 달리 계산하므로 일반업체에 비해 좀 더 큰 혜택이 부여된다.

우리사주를 조합원에게 배정할 때도 비과세한다. 즉, 조합원이 매입해 취득한 우리사주를 조합을 통해 배정받는 경우에는 소득세

▼ **단계별 우리사주조합원 과세특례**

단계	주체	특례 내용
출연	조합원	조합에의 출연금을 소득공제하여 과세이연
	주주등	조합에 대한 기부금의 세액공제 또는 손금산입
	법인	조합에의 출연금 손비 인정
	조합	증여 · 유증받은 재산의 상속증여세 비과세
취득	조합원	우리사주의 취득 · 배정 시 비과세하여 과세이연
	조합원	우리사주 취득 시 증여세 비과세
	법인	주식취득자금 대여액의 인정이자 계산 제외
운용	조합 · 기금	기금 및 우리사주에서 발생한 운용소득 비과세
	조합원	우리사주의 배당소득 비과세
	법인	조합의 운영비 지급 시 손비인정
인출	조합원	과세이연된 주식을 과세하되 보유기간별로 일정금액 비과세
양도	조합원	퇴직 시 조합에 양도하는 경우에 비과세

를 부과하지 않는다. 다만 배정받은 우리사주를 회사가 출연한 경우에는 조합원의 직전 연도 총급여액의 20%와 500만원 중 큰 금액을 한도로 비과세하고, 초과 금액에 대해서는 근로소득세를 과세한다.

세 번째로 출연 단계에서 비과세된 주식은 우리사주를 인출하는 시점에 그 인출금을 근로소득으로 봐 소득세를 부과한다. 그렇지만 여태 과세되지 않았던 금액을 일시에 전부 과세하는 것은 아니다. 장기간 보유한 주식에 대해서는 보유기간과 법인 규모별로 일정 비율을 비과세한다. 2~4년 보유한 경우는 인출금의 50%, 4년이상은 75%를 비과세한다. 게다가 중소기업의 우리사주를 6년 이상 보유한 경우엔 100% 비과세한다.

🏛 회사가 우리사주조합에 출연하는 자사주는 손비로 인정

조합뿐 아니라 회사도 세금 혜택을 받을 수 있다. 우리사주제도를 실시하는 회사가 조합에 출연하는 자사주의 장부가액 또는 금품은 법인의 손비로 인정된다. 또한 그 회사가 우리사주조합 또는 그 조합원에게 주식 취득자금을 대여하는 경우가 있는데, 그 대여금에 대해서 상환할 때까지의 기간은 업무무관 가지급금 인정이자 계산에서 제외한다. 회사가 우리사주조합의 운영비를 지출한 경우에는 복리후생비로 봐 손비로 처리할 수 있다.

우리사주제도는 종업원과 회사가 상생하며 선순환 효과를 불러일으킬 수 있는 제도이기 때문에 많은 세제 혜택이 부여돼 있다. 우리사주제도를 통해 더 많은 종업원에게 혜택이 돌아가기 위해서는 회사가 자기주식 또는 금전을 출연하거나, 우리사주 관리비용을 지급하는 방법이 있다. 회사의 경제적 뒷받침이 제공된다면 종업원의 우리사주제도 참여율을 더 높일 수 있을 것이다.

법인 전환으로
한 단계 도약하기

　　개인사업자로 사업을 하다 보면 법인사업자로 전
환을 고민할 때가 온다고 한다. 아무래도 법인사업자가 개인사업자
보다 대외적인 신인도가 높아 사업자금 융통이 쉽고, 세제 혜택 등
각종 정부 정책 지원도 많이 받을 수 있기 때문이다. 법인 설립 관
련 세무컨설팅 전문가인 앤트세무법인 광화문지점 대표 김예리 세
무사에게 법인사업자 만들기에 대한 꿀팁을 들어봤다.

🏛 법인 전환하면 세금 부담 ↓, 대외신용도 ↑

**법인으로 전환하면
무엇이 좋은가?**
　　보통 소득이 높아지면 법인으로 전환하는 것이
유리하다고 한다. 세율만 보더라도 개인의 소
득세(세율 6~42%)는 소득(과표)이 5억원만 넘어도 42%의 최고세율
을 적용받지만, 법인의 법인세(세율 10~22%)는 과표 200억원까지
도 20% 세율로 세금을 부담하면 된다. 낮게는 과표 1200만원만
넘더라도 개인은 15%, 법인은 10%로 법인세율이 더 낮다.

　　또 개인사업자는 대표와 회사를 동일시하기 때문에 사업에서 발
생한 채무를 대표자가 전부 책임져야 하지만, 법인은 대표자와 회
사를 별개로 인식해서 보유지분만큼만 책임지면 된다. 리스크 부담
이 분배된다는 것이다. 개인사업자와 비교하면 대외신용도도 높일
수 있어 외부투자나 금융기관을 통한 자금조달도 쉽다. 길게 보면

가업승계나 자녀에 대한 주식증여 등을 활용해 상속증여에 대한 세금 부담을 덜 수 있는 것도 장점이다.

다만 법인은 자본금·등기비용 등의 초기 설립비용 부담이 뒤따른다. 개인사업자보다 증빙 관리 등 회계·세무 처리가 다소 복잡해 세무대리 비용도 더 발생한다. 따라서 소규모 사업자의 경우 실익 판단을 잘해서 법인 전환 여부를 결정해야 한다.

법인 전환은 언제 하는 게 좋을까? 업종별로 차이가 있을 수 있다. 일반적으로 성실신고확인 대상이 되기 전에 법인으로 전환할 것을 권하고 있다. 개인사업자는 업종별로 수입금액(매출)이 일정액 이상이면 성실신고확인제도 적용 대상이라고 해서 세무신고도 까다롭고, 국세청에서 일종의 특별관리를 받게 된다. 일단 성실신고확인 대상이 되면 3만원 초과비용의 명세를 철저하게 챙겨야 하고, 배우자 및 직계존비속과 거래도 신고해야 한다. 사업경비에 대해서는 세무조사에 버금가는 검증을 매년 받게 된다.

하지만 법인사업자에게는 이런 부담이 없기 때문에 법인 전환을 권하는 것이다. 2019년부터 소규모 법인도 성실신고확인 대상에 포함됐지만 부동산임대업종에 국한돼 있기 때문에 일반 사업자는 법인 전환 자체로 사실상 성실신고확인을 피할 수 있다.

여기서 중요한 것은 성실신고확인 대상이 되기 전에 미리 법인 전환을 해야 한다는 것이다. 성실신고확인 회피를 막기 위해 일단 성실신고확인 대상이 된 이후에는 법인으로 전환하더라도 3년간은 더 성실신고확인제도 적용을 받도록 하고 있다.

🏛 매출이 급격히 상승하면 법인 전환 고려

법인 전환에 최적의 타이밍은 언제인가? 성실신고확인 대상은 과세 대상 소득이 있는 해에 업종별 수입금액기준이 넘어가면 자동으로 선정되기 때문에 법인 전환 시기를 잘 따져야 한다. 서비스업종은 매출 5억원 이상이면 성실신고확인 대상이 되는데, 예컨데 2월 말 현재 기준으로 봤을 때 5월 말쯤 매출이 5억원을 넘겠다고 판단되면 5월이 되기 전 서둘러 법인 전환을 해야 한다. 특히 신용카드매출이 대부분인 업종은 국세청에 실시간으로 매출이 잡히기 때문에 판단을 미리 할 필요가 있다.

신용카드 매출이 아니라 세금계산서 매출이 주가 되는 사업자라면 1년 동안의 매출 누계액을 주의 깊게 살펴볼 필요가 있다. 만약 누계 매출이 성실신고기준에 근접했다면, 연말 계약건의 경우 당장 매출 세금계산서를 더 발행하기보다는 다음 연도로 이월시키고 법인 전환을 준비하는 것도 하나의 방법이다. 「세법」상 세금계산서 발행시기를 조절하는 것이다.

기본적으로 매출이 지속적으로 오르고 있다고 판단되면 성실신고확인 대상 요건이 되기 2~3년 전부터 법인 전환을 준비하는 것이 가장 좋다. 매출이 오른다고 느껴질 때 법인화를 생각하는 게 포인트다.

개인사업자보다 세금 부담 적고 자금융통 쉬워
지속적으로 매출 상승한다면 법인 전환 적기

업종별로 차이가 있지만 특히 서비스업종은 일정 규모 이상의 매출액이 예상된다면 처음부터 법인으로 시작하는 것이 유리하다. 도소매업은 공장에서 사오는 원가가 있고, 제조업도 원재료 구입 등 비용이 항시 발생하니 세금을 낼 때 세금을 줄여줄 수 있는 큰 비용들이 있다. 하지만 서비스업은 인건비가 주가되고, 용역이 오고가는 일이어서 비용처리할 부분이 많지 않거나 있어도 까다로운 경우가 많다. 광고나 교육·학원·미용 등이 대부분 이런 업종인데, 법인사업자로 시작하면 큰 비중을 차지하는 대표자의 인건비도 비용으로 인정이 되니까 유리하다.

2인 이상이 공동사업을 하는 경우에도 처음부터 법인사업자로 시작하는 것이 좋다. 법인이 아닌 공동사업자는 대표자 중 한명이 빠지거나 하면 폐업사유가 돼 문을 닫아 거래처를 잃는 일이 생기는데, 법인은 설립 후에 갈라서더라도 주식을 양도하고 지분정리만 하면 회사에 영향이 없다.

사실 개인사업자를 법인으로 '전환'하는 것은 좀 복잡하다. 사업체의 재무제표를 결산해서 통째로 법인으로 넘겨야 하기 때문이다. 사업은 물론 상호나 고용된 직원 등이 모두 승계되는 포괄양수도가 이뤄지는 것이다. 사업체를 법인에 양도하는 거래형식이어서 부동산 자산이 있는 경우 양도소득세와 취득세가 발생한다. 법인 전환시 양도소득세는 이월과세되고 취득세는 감면받을 수 있다.

다만 기존 개인사업자의 순자산가액을 평가해서 그 이상으로 자본금을 현금납입해야 하는 자금 부담이 생긴다. 따라서 부동산가액이 매우 큰 경우에는 부동산 자체를 평가해 법인 자본금으로 귀속

시키는 현물출자를 선택하기도 한다. 다만 가치평가는 절차가 복잡하고 기간이 소요되기 때문에 전문가와 충분한 상담 후에 결정하는 것이 좋다.

이런 복잡함 때문에 법인 전환보다는 법인을 추가로 설립한 다음 개인사업의 거래처를 법인으로 서서히 넘기면서 정리를 한 후에 개인사업자를 폐업하는 방법을 택하는 경우가 많다. 기존 개인사업장은 당장 폐업할 수도 있지만 천천히 중심을 이동하며 시간을 두는 것도 좋다.

개인사업을 하면서 현금을 자유롭게 뽑아쓰던 것이 습관이 된 사업자들은 법인 설립 뒤에는 현금 융통이 어려울 수 있는데, 이때 개인사업자를 유지하면서 활용하는 것도 장점이다. 사업용 부동산이 없는 경우에는 대부분 법인 전환보다 신규 설립 후 개인사업자 폐업이 훨씬 유리하다.

> 일단 법인부터 세우고 개인사업자 정리하면 편해
> 반드시 성실신고확인 대상 되기 전에 전환

CHAPTER 6

상속·증여세 다이어트 솔루션
부모님 효도
세테크

해피엔딩을 위한
상속세 플랜

미국 건국의 아버지 벤자민 프랭클린은 '죽음과 세금은 피할 수 없다'는 말을 남겼다. 세금의 중요성을 강조하기 위한 말이지만, 누구도 부정할 수 없는 사실이기도 하다. 우리가 내야 할 수많은 세금 중에서도 특히 상속세는 죽음과 연관이 깊은 세금이다. 바로 죽음으로 인해 과세가 결정되기 때문이다. 죽음을 앞둔 사람과 살아남은 사람은 각각 상속세에 어떻게 대처해야 할까? 세금을 전혀 모르고 살아온 초보자의 시선으로 전문가의 조언을 직접 들어봤다.

🌂 나 가거든···

> **피상속인**
>
> # 인생이란 게 참 허무합니다. 하루하루 열심히 돈 벌고 아이들 키우다보니 어느덧 황혼에 접어들었네요. 가족을 위해 헌신했던 지난날들이 주마등처럼 스쳐갑니다. 저는 곧 세상을 떠날 것 같습니다. 평생 모아둔 재산을 아내와 아들·딸에게 남겨주고 싶은데요. 이제부터 어떤 준비를 해야 하는지 조언 좀 부탁드립니다.

'증여세 vs 상속세' 차이는 무엇일까?

증여세와 상속세는 모두 재산을 물려받은 사람이 내는 세금이다. 둘의 차이는 물려주는 사람의 생사(生死)에 따라 달라진다. 살아있는 사람한테 물려받으면 증여세를, 죽은 사람이 남긴 재산을 받으면 상속세를 내는 것이다. 둘의 과세표준과 세율은 똑같지만, 공제 규정이 다르게 적용되기 때문에 미리 계획을 세워 재산을 물려주는 것이 절세의 지름길이다.

10년을 더 산다면 미리 증여해도 좋을까?

배우자나 자녀에게 재산을 물려줄 생각이 있다면 10년을 기억해야 한다. 앞으로 몇 년을 더 살지 예측하긴 어려운 문제지만, 적어도 10년 넘게 살 것 같다면 미리 재산을 증여하는 게 유리하다. 지금 당장 아내에게 재산 6억원을 증여하고, 11년 후에 사망한다면 증여세나 상속세 모두 낼 필요가 없다. 가치 상승이 예상되는 부동산이나 고수익 사업체의 지분을 넘겨주면 증여 효과를 극대화할 수 있다.

10년을 못 넘기고 사망할 것 같다면 어떻게 해야 할까?

만약 10년 이내에 세상을 떠날 것 같다면 가족에게 미리 증여하는 것이 불리할 수 있다. 상속받는 직계가족(상속인)에게 10년 이내에 사전증여한 재산은 상속재산에 포함되기 때문이다. 9년 전 자녀에게 1억원을 물려주고 증여세를 낸 사람이 올해 사망한다면 전체 상속재산에 1억원을 포함해 상속세를 다시 계산하게 된다. 즉, 미리 납부했던 증여세보다 상속세 부담이 더 늘어나는 셈이다. 사전증여가 절세에 전혀 도움을 주지 못하는 결과가 나오는 것이다.

유족들이 상속재산을 놓고 다툴까봐 걱정이다

유족들이 상속재산을 놓고 분쟁을 벌이는 경우가 많다. 서로 더 많은 재산을 차지하기 위해 다투다가 오랜 기간 소송을 벌이고, 가족 구성원의 사이가 나빠지기도 한다. 따라서 누구에게 어떤 재산을 남겨줘야 하는지 미리 큰 그림을 그려봐야 한다. 가족들과 충분한 대화를 통해 유언장을 작성한 후 공증을 받으면 법률적으로 효력을 인정받을 수 있다.

▼ 상속세 및 증여세 세율

과세표준	세율	누진공제
1억원 이하	10%	0
5억원 이하	20%	1000만원
10억원 이하	30%	6000만원
30억원 이하	40%	1억6000만원
30억원 초과	50%	4억6000만원

▼ 상속세 및 증여세 공제금액

구분	상속세	증여세
기초공제	2억원	–
배우자공제	30억원(최대)	6억원
자녀공제(성년)	5000만원	5000만원
일괄공제	5억원	–
영농상속공제	15억원(최대)	–
금융재산상속공제	2억원(최대)	–
동거주택 상속공제	5억원(최대)	–
신고세액공제	3%	3%

부동산을 팔아서 현금으로 나눠주는 건 어떨까?

자녀들의 재산 분쟁을 예방하기 위해 사망 전에 부동산을 처분해서 현금으로 나눠주기도 한다. 하지만 증여세를 추징당하거나 상속세 부담이 더 커질 수도 있다는 점을 주의해야 한다. 부동산을 상속하거나 증여하면 시가보다 낮은 기준시가가 과세표준이 되지만, 이를 시가로 팔아 현금을 준다면 상속세 부담이 오히려 더 늘어나게 된다. 사망 전 1년 내에 2억원 이상 현금으로 인출할 경우 '상속추정' 규정을 적용해 상속세를 추징당할 수 있으니 주의가 필요하다.

상속세 낼 돈은 없는데, 부동산을 팔기는 아깝다

현금이나 예금이 없고 모두 부동산이라면 유족들이 상속세를 낼 때 부담스러울 것이다. 유족들의 상속세 재원을 미리 마련하기 위해 생명보험이나 종신보험에 가입하는 것도 좋다. 부동산을 처분하지 않고도 사망보험금으로 상속세를 납부할 수 있기 때문이다. 상속세 부담이 크다면 '연부연납(납부할 세액이 2천만원을 초과할 때는 관할세무 서장의 허가를 받고 장기간에 걸쳐 세금을 분할 납부)' 제도를 통해 최대 5년까지 나눠서 낼 수 있다는 점도 참고하면 좋다.

그밖에 주의할 점이 또 있을까?

병원비나 생활비 등의 지출은 가급적 본인(피상속인) 계좌에서 인출해 사용하는 것이 좋다. 자녀가 병원비를 대신 지출했더라도 공제가 되지 않기 때문이다. 개인적으로 갚아야 할 채무나 받아야 할 채권에 대해서도 미리 정리할 필요가 있다. 차명계좌가 있는 경우 증여세나 소득세가 부과될 수 있으니 미리 권리를 확보해두는 것이 중요하다.

☂ 부모님 떠나보낸 뒤 해야 할 일들

> **상속인**
> \# 평소 건강하신 줄만 알았던 아버지께서 갑자기 돌아가셨습니다. 장례를 치르고 돌아오니 빈자리가 더 크게 느껴지네요. 아버지는 혼자서 생계를 모두 책임지셨습니다. 유산이 얼마나 되는지도 잘 모르겠습니다. 아버지 이름으로 아파트 한 채가 있다는 것 외에는 아는 것이 없네요. 몰랐던 빚이 있으면 어떡하죠? 상속세 신고는 해야 하는 걸까요? 모든 것이 두렵고 어렵습니다.

사망신고도 아직 못했다

사망신고는 사망사실을 안 날로부터 1개월 이내에 해야 한다. 1개월을 넘기면 과태료 5만원이 부과된다. 간혹 사망신고를 하면 계좌거래가 정지된다는 이유로 사망신고를 늦게 하는 경우가 있는데, 사망신고를 늦게 한다고 해서 상속개시일이 늦춰지는 것은 아니다. 상속세신고납부기한, 상속재산의 평가, 상속세 과세 대상 구분 등이 모두 사망신고일이 아닌 사망일 기준으로 이뤄진다.

재산이 적어도 상속세 신고를 해야 할까?

상속세는 사망일이 속한 달의 말일로부터 6개월 이내에 신고납부해야 한다. 상속공제액이 최소 10억원(배우자 외에 다른 상속인이 있는 경우)이기 때문에, 보통 상속재산이 10억원이 되지 않으면 내야 할 상속세가 없다고 판단해서 신고도 하지 않는 경우가 많다.

하지만 사전에 증여한 재산과 상속재산으로 추정할 수 있는 추정상속재산이 있는 경우에는 합산해서 상속세가 추징될 수 있고, 이 경우 무신고가산세와 납부불성실가산세도 추가로 부과된다는 점에 유의해야 한다. 특히 상속재산에 부동산이 있는 경우 상속세를 신고하지 않으면 기준시가가 상속인의 취득가액이 되어 나중에 예상치 못한 거액의 양도소득세를 부담할 수도 있다. 따라서 상속세는 반드시 신고해둬야 혹시 모를 세금에 대비할 수 있다.

아버지 아파트는 내 이름으로 등기를 해야 할까?

부동산은 상속세 신고납부기한까지 취득세를 내고 상속인 명의로 등기도 해야 한다. 기한 내에 취득세를 납부하지 않으면 가산세가 붙는다. 상속인 간에 협의분할이 되지 않아 등기를 못하는 상황이라면 취득세부터 먼저 내야 가산세가 없다.

차량도 상속세 신고납부기한까지 차량등록사업소에서 명의이전을 해야 하고, 신고기한 위반 후 10일 이하는 10만원, 11일째부터는 하루 1만원씩 최고 50만원의 과태료가 붙는다.

여기서 중요한 건 부동산이나 자동차 명의를 변경할 때에는 상속인간 협의로 상속인 1명의 명의로 하더라도, 상속인 전부의 서류가 필요하다는 것이다.

금융재산 역시 계좌해지 및 예금인출시 상속인 전원이 방문하거나 위임장을 받아 처리해야 한다. 금융기관별로 소액인출(100만~3000만원)시 1인이 방문해도 인출을 해주기도 하지만, 서류가 다르므로 방문 전 꼭 필요서류를 확인해 챙겨가는 것이 좋다.

상속재산보다 빚이 더 많으면 어쩌나?

상속은 피상속인의 모든 권리와 의무를 상속인이 승계하는 것이기 때문에 재산뿐만 아니라 채무도 함께 상속된다. 상속받을 채무가 재산보다 많은 경우 상속포기를 하거나 한정승인을 할 수 있다.

한정승인은 상속재산 한도 내에서 채무를 변제할 것을 조건으로 상속을 승인하는 것을 말하고, 상속포기는 모든 권리와 의무의 승계를 부정하고 처음부터 상속인이 아니었던 것으로 처리되는 것이다. 한정승인과 상속포기 모두 상속개시를 알게 된 날로부터 3개월 이내에 해야 한다. 상속채무 때문에 선순위 상속인이 상속포기를 하면, 차순위 상속인에게 채무가 승계되는 문제가 있다. 이런 경우에는 선순위 상속인이 한정승인을 해야만 채무의 차순위 승계를 막을 수 있다는 것도 기억해둬야 한다.

돌아가시기 전에 주신 목돈이 있다

부모님이 위독하시면 상속세를 줄이기 위해 미리 예금을 인출해주는 경우가 있다. 사망 직전에 재산을 처분하거나 채무를 인수해 상속재산을 줄어들게 하는 경우 상속재산에 가산하는 제도가 있으니 유의해야 한다. 이를 추정상속재산이라고 한다.

상속개시일 1년 이내에 2억원 이상, 2년 이내에 5억원 이상의 재산이 줄어든 경우에는 상속인이 그 사용처를 소명해야 하고, 소명을 하지 못하면 상속재산으로 추정해 상속세를 부과한다. 현금인출액이 상속인에게 귀속된 것이 확실한 경우에는 사전증여로 보고 증여세를 부과하고, 10년 이내였다면 다시 상속재산에 가산해서 상속세를 매긴다.

상속세 신고는 유족 각자가 하는 건가?

우리나라 상속세는 피상속인의 모든 상속재산에 대해 부과하기 때문에 상속인별로 신고를 따로하지는 않는다. 다만 상속재산을 받은 비율대로 상속세 납부의무를 부여하고 있다. 또한 상속받은 재산을 한도로 상속인 전부에게 연대납세의무를 지운다. 다른 상속인이 내지 않으면 내가 상속세를 내는 경우가 생긴다. 상속인들 사이에 재산분할 협의가 이뤄지지 않아 각자 자신에게 유리한대로 상속세를 신고하더라도 국세청의 세무조사 등으로 상속세가 최종 확정되게 된다.

아버지 이름으로 휴대전화요금 고지서가 왔다

돌아가시기 전 발생한 통신비나 의료비·카드대금 등은 피상속인의 채무로 상속재산에서 공제하면 된다. 만약 자동이체되고 있는 부분들이 있는 경우에는 미리 확인해서 명의변경을 신청해야 한다.

아버지가 하시던 가게는 어쩌나?

사업장에서 발생한 세금에 대해서는 상속인이 세금 신고를 해줘야 한다. 5월 이전에 돌아가신 경우에는 전년도 소득에 대한 소득세와 돌아가신 해에 돌아가실 때까지 발생한 소득에 대한 소득세를 신고납부해야 한다. 물론 이 세금도 상속공제가 가능하기 때문에 상속세 신고 이전에 신고할 금액을 확정해서 채무로 반영해야 상속세를 줄일 수 있다.

☂ 상속재산 한 번에 찾는 안심상속 원스톱 서비스

갑작스럽게 가족이 사망하는 경우, 상속인들은 슬픔이 채 가시기도 전에 상속재산을 확인하는 일을 해야 한다. 상속받은 재산이 많아 상속세를 내야 할 수도 있지만, 사망한 가족이 생전에 숨겨둔 빚이 많아 본의 아니게 채무를 떠안을 수도 있기 때문이다.

상속재산을 찾고, 분배하고, 또 처리 방법을 찾는 모든 일을 상속세 신고기한인 6개월 안에 끝내야 한다. 그래서 상속인들의 최우선 과제는 상속재산을 찾는 일이다. 하지만 죽은 자는 말이 없고, 그 가족이라고 해서 재산의 보유 현황이나 돈의 씀씀이를 모두 알기는 어렵다.

다행히 이런 상속인들의 수고를 덜어주는 시스템이 있다. 바로 정부에서 운영하는 '안심상속 원스톱 서비스'다. 이는 상속인이 피상속인(사망인)의 금융재산, 토지와 건물 등 부동산, 자동차, 세무자료 등의 재무정보를 한 번에 확인할 수 있는 서비스다. 한 번만 통합신청하면 각각의 기관에서 문자와 온라인·우편 등으로 그 조회 결과를 알려주기 때문에 개별 기관을 일일이 방문하거나 연락할 필요가 없다.

'안심상속 원스톱 서비스'에서는 우선 금융채권과 채무를 확인할 수 있다. 피상속인 명의의 모든 예금·보험계약, 예탁증권, 공제 등의 금융채권이 확인되며, 대출과 신용카드대금·지급보증 등의 금융채무도 확인받을 수 있다. 사망인에 대한 금융거래조회가 신청되면 금융거래가 정지되는 등 계좌를 보호할 수 있다는 장점도 있다. 금융회사들은 사망인의 계좌에 대해 조회신청이 들어오면 통상 해당계좌를 임의로 거래정지시켜 자동이체 등 입출금을 제한하기 때문이다. 또한 이후의 예금 지급도 원칙적으로 상속인 전원의 청구가 있을 때에만 지급하도록 조치한다.

원스톱 서비스에서는 공적 연금에 대해서도 가입 여부와 대여금 등 채무가 있는지를 알려준다. 국민연금·공무원연금·사립학교 교직원연금·군인연금·건설근로자 퇴직연금 등이 모두 확인 가능하다. 또한 국세와 지방세의 체납액과 미납세금(납부기한이 남아 있지만 아직 내지 않은 세금), 그리고 돌려받을 수 있는 세금환급금 자료까지 제공된다. 아울러 토지와 건축물 등 피상속인 명의의 부동산 소유 현황도 모두 알 수 있으며, 자동차 소유정보도 제공된다.

이 서비스는 상속인(혹은 대리인)이 상속세 신고기한(사망일이 속한 달의 말일로부터 6개월 이내) 중에 신청할 수 있다. 정부24 홈페이지에서 신청하거나 가까운 시·군·구청 및 지역 주민센터를 직접 방문해서 신청하면 된다. 조회결과는 우편·문자·방문수령 등 선택한 방식에 따라 확인할 수 있다. 다만, 금융거래와 국세·연금정보는 해당 기관 홈페이지에서 조회가 가능하다.

▼ 안심상속 원스톱 서비스 제공 정보

구분	정보
금융거래	피상속인 명의의 모든 금융채권과 채무
연금	국민연금 가입 및 대여금 채무 유무
	공무원연금 가입 및 대여금 채무 유무
	사립학교 교직원연금 가입 및 대여금 채무 유무
	군인연금 가입 유무
국세	국세 체납액 및 납부기한이 남아 있는 미납세금, 국세 환급금
지방세	지방세 체납내역 및 납부기한이 남아 있는 미납세금, 지방세 환급금
토지	개인별 토지 소유 현황
건축물	개인별 건축물 소유 현황
자동차	자동차 소유 내역

평생 모은 재산을 가족에게 물려주고 싶을 때 가장 고민되는 부분이 바로 세금이다. 아무리 가족이라도 재산을 무상으로 넘겨주면 증여세 문제가 발생할 수 있기 때문이다. 증여세는 물려받는 사람이 누구인지, 금액이 얼마인지에 따라 세 부담이 결정된다. 자칫하면 재산의 절반을 세금으로 내거나 국세청의 조사를 받을 수도 있다. 반면 미리 계획을 세워서 증여하면 세금을 아예 내지 않거나 최소금액으로 절세를 실현할 수 있다. 증여 대상과 금액에 따라 실제 세 부담이 얼마나 달라지는지 알아봤다.

🌂 최저 세율로 최대 금액 증여

플랜A, 증여재산공제 한도를 넘기지 않고 증여

재산을 물려받는 사람이 가족이면 증여세를 계산할 때 특별한 혜택을 받을 수 있다. 가족 구성원이 갖는 특수성을 인정해 증여재산의 일부를 공제하는 것이다.

증여재산공제 한도가 가장 높은 가족은 배우자다. 공제 한도가 6억원이다. 10년간 한도 이내로 증여받으면 증여세를 낼 필요가 없다. 만약 배우자가 7억원을 물려받으면 우선 6억원을 공제한 후, 나머지 1억원에 대해서만 증여세율을 적용해 세액을 산출한다. 자녀가 재산을 물려받으면 5000만원까지 공제 한도가 적용된다. 만 19세 미만인 미성년 자녀는 2000만원까지 공제받을 수 있다. 사위나 며느리는 1000만원이다. 가족 구성원별 증여재산공제 한도 이내로만 재산을 물려받으면 증여세는 발생하지 않는다.

증여재산공제 한도를 넘겼다면 세율을 적용해 세액을 산출해야 한다. 증여세율은 최소 10%부터 최대 50% 적용된다. 증여받은 재산에서 공제금액을 뺀 과세표준이 1억원 이하일 경우 10%, 5억원 이하 20%, 10억원 이하 30%, 30억원 이하 40%, 30억원 초과 50%의 세율을 적용해 산출세액을 계산한다.

손자나 손녀가 조부모로부터 직접 재산을 물려받는 '세대생략' 증여(353쪽 참조)는 증여세 산출세액(과세표준×세율)에서 30%를 가산해 최종 세액을 결정한다. 자녀를 거쳐 두 번 물려주지 않고 한 번에 증여하기 때문에 할증해서 과세하는 것

▼ 증여재산공제금액

증여 대상	공제금액
배우자	6억원
자녀 · 손주(성년)	5000만원
자녀 · 손주(미성년)	2000만원
사위 · 며느리	1000만원

*손주 세대생략시 30% 할증 과세

▼ 증여세율

과세표준	세율	누진공제
1억원 이하	10%	0원
8억원 이하	20%	1000만원
10억원 이하	30%	6000만원
30억원 이하	40%	1억6000만원
30억원 초과	50%	4억6000만원

이다. 여기에 증여세 신고기한(증여일이 속하는 달의 말일부터 3개월 이내)을 지켜서 자진신고할 경우 3%의 세액공제 혜택을 받을 수 있다. 증여세액이 100만원인데 신고기한 내 자진신고하면 3만원을 뺀 97만원만 납부하면 되는 셈이다.

증여세를 절세할 수 있는 최선의 방법은 증여재산공제 한도를 넘지 않는 것이다. 특히 증여받는 사람을 여러 명으로 나눌수록 절세 효과가 커진다. 예를 들어 7억원의 재산을 가진 사람이 배우자에게 6억원을 증여하고 성인자녀 2명에게 5000만원씩 물려주면 증여세가 전혀 발생하지 않는다.

플랜B, 최저세율 적용 구간 내에서 증여

공제 한도가 너무 낮게 느껴진다면 '플랜B'를 가동해야 한다. 증여세를 일부 납부한다는 생각으로 최저세율이 적용되는 구간 내에

서 증여하는 것이다. 합법적으로 세금을 가장 적게 낼 수 있어 자산 가들에게 인기가 많은 방법이다. 국세청의 세금 추징이나 세무조사 위험에서도 벗어날 수 있다.

방법은 간단하다. 증여세 최저세율 10%를 적용하는 과세표준 구간 내에서 최대 금액을 증여하면 된다. 즉, 과세표준 1억원 이내 로 맞춰 증여하면 10%의 세율만으로 증여세를 산출할 수 있다.

증여세 계산 공식 ▶ (증여재산−증여재산공제) × 세율 × 신고세액공제율

배우자의 경우 7억원, 성인자녀는 1억5000만원, 사위·며느리는 1억1000만원이 증여세율 10%를 적용하는 최대 금액이다. 이 경우 과세표준 1억원에 대해 증여세율 10%와 신고세액공제 3%를 적용 해 970만원의 증여세만 내면 된다.

10억원을 물려받을 경우 배우자가 내야 할 증여세는 6790만원 이며, 성인자녀는 2억1825만원, 성인손주는 2억8372만원, 사위· 며느리는 2억2989만원을 각각 부담하는 것으로 나타났다.

- 배우자 7억원 증여 → 증여세 970만원
  (7억원−6억원) × 10% × 3% = 970만원

- 성인자녀 1억5000만원 증여 → 증여세 970만원
  (1억5000만원−5000만원) × 10% × 3% = 970만원

- 사위·며느리 1억1000만원 증여 → 증여세 970만원
  (1억1000만원−1000만원) × 10% × 3% = 970만원

며느리 　　 아들(미성년) 　　 아들(성인) 　　 딸 　　 배우자

▼ 증여금액별 세액 비교표 (단위: 만원)　　□ 세금 제로　□ 세율 10% 이하　□ 증여세 황금비율

증여금액	배우자	아들·딸		손자·손녀		사위·며느리
		성년	미성년	성년	미성년	
1000	–	–	–	–	–	–
	0.0%	0.0%	0.0%	0.0%	0.0%	0.0%
2000	–	–	–	–	–	97
	0.0%	0.0%	0.0%	0.0%	0.0%	4.9%
3000	–	–	97	–	126	194
	0.0%	0.0%	3.2%	0.0%	4.2%	6.5%
4000	–	–	194	–	252	291
	0.0%	0.0%	4.9%	0.0%	6.3%	7.3%
5000	–	–	291	–	378	388
	0.0%	0.0%	5.8%	0.0%	7.6%	7.8%
6000	–	97	388	126	504	485
	0.0%	1.6%	6.5%	2.1%	8.4%	8.1%
7000	–	194	485	252	630	582
	0.0%	2.8%	6.9%	3.6%	9.0%	8.3%
8000	–	291	582	378	756	679
	0.0%	3.6%	7.3%	4.7%	9.5%	8.5%
9000	–	388	679	504	882	776
	0.0%	4.3%	7.5%	5.6%	9.8%	8.6%
1억	–	485	776	630	1,008	873
	0.0%	4.9%	7.8%	6.3%	10.1%	8.7%
1억1000	–	582	873	756	1,134	970
	0.0%	5.3%	7.9%	6.9%	10.3%	8.8%
1억2000	–	679	970	882	1,261	1,164
	0.0%	5.7%	8.1%	7.4%	10.5%	9.7%
1억3000	–	776	1,164	1,008	1,513	1,358
	0.0%	6.0%	9.0%	7.8%	11.6%	10.4%
1억4000	–	873	1,358	1,134	1,765	1,552
	0.0%	6.2%	9.7%	8.1%	12.6%	11.1%
1억5000	–	970	1,552	1,261	2,017	1,746
	0.0%	6.5%	10.3%	8.4%	13.4%	11.6%
1억6000	–	1,164	1,746	1,513	2,269	1,940
	0.0%	7.3%	10.9%	9.5%	14.2%	12.1%
1억7000	–	1,358	1,940	1,765	2,522	2,134
	0.0%	8.0%	11.4%	10.4%	14.8%	12.6%
1억8000	–	1,552	2,134	2,017	2,774	2,328
	0.0%	8.6%	11.9%	11.2%	15.4%	12.9%
1억9000	–	1,746	2,328	2,269	3,026	2,522
	0.0%	9.2%	12.3%	11.9%	15.9%	13.3%
2억	–	1,940	2,522	2,522	3,278	2,716
	0.0%	9.7%	12.6%	12.6%	16.4%	13.6%
2억1000	–	2,134	2,716	2,774	3,530	2,910
	0.0%	10.2%	12.9%	13.2%	16.8%	13.9%
2억2000	–	2,328	2,910	3,026	3,783	3,104
	0.0%	10.6%	13.2%	13.8%	17.2%	14.1%
2억3000	–	2,522	3,104	3,278	4,035	3,298
	0.0%	11.0%	13.5%	14.3%	17.5%	14.3%

증여금액	배우자	아들 · 딸		손자 · 손녀		사위 · 며느리
		성년	미성년	성년	미성년	
2억4000	–	2,716	3,298	3,530	4,287	3,492
	0.0%	11.3%	13.7%	14.7%	17.9%	14.6%
2억5000	–	2,910	3,492	3,783	4,539	3,686
	0.0%	11.6%	14.0%	15.1%	18.2%	14.7%
2억6000	–	3,104	3,686	4,035	4,791	3,880
	0.0%	11.9%	14.2%	15.5%	18.4%	14.9%
2억7000	–	3,298	3,880	4,287	5,044	4,074
	0.0%	12.2%	14.4%	15.9%	18.7%	15.1%
2억8000	–	3,492	4,074	4,539	5,296	4,268
	0.0%	12.5%	14.6%	16.2%	18.9%	15.2%
2억9000	–	3,686	4,268	4,791	5,548	4,462
	0.0%	12.7%	14.7%	16.5%	19.1%	15.4%
3억	–	3,880	4,462	5,044	5,800	4,656
	0.0%	12.9%	14.9%	16.8%	19.3%	15.5%
4억	–	5,820	6,402	7,566	8,322	6,596
4억	0.0%	14.6%	16.0%	18.9%	20.8%	16.5%
5억	–	7,760	8,342	1억88	1억844	8,536
5억	0.0%	15.5%	16.7%	20.2%	21.7%	17.1%
6억	–	1억185	1억1058	1억3240	1억4375	1억1349
6억	0.0%	17.0%	18.4%	22.1%	24.0%	18.9%
7억	970	1억3095	1억3968	1억7023	1억8158	1억4259
7억	1.4%	18.7%	20.0%	24.3%	25.9%	20.4%
8억	2,910	1억6,005	1억6878	2억806	2억1941	1억7169
8억	3.6%	20.0%	21.1%	26.0%	27.4%	21.5%
9억	4,850	1억8915	1억9788	2억4589	2억5724	2억79
9억	5.4%	21.0%	22.0%	27.3%	28.6%	22.3%
10억	6,790	2억1825	2억2698	2억8372	2억9507	2억2989
10억	6.8%	21.8%	22.7%	28.4%	29.5%	23.0%
20억	3억8800	6억140	6억1304	7억8182	7억9695	6억1692
	19.4%	30.1%	30.7%	39.1%	39.8%	30.8%
30억	7억7600	9억8940	10억104	12억8622	14억145	10억492
	25.9%	33.0%	33.4%	42.9%	46.7%	33.5%
40억	12억280	14억6955	14억8410	19억1041	20억7774	14억8895
	30.1%	36.7%	37.1%	47.8%	51.9%	37.2%
50억	16억8780	19억5455	19억6910	25억4091	27억5674	19억7395
	33.8%	39.1%	39.4%	50.8%	55.1%	39.5%
60억	21억7280	24억3955	24억5410	31억7141	34억3574	24억5895
	36.2%	40.7%	40.9%	52.9%	57.3%	41.0%
70억	26억5780	29억2455	29억3910	38억191	41억1474	29억4395
	38.0%	41.8%	42.0%	54.3%	58.8%	42.1%
80억	31억4280	34억955	34억2410	44억3241	47억9374	34억2895
	39.3%	42.6%	42.8%	55.4%	59.9%	42.9%
90억	36억2780	38억9455	39억910	50억6291	54억7274	39억1395
	40.3%	43.3%	43.4%	56.3%	60.8%	43.5%
100억	41억1280	43억7955	43억9410	56억9341	61억5174	43억9895
	41.1%	43.8%	43.9%	56.9%	61.5%	44.0%

실제 물려받은 금액에서 증여세 비율이 얼마인지 따져보는 방법도 있다. 성인자녀가 1억5000만원을 물려받고 증여세로 970만원을 낸다면 증여재산 대비 세 부담 비율은 6.5% 수준이다.

만약 1억3000만원만 물려받았다면 증여재산 대비 세 부담은 6.0%지만, 1억7000만원을 물려받는다면 세 부담 비율은 8.0%로 급상승한다. 1억5000만원에서 2000만원을 덜 증여받으면 비율이 0.5%포인트 내려가고, 2000만원을 더 증여받으면 세 부담이 1.5%포인트 올라가는 셈이다.

이런 방식으로 세 부담 비율을 비교하면 증여 계획이 있는 범위 내에서 최소의 절세 금액을 찾을 수 있다. 증여금액의 10% 이내로 증여세를 납부할 계획이라면 성인자녀는 2억원, 미성년자녀 1억4000만원, 성인손주 1억6000만원, 미성년손주 9000만원, 사위·며느리 1억2000만원이 최대 증여금액이다.

최용준 세무법인 다솔 WM본부 대표세무사는 "최저세율 10% 구간에 맞춰 증여금액과 우선순위를 따져보면 절세 효과를 극대화할 수 있다"며 "재산 증여 순서를 자녀, 손주, 사위·며느리 순서로 정하는 것이 세 부담 측면에서 유리하다"고 말했다.

🌂 증여받고 신고하지 않으면 진짜 걸릴까?

부모로부터 거액의 재산을 물려받고도 세금을 신고납부하지 않으면 어떻게 될까? 재산의 상속은 사망이라는 숨기기 어려운 사건으로 인해 발생하지만, 증여는 좀 다르다. 증여는 언제, 얼마의 재산을 어떤 방법으로 누구에게 받았는지는 경우에 따라 물려준 사람과 받는 사람만 알 수 있다. 세금 신고를 하지 않으면 그렇다.

그렇다고 해서 무작정 세금 신고를 하지 않을 수는 없다. 국세청에는 세무조사라는 강력한 무기가 있기 때문이다. 나중에라도 적발되면 당초 내야 했던 세금 외에도 무거운 가산세까지 추징된다. 증여세는 증여일이 속하는 달 말일부터 3개월 이내에 신고하지 않으면 무신고 가산세 20%를 내야 한다. 고의로 신고하지 않으면 가산세는 40%까지 뛴다. 또 세금을 납부하는 날까지 내야 할 세액의 1만분의 3(연10.95%)씩을 매일 이자개념으로 무납부 가산세로 부담하게 된다. 숨긴 기간이 길수록 가산세는 눈덩이처럼 불어난다.

부동산구입자금 출처 조사때 적발 가능

숨겨왔던 증여사실은 주로 국세청이 부동산 등의 취득자금에 대한 자금출처조사를 하면서 드러난다. 단순히 현금을 주고받았다면 국세청이 파악하기는 어렵다. 하지만 부동산 투기세무조사 등을 통해 부동산 거래를 들여다보고, 그 취득자금의 출처를 따지다 보면 증여의 흐름이 파악되는 것이다.

예를 들어 특별한 소득이 없는 20대 청년이 수십억원 하는 강남의 고가 아파트를 보유하게 된 경우 자금출처조사를 해보면 부모가 대신 아파트를 사줬거나 아파트 구입 때 현금을 지원한 사실이 드러나게 되는 식이다. 이때 부모의 현금지원액은 증여재산으로 간주돼 증여세가 부과된다.

실제 부동산 가격이 급등하는 시기에는 국세청이 부동산 거래관련 세무조사를 자주 실시하는데, 세금없는 편법증여 사례도 덩달아 적발되는 것을 종종 볼 수 있다. 특히 2017년 9월부터는 투기과열지구 내에서 3억원 넘는 주택을 구입하는 경우 취득자금 조달계획서(351쪽 참조)를 의무 제출하도록 규제가 강화됐다. 해당 주택을 취득하는 경우 자기자금(예금·부동산 매도액·주식채권 매각대금·보증금·현금 등)과 차입금(금융기관 대출·사채·기타) 등이 실제 주택 구입금액과 일치하지 않으면 국세청의 자금출처조사를 받을 수 있다.

40대 가장이라면, 3억까지는 묻지도 따지지도 않는다?

그렇다고 해서 국세청이 모든 의심거래에 대해 자금출처조사를 하지는 않는다. 조사인력 등 행정력이 제한적이기 때문이다. 따라서 국세청은 행정편의상의 '증여추정배제 기준'이라는 것을 두고, 일정액 이하는 증여로 보지 않는 방법을 쓰고 있다.

세대주를 기준으로 보면 40대 세대주는 주택구입자금 3억원까지, 30대 세대주는 1억5000만원이 증여추정배제 대상이다. 40대 가장이라면 아파트 구입자금 3억원은 스스로 마련했을 것으로 보고, 깊이 들여다보지 않겠다는 뜻이다(2018년 4월 이전에는 40대 세대주 4억원, 30대 세대주 2억원).

증여추정배제는 주택취득재산 외에도 기타재산은 1억원, 채무상환은 5000만원까지 적용된다. 1억원짜리 자동차를 구입했다거나 어느날 갑자기 은행빚 5000만원을 갚은 경우에도 증여받은 게 아니라 스스로 마련한 자금으로 간주하는 것이다.

▼ 달라진 주택취득자금 증여추정배제 기준

세대주여부	연령	금액기준
세대주	30세 이상	1억5000만원
	40세 이상	3억원
비세대주	30세 이상	7000만원
	40세 이상	1억5000만원
30세 미만		5000만원

하지만 이것은 어디까지나 증여세 조사의 행정편의를 위해 국세청 내부에서 마련한 행정가이드라인일 뿐이다. 과세기준과는 다르다. 당장 자금출처를 묻지 않을뿐 증여세 신고 대상인 경우 신고납부의무가 사라지는 것은 아니다. 만약 증여추정배제 기준을 증여세 면제 기준으로 착각하고 신고를 하지 않았다면 추후 적발됐을 때 가산세까지 물어야 한다.

80%만 입증하면 된다

물론 국세청에서 자금출처조사가 나왔더라도 자금출처가 명확하고 이미 세금 신고까지 끝냈다면 문제될 것이 없다. 근로소득이나 이자·배당·기타소득은 소득세 원천징수영수증, 사업소득은 종합소득세 신고서로 확인되고, 전세를 낀 집이라면 임대보증금이 적힌 임대차계약서·금융기관대출 증명서·예금통장 등이 자금출처 증빙자료가 된다.

소득은 과거에는 세금만 빼고 대부분을 취득자금으로 인정해줬지만, 최근에는 계좌의 거래내역 등을 꼼꼼히 따져서 주택취득자금 외에 사용된 내역은 뺀다. 신용카드 사용내역, 자동차 할부금, 교육비, 의료비 등의 지출내역을 빼고 소득을 어떻게 운용했는지를 따져서 취득자금으로 인정해준다는 것이다. 1억원을 벌어 1억원을 쓰는 사람이라면 소득이 취득자금으로 인정되기 어렵다.

자금출처에 대한 입증은 납세자의 책임이다. 다행스러운 것은 취득자금 전체에 대해 입증하는 것이 아니라 최대 80%에 대해서만 입증하면 된다는 점이다. 입증되지 않은 금액이 전체 취득자금의 20% 미만이면 되는데, 단 20% 이내의 미입증 금액이 2억원을 넘어가는 경우에는 증여로 추정돼 증여세를 물 수 있다.

증여세가 뭔가요?
10년주기 무상증여플랜

🌂 일찍 준비할수록
세금 없이 더 큰 금액을 증여할 수 있는 마법

세테크 전문가들은 자녀에게 재산을 물려주는 일은 빠르면 빠를수록 좋다고 한다. 증여세는 10년 단위로 증여재산공제를 받을 수 있기 때문이다. 수증자가 미성년이면 2000만원, 성년인 경우 5000만원까지 10년마다 공제받으니 계획만 잘 짠다면 자녀가 태어나서 30세가 될 때까지 최대 1억4000만원을 세금 없이 증여할 수 있다. 적어도 절세 측면에서는 가장 확실한 증여 방법이다. 세금전문가들이 추천하는 이른바 10년주기 무상증여플랜이다.

몇가지 주의할 점은 있다. 단순하게 10세까지 2000만원은 비과세, 다시 20세까지 2000만원을 또 세금 없이 줄 수 있다는 식으로 따지다가는 생각지 못한 증여세를 떠안을 수 있다.

예기치 못한 증여세는 증여재산공제 방식을 제대로 이해하지 못하면서 발생한다. 증여재산공제는 증여일로부터 소급해서 과거 10년치 증여재산을 합산한 다음 공제한다. 여기서 가장 중요한 것은 '증여일부터 과거 10년치를 합산한다'는 부분이다.

30세 될 때 최대 1억4000만원 세금 없이 증여 가능

예를 들어 A씨가 10세 생일을 맞은 자녀에게 2000만원을 증여하고, 증여재산공제 2000만원(미성년)을 적용해 증여세를 0원으로 신고했다고 하자. A씨가 자녀에게 증여한 재산은 과거 10년 동안 2000만원이 전부였고, 신고 내용에는 문제가 없다는 가정이다.

문제는 이후에 생길 수 있다. A씨는 자녀가 15세가 된 해에 고등학교 진학을 격려하는 의미에서 또 2000만원을 증여했고, 또 증여세 0원으로 신고했다. 10세까지 2000만원, 20세까지 또 2000만원을 공제받는다는 무상증여플랜을 생각했기 때문이다.

그러나 이 경우 A씨 자녀는 나중에 증여세를 추징당할 수 있다. 15세에 2000만원을 받으면서 다시 역산해서 10년을 합산해서 증여세를 신고해야 하는 의무가 생겼는데, 10세 때 받은 2000만원은 공제금액을 계산할 때 빠뜨렸기 때문이다. 정상적이라면 A씨 자녀는 10세 때 받은 2000만원까지 합산해서 4000만원에 대해 2000만원을 공제한 후 10% 세율로 증여세 194만원(신고세액공제 3% 적용)을 내야 한다.

그러나 A씨의 자녀가 15세가 아닌 20세가 됐을 때 2000만원을 물려받았다면 얘기는 달라진다. 10년을 역산해 합산하더라도 증여재산이 2000만원이기 때문에 10세 때와 마찬가지로 신고만 하고 낼 세금은 없다. 게다가 19세에 성년이 되기 때문에 19세 이후에는 증여재산공제액이 5000만원으로 늘어난다.

자녀 태어날 때 2000만원 주고 시작하라

다만 A씨의 증여에서 아쉬운 부분은 또 있다. 자녀 나이 10세에서야 증여를 시작해 증여재산공제를 최대로 활용하지 못한 부분이다. A씨가 만약 자녀가 태어나자마자 2000만원을 증여했으면 어땠을까? 그 이전 10년은 역산의 의미가 없기 때문에 당장 2000만원 공제를 받고, 자녀가 10세가 된 해에 2000만원을 또 세금없이 증여할 수 있는 여지도 생긴다. 이 경우 30세까지 1억4000만원을 세금없이 증여할 수 있다. 0세 2000만원, 10세 2000만원, 20세 5000만원, 30세 5000만원이라는 10년주기 무상증여플랜의 완성이다. 10세 때 2000만원 증여로 출발한 A씨의 자녀는 30세까지 최대 1억2000만원으로 세금 없는 증여 가능 금액이 줄어든다. 물론 현실적으로는 이 정도라도 실행에 옮기는 사람은 드물다.

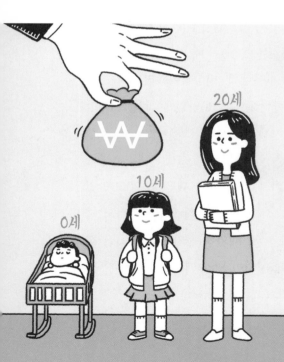

▼ 증여시기별 증여세

나이	사례①	사례②	사례③
0세	–	–	2000만원
5세	–	2000만원	–
10세	2000만원	2000만원	2000만원
15세	2000만원	–	–
20세	–	–	5000만원
증여세	194만원	194만원	0원

▼ 직계존비속간 증여세 비과세 대상
- ▶ 사회통념상 인정되는 치료비
- ▶ 사회통념상 인정되는 피부양자의 생활비
- ▶ 학자금·장학금과 유사금품
- ▶ 통상 필요가 인정되는 기념품·축하금·부의금 등 금품
- ▶ 혼수용품으로 통상 필요하다고 인정되는 금품
- ▶ 장애인을 수익자로 하는 보험금(연 4000만원 한도)

소액 누적 증여로도 10년주기 무상증여플랜 가능

목돈이 없어서 매년 소액을 누적해 증여해도 절세 플랜이 적용된다. 증여일 기준으로 10년을 역산해서 증여가액을 합산한다는 원칙만 이해하면 된다. 예를 들어 태어나자마자 200만원을 증여하고, 이후 매년 200만원을 증여하더라도 10세가 되는 해에 2000만원까지 증여재산공제를 받을 수 있다.

다만, 조금씩 나눠 증여하는 경우 원칙상 매번 신고해야 한다는 단점이 있다. 증여세는 증여한 시점에 신고해야 하기 때문이다. 물론 실제로는 소액의 경우 매번 신고하지 않았다고 해서 문제가 생기지는 않는다. 10년간 증여가액이 2000만원이 넘지 않으면 낼 세금도 없기 때문이다.

부모에게 등록금을 받아 투자하면 증여로 보고 과세

자녀에게 증여할 때에는 어디까지 증여로 볼 것인가에 대한 이해도 필요하다. 부양측면에서 부모자식간에 자연스럽게 발생하는 금전의 이동도 많기 때문이다. 실제로 「세법」에서는 '사회통념상 인정되는 치료비와 피부양자의 생활비·교육비, 그밖에 유사한 것'에 대해서는 증여로 보지 않고 있다. 하지만 이때에도 지급 목적에 맞게 사용하지 않으면 증여로 보고 과세될 수 있다. 예를 들어 자녀 대학등록금으로 1000만원을 줬는데 자녀가 이를 금융상품에 가입했거나 다른 곳에 썼다면 증여로 본다는 것이다.

세무회계여솔 박지연 대표세무사는 "「세법」에서도 사회통념상 인정되는 비용에 대한 경계가 불명확한 것이 사실이다. 따라서 일단 증여재산공제 한도까지 증여해 놓고, 다양하게 자금을 운영하는 것도 증여세 부담을 피하는 방법"이라고 설명했다.

물려받지도 않은 재산의 상속세

☂ 사망하기 전 재산을 처분해 은밀히 현금으로 증여한다면?

우리나라 「상속세및증여세법」에서는 '상속한 것으로 추정되는' 재산도 세금을 내야 하는 추정상속재산 규정이 있다. 이는 사망하기 전에 현금을 인출하거나 재산을 처분한 뒤 은닉해 상속세 부담을 줄이는 것을 막기 위한 제도다. 하지만 추정상속재산 규정에 따라 상속인들은 물려받지 않은 재산의 상속세를 납부해야 하는 어처구니없는 상황을 맞을 수도 있다.

사례1 자산가 A씨는 말기암으로 시한부 선고를 받은 후 더 이상 회복이 어렵다고 생각하고 여행을 떠났다. 강원도에 도착하자 과거 라스베이거스에서 돈을 땄던 기억이 떠올라 강원랜드로 향했고, 어차피 돈을 더 쓸 일도 없다는 생각에 은행에서 현금 10억원을 인출했다. 며칠 후 강원랜드에서 나와 집으로 향할 때 A씨 수중에 남은 돈은 거의 없었다. 이듬해 A씨는 사망했다.

사례2 B씨는 오래 전 지인 C씨로부터 빌린 채무를 상환하고자 자신이 소유하던 여러 부동산 중 하나를 10억원에 처분하고는 처분대금(현금)을 C씨에게 채무 변제 명목으로 지급했다. 몇 달 후 B씨는 갑작스런 교통사고로 유명을 달리했다. B씨의 자녀들은 B씨가 생전에 지인 C씨와 채권채무관계가 있었는지, B씨가 그 부동산 처분 대금 10억원을 어디에 사용했는지를 B씨로부터 들은 적이 전혀 없었다.

위 사례에서 A씨와 B씨(피상속인)의 임종 후 그 배우자나 자녀들(상속인)에게는 예상치 못한 세금 문제가 발생할 수 있다. A씨는 10억원을 인출해 전액을 강원랜드에서 소비했고, B씨는 부동산 매각대금 10억원을 채권자 C씨에게 변제했다. A씨와 B씨의 상속인들은 자신들이 피상속인으로부터 10억원을 받은 적이 없었음에도 불구하고, 위 10억원이 상속받은 재산으로 취급되어 그에 상응하는 상속세를 납부해야 한다.

상속인들은 과세관청에 자신들이 위 10억원을 상속받지 않았다는 점을 스스로 증명해야 한다. 위 사례들은 극단적인 예이지만, 부모님이 생전에 거액의 현금을 인출한 경우 그 자녀들은 영문도 모른 채 복잡한 세금 문제를 맞이할 수도 있다.

☂ 피상속인이 사망 전 처분하거나 인출한 재산, 용도를 밝히지 못하면 상속재산으로 추정

「세법」은 이런 경우 상속인들이 재산을 상속받은 것으로 추정하는 근거 규정을 두고 있다. 이는 피상속인이 사망하기 전 부동산·주식 등의 재산을 처분하거나 금전을 차입한 후 현금을 은밀히 증여하는 경우 과세기술상 발견이 쉽지 않기 때문이다. 상속인이 현금을 상속받은 것으로 추정함으로써, 상속세의 부당한 경감을 방지하며 공평과세를 실현하는데 목적이 있다.

상속재산으로 추정되는 경우는 두 가지가 있다. 먼저, 위 사례들과 같이 피상속인이 처분하거나 인출한 재산이다. 피상속인이 자신의 재산을 처분하거나 현금을 인출한 때, 그 금액이 상속개시일 전 1년 이내에 재산 종류별로 2억원 이상인 경우 또는 상속개시일 전 2년 이내에 재산 종류별로 5억원 이상인 경우로서 그 용도가 객관적으로 명백하지 않은 금액은 상속인이 상속받은 것으로 추정해 상속세 과세가액에 산입된다.

따라서, 피상속인이 그 사망 시점을 기준으로 1년 이내에 현금 2억원 이상을 인출한 경우나, 2년 이내에 5억원 이상의 부동산을 처분한 후 그 용도를 밝히지 못하는 경우에는 그 인출 또는 처분액이 상속재산에 포함되어 그만큼의 상속세를 납부해야 한다. 상속인들이 상속세를 납부하지 않기 위해서는 위 재산을 물려받지 않았다는 점을 소명해야 하는 '증명책임'이 있다.

그런데, 피상속인이 자신의 계좌에서 현금을 인출하여 생활비로 사용하거나 간병인에게 급여를 지급하는 등의 소비 패턴은 매우 흔하다(특히 고령의 자산가라면 현금 사용액이 더욱 많을 것이다). 상속인들로서는 피상속인이 생전에 언제, 어디서, 얼마의 현금을 누구에게 지출했는지 건별로 입증하기도 어렵다.

따라서 추정상속재산 규정이 지나치게 넓게 적용되면 납세자에게는 사뭇 부당한 결과가 초래될 수도 있다. 이에 과세관청도 실무적으로는 그 구체적인 증빙이 없더라도 피상속인의 연령·직업·소득 및 재산 상태 등에 비추어 통상적인 생활비나 품위유지비·간병비·치료비·기업운영자금 등은 개인적 소비로 지출된 것으로 봄이 사회적 통념에 합치하는 경우에는 피상속인이 사용한 금전의 용도가 객관적으로 명백한 것으로 취급한다.

피상속인의 채무가 인정되지 않는 경우도 있다. 원칙적으로는 피상속인의 채무 역시 상속인에게 승계돼 상속세 과세표준에서 제외된다. 그러나 피상속인이 국가·지방자치단체 및 금융회사 외의 자에게 부담한 채무로서 상속인이 변제할 의무가 없는 것으로 추정되거나, 상속개시일 전 1년 이내에 2억원 이상이거나 2년 이내에 5억원 이상의 채무를 부담한 경우로서 그 용도가 객관적으로 명백하지 아니한 경우에는 그 채무액을 상속세 과세가액에 산입한다. 이 규정은 피상속인이 허위의 채무를 부담함으로써 상속세 과세가액을 부당하게 줄이는 편법을 방지하기 위한 것이다.

부모님께 빌린 돈, 이자는 얼마 드려야 하죠?

　　부모자식 간에도 돈을 빌려주는 경우가 있다. 그냥 주면 증여세를 내야 할 수 있지만, 빌려준다면 증여세 부담에서 벗어날 수 있다는 장점이 있다. 하지만 부모자식 간, 즉 특수관계자 사이에는 빌려준 돈이라고 하더라도 빌려준 돈으로 인정받기가 쉽지 않다고 한다.

☔ 적정이자율 연 4.6%, 이보다 낮으면 차액은 증여로 봐

「세법」에서는 기본적으로 특수관계자 사이의 대부거래를 믿지 않고 있다. 빌리는 척만 하고 그냥 줬을 경우 국세청이 확인하기가 쉽지 않기 때문이다. 그래서 부모자식 사이라고 하더라도 돈을 빌린후에는 차용증을 쓰고 대부계약을 체결하는 등 확실한 증빙이 있어야만 빌린 돈이라는 것을 인정해 준다. 그렇지 않으면 증여로 보고 증여세를 매길 수 있다.

　　특히 돈을 빌린 후 이자를 지급하는 것이 중요하다. 무이자로 빌려준 경우에도 그 이자만큼을 증여했다고 보고 증여세를 부과한다.

　　결국, 부모자식 간에는 돈을 빌리더라도 반드시 차용증을 쓰고, 이자를 줘야만 확실하게 증여세 부담에서 벗어날 수 있다는 것을 알 수 있다.

　　이때 차용증이나 계약서의 신뢰를 확보하기 위해서는 공증을 받아두거나 확정일자를 받아두는 것도 필요하다. 이자는 계좌이체 등을 통해 증거를 남겨둬야 한다.

그런데 이자를 주더라도 얼마나 주는가에 따라 증여세 부담이 또 발생할 수 있다. 아주 낮은 이자율로 이자를 주는 경우에는 정상적으로 이자를 줬을 때의 차액 또한 증여로 보기 때문이다.

그렇다면 정상적인 이자율은 얼마일까? 「세법」에서는 법정 적정이자율을 결정해 놓고 있다. 현재는 연 4.6%다. 최근 저금리 상황을 고려하면 높은 편이지만 개인의 신용을 담보로 한 대출을 기준으로 본다면 높다 낮다를 판단하기는 쉽지 않다.

법정 적정이자율은 경제상황에 따라 조금씩 수정돼왔다. 2011년까지는 8.5%, 2012년부터는 6.9%가 적용되다가 2016년부터는 지금의 4.6%로 더 낮아졌다. 저금리 기조가 어느 정도는 반영되고 있는 모습이다.

부모 소유 부동산을 담보로 제공해 자녀가 대출을 받는 경우는 어떻게 될까? 「세법」은 부동산을 무상으로 담보 제공할 때도, 금전의 무상 대여와 유사하게 증여세를 과세하도록 하고 있다.

🍂 이자액 1000만원 미만이라면 증여세 면제
2억 정도까지는 무이자로 빌려줘도 비과세

한가지 더 알아 둘 것은 부모에게서 돈을 빌리고, 적정이자율로 이자를 지급하지 않았다고 해서 무조건 세금을 매기지는 않는다는 사실이다.

무이자로 빌리는 경우 적정이자율로 이자를 환산한 금액이 1000만원 미만이라면 증여세를 과세하지 않는다. 적정이자율보다 낮은 이자율로 빌리는 경우에도 적정이자율로 이자를 지급했을 때와 이자차액이 1000만원 미만이라면 증여세를 매기지 않는다. 증여이익으로 볼만한 금액이 1000만원이 안되는 경우에는 세금을 내지 않아도 된다는 뜻이다.

적정이자율 4.6%로 이자가 1000만원 정도 나오려면 대출 원금이 2억1700만원(1년 만기 일시상환 기준) 정도는 되어야 한다. 부모가 자식에게 2억원 정도는 1년 동안 무이자로 빌려주더라도 이자만큼에 대한 증여세를 매기지는 않는다는 정도로 이해하면 좋겠다.

▼ 증여세 부담 없는 특수관계자 간 대부거래

적정이자율(4.6%)로 이자를 주는 대부거래	적정이자율로 환산시 이자 1000만원 미만인 원금의 무이자 대부거래	적정이자와 이자차액이 1000만원 미만인 저리 대부거래

물론 원금은 반드시 갚아야 한다.

🌂 부모님 돈으로 집 샀을 때 자금조달계획서는 어떻게 쓸까?

투기과열지구에 있는 3억원 이상 주택을 거래할 때는 입주계획을 포함해 자금조달계획서를 지방자치단체에 제출해야 한다. 수도권은 사실상 대부분 투기과열지역이다. 자금조달계획서를 계약 체결일부터 60일 이내에 제출하지 않으면 500만원, 허위로 신고하는 경우는 거래금액의 2%를 과태료로 물어야 한다.

집값은 계속 오르지만 자녀들의 소득은 정체되어 있다 보니 주택자금에서 증여가 차지하는 비중이 높아지고 있다. 그래서 2018년 12월부터는 자금조달계획서 서식에 '증여·상속' 항목이 생겨났다. 따라서 자금조달계획서가 국세청의 증여세 과세자료로 활용될 경우 오해가 없도록 주의할 필요가 있다. 실제로 국세청에서는 부동산 관련 세무조사 대상자를 선정하는 자료로 자금조달계획서를 종합적으로 활용하고 있다.

예를 들어 부모님으로부터 주택자금 중 일부인 2억원을 증여받은 경우에는 '증여·상속' 항목에 기재하고 증여세 신고를 하는 것이 맞다. 하지만 부모로부터 2억원을 빌린 경우라면

▼ **주택취득자금 조달계획서**

	내용
자기 자금	• 금융기관 예금액
	• 부동산 처분대금 등
	• 주식·채권 매각대금
	• 증여·상속 등
	• 현금 등 기타
차입금 등	• 금융기관 대출액 – 주택담보대출 포함 여부 체크 – 기존주택 보유 여부 체크
	• 임대보증금 등
	• 회사지원금·사채 등
	• 기타

'그 밖의 차입금' 항목에 써넣으면 되고 증여세는 신고 대상이 아니다. 증여와 차입 구분을 확실히 해야 한다.

자금조달계획서는 크게 자기자금과 차입금으로 구분해서 적는다. 집을 사기 위해 내 돈과 빌린 돈을 각각 얼마나 투입할지 구분하는 것이다.

자기자금으로는 우선 예금과 적금 등 금융기관 예금액에서 취득할 돈, 그리고 주식과 채권 등 각종 유가증권 매각으로 조달할 금액을 적는다.

부동산 처분대금란에는 기존에 보유하고 있던 부동산을 매각하거나 임대보증금을 회수하는 등의 방법으로 조달할 금액을 적고, 기타 보유현금으로 마련할 경우 현금란에 해당 금액을 쓰면 된다. 상속 및 증여자금란에는 가족 등에게서 증여받거나 상속받아 조달하는 자금을 써넣는다.

차입금에는 대표적으로 금융기관 대출액을 쓰게 돼 있는데, 각종 대출금과 매도인의 대출금을 승계하는 자금까지 적어야 한다.

또 금융기관 대출 중 주택담보대출이 껴 있는지도 체크해야 한다. 새로 취득하려는 주택을 담보로 대출을 받아 자금을 조달하려는 경우에는 기존에 주택(분양권, 입주권 포함)을 보유하고 있는지, 보유주택 수는 몇 건인지도 적어 넣어야 한다.

임대보증금란에는 취득하려는 주택의 신규 임대차계약이나 매도인으로부터 승계한 임대차계약의 임대보증금 등 임대를 통해 조달하는 자금을 적는다. 이밖에 금융기관 이외의 법인이나 개인사업자 등을 통해 조달하려는 자금은 '회사지원금·사채'란에 써넣으면 된다.

손주에게 직접 증여하면 증여세 아낄 수 있다

고령화 사회로 접어들면서 이제 60~70대는 노인이라고 부르기도 민망할 정도로 젊게 느껴진다. 80~90대까지 사회활동을 하는 분들도 많다. 평생 모아놓은 재산을 가족에게 물려줄 때도 고민할 부분이 늘었다. 당장 세상을 떠날 것 같지 않고 자녀의 나이까지 많다면 상속 타이밍을 잡기가 더욱 어렵다. 자산과 세 전문가인 최용준 세무사(세무법인 다솔 WM센터 제3본부 대표)에게 고령자의 상속·증여세 절세 플랜을 들어봤다.

조부모가 손주에게 직접 재산을 물려주는 세대생략 증여는 건수와 금액이 매년 늘고 있다.

요즘 손주에게 재산을 물려주는 자산가들이 실제로 많은가?
2018년 국세청 국정감사 자료를 보면 조부모가 손주에게 직접 재산을 물려준 세대생략 증여가 5년간 5조원에 달한다고 한다. 증여건수와 금액도 매년 늘고 있다. 이를 통한 절세 효과가 연간 900억원에 달한다는 분석도 나왔다. 자산가들 사이에선 입소문을 타고 손주에게 증여하고 싶다는 문의가 많이 들어온다.

조부모가 손주에게 증여하면 증여세율이 더 높은가?
원래 할아버지가 아버지를 거쳐서 손주에게 재산을 물려주면 증여세를 두 번 내게 된다. 여기에서 아버지를 생략하고 직접 물려주면 증여세를 한 번만 내면 되니까 그만큼 할증해서 증여세를 더 받는다. 세대생략을 하면 증여세율(10~50%)에서 30% 할증한다.

예를 들어 아버지가 자녀한테 1억원을 물려준다면 증여세율 10%를 적용해 1000만원(증여공제가 없다고 가정)을 내면 되지만 할아버지가 손주에게 물려주면 할증이 붙어 13%인 1300만원(증여공제가 없다고 가정)을 내야 한다. 증여세율 20% 구간이라면 할증과세 세율은 26%가 된다.

그렇다면 손주에게 증여하는 게 왜 유리한가?
자녀보다 손주들에게 분산 증여하는 게 유리할 수 있다. 예를 들어 자녀 2명에게 각각 2억원을 증여한다면 증여세는 1인당 1900만원씩 총 3800만원을 내야 한다. 그런데 자녀가 아닌 손주 4명에게 1억원씩 증여하면 세금은 1인당 617만원씩 총 2470만원이 나온다. 자녀에게 증여하는 경우보다 1330만원의 세금이 줄어드는 셈이다. 자녀들에게 직접 증여하면 1인당 5000만원씩 2명이 공제를 받지만 손자들에게 증여하면 1인당 5000만원씩 4명이 공제를 받게 된다. 자녀가 증여받는 2억원에 대해서는 최고 20%의 세율이 적용되지만 손자 4명에게 분산 증여하면 할증을 감안해도 13%의 세율이 적용되기 때문에 세금이 더 줄어드는 것이다.

세대생략 증여는 어떤 상황에서 절세 효과가 큰가? 자녀에게 10년 이내에 이미 증여한 재산이 있다면 손주에게 증여하는 게 훨씬 좋다. 장남에게 7년 전에 5억원을 증여했고 다시 1억원을 추가로 증여한다면 총 6억원에 대해 30%의 세율이 적용돼 2850만원의 세금을 낸다. 그런데 손주에게 1억원을 증여하면 증여공제 5000만원을 받고 할증과세 13%의 세율이 붙어도 세금이 617만원에 불과하다. 장남에게 증여하는 것보다 2232만원의 세금이 줄어든다.

손주에게 증여한 후 사망하면 상속세는 어떻게 되는가? 고령이고 자산이 많을수록 손주 증여가 더 유리하다. 미리 자녀에게 증여했다가 10년 내에 사망하면 증여한 재산과 상속재산이 합산되기 때문에 높은 상속세율을 적용받게 된다. 하지만 손주에게 물려준다면 5년만 지나도 상속세를 피할 수 있다. 손주는 상속인이 아니기 때문에 사전증여 재산을 합산하는 기간이 5년이다. 며느리나 사위도 마찬가지로 5년이 적용된다.

1억원을 손주에게 증여한다면 상속세를 얼마나 아낄 수 있나? 상속세 최고세율(50%) 구간에 있는 할아버지가 1억원을 자녀에게 증여하고 7년 후 사망한다면 증여세 1000만원과 상속세 4000만원을 내

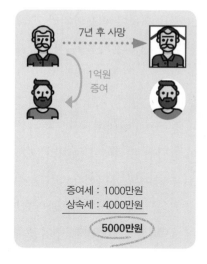

증여세 : 1000만원
상속세 : 4000만원

5000만원

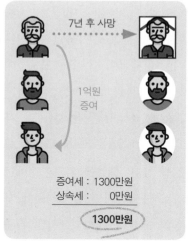

증여세 : 1300만원
상속세 :   0만원

1300만원

게 된다. 만약 1억원을 손주에게 증여하면 증여세는 1300만원(증여
공제가 없다고 가정)이고 상속세는 낼 필요가 없다. 절세 효과는
3700만원이 되는 셈이다. 만약 손주 4명에게 1억원씩 4억원을 증
여했다면 총 1억4800만원의 상속세를 아낄 수 있다.

**며느리나 사위에게 증여할
때 절세 효과는 어떤가?**

이미 자녀에게 재산을 물려준 상태라면
추가 증여는 며느리나 사위에게 하는 방
법도 괜찮다. 자녀에게 추가로 증여하면 세율이 높아지기 때문이
다. 며느리나 사위에게 증여해도 손주에게 증여한 경우와 마찬가지
로 증여 후 5년만 지나면 상속세를 피할 수 있어 상속세 절세 효과
도 꽤 크다. 그래서 보통 증여 순서를 정한다면 우선 자녀, 그 다음
에 손주, 마지막으로 며느리·사위 순서로 정하는 경우가 많다.

손주나 며느리에게 증여하기 적당한 금액은 얼마인가? 손주에게 물려준다면 증여공제가 5000만원이니까 1억5000만원까지 최저세율(10%)을 적용받을 수 있다. 미성년자는 증여공제가 2000만원이니까 1억2000만원까지 물려주면 최저세율을 적용받는다. 1억2000만원을 넘으면 증여세율이 20%가 되니까 증여세가 급격히 늘게 된다. 며느리·사위에 대한 증여공제는 1000만원이기 때문에 1억1000만원까지 증여하는 게 좋다.

며느리·사위에게 증여할 때 주의할 점은 무엇인가? 며느리에게 분산 증여했는데 아들이 그 돈으로 집을 샀다면 국세청이 증여세를 추징할 수도 있다. 배우자는 6억원까지 증여공제를 받기 때문에 증여세를 내지 않아도 된다고 주장할 수도 있다. 하지만 국세청은 이를 우회증여로 판단해서 세금을 물릴 수 있다. 며느리에게 증여한 게 아니라 실질적으로 아들에게 증여했다고 보기 때문에 세금 문제가 생길 수 있다.

사망 전에 부동산을 처분해 현금으로 나눠줘도 될까? 사후 자녀들의 재산 분쟁이 걱정된 나머지 사망 전에 부동산을 처분해 자녀들에게 현금으로 나눠주려는 분들이 많다. 하지만 세금 측면에서는 좋지 않은 선택이 될 수 있다. 부동산으로 상속 또는 증여하면 시가보다 낮은 기준시가가 과표가 되지만, 이를 시가로 팔아 현금을 주면 상속세 부담이 더 커진다.

받았다 돌려준 재산도
증여세 내야 할까?

최근 자산가들은 가족에게 미리 재산을 증여하는 경우가 많다. 국세청 통계에 따르면 우리나라의 증여세 세수는 2012년에는 약 2조3000억원 정도였지만 2017년에는 약 4조4000억원 이상으로 빠르게 늘고 있다. 재산이 많은 자산가들은 사망 시점에 재산을 물려주는 상속보다는 생존해 있을 때 적절히 사전에 분산 증여하는 것이 세테크 차원에서 유리한 경우가 많기 때문이다.

애야! 미안하지만 공부하는데 보태라고 한 달 전에 네게 준 아파트, 돌려줘야겠다….

그런데 재산 일부를 미리 자녀에게 무상으로 증여하고 보니 당장 자녀가 10~50%세율에 달하는 증여세를 부담해 납부하기 어려운 경우도 있다. 그래서 증여받은 재산을 다시 부모에게 반환한다면, 그래도 자녀는 증여세를 내야 할까?

통상적인 증여는 재산을 주는 증여자와 재산을 받는 수증자 간의 합의와 「민법」상 증여계약에 따라 이뤄진다. 따라서 한번 한 증여계약을 당사자 간 합의에 따라 해제하는 것도 가능하다. 증여계약을 없던 것으로 하는 것이다.

그러나 증여계약을 하고 증여재산이 이전되는 경우, 수증자에게는 국가에 증여세를 납부할 조세채무가 발생하게 된다. 증여자와 수증자가 증여계약을 해제했다고 하더라도 국가에 대한 이러한 증여세 조세채무가 자동으로 사라지는 것은 아니다. 나아가 수증자가 증여자에게 증여재산을 반환하는 것 또한 별개의 증여로 보아 증여세 과세 대상이 될 수도 있다.

이처럼 당사자간의 합의에 따라 증여재산을 반환했는데도 불구하고 당초 증여에 대해 증여세를 부담해야 하고, 심지어 재산을 반환할 때도 다시 증여세를 부담하는 것은 부당한 것으로 느껴진다. 그렇기 때문에 「상속세및증여세법」은 증여재산을 반환할 때 일정한 경우에는 예외적으로 증여세를 부담하지 않도록 하고 있다.

구체적으로, 법은 증여세 신고기한(증여일이 속한 달의 말일로부터

증여세 신고기한 내 반환 → 증여세 과세 ×
신고기한 경과 후 3개월 이내 → 증여세 과세
신고기한 경과 후 6개월 이내 → 증여와 반환 재산 모두 증여세 과세

▼ 증여재산 반환 시기에 따른 증여세

증여재산 반환 시기		증여세 과세 여부	
		당초 증여	반환 증여
금전 외 재산	증여세 신고기한 이내	X	X
	신고기한 경과 후 3개월 이내	O	X
	신고기간 경과 후 3개월 이후	O	O
	반환 전 증여세가 결정된 경우	O	O
금전	시기 무관	O	O

3개월 이내)에 당사자 간의 합의에 따라 증여재산이 반환되면 증여세를 과세하지 않도록 하고 있다. 당초 증여에 대해서도 증여세를 과세하지 않고, 재산을 반환하는 것에도 증여세를 과세하지 않는다.

그렇다면 증여세 신고기한이 지난 후에 증여받은 재산을 반환하는 경우는 어떨까? 증여세 신고기한 경과 후 3개월 이내(증여받은 날이 속하는 달의 말일부터 6개월 이내)에 재산을 반환한다면, 당초 증여에 대해서는 증여세가 과세되지만 증여재산을 반환하는 것에 대해서는 재차 증여세가 과세되지 않는다.

그러나 증여세 신고기한 경과 후 3개월이 지난 후 재산을 반환하는 경우에는 당초 증여에 대해 증여세가 과세될 뿐만 아니라, 증여재산의 반환에 대해서도 또 증여세가 별도로 과세된다. 증여의 반환이 아닌 또 다른 증여로 보는 것이다.

결국 증여받은 재산의 반환시기에 따라 증여세 과세 여부가 달라진다. 게다가 너무 늦게 반환한다면 반환에 대해서도 별도로 증여세를 다시 부담하게 되므로, 증여재산을 반환하기로 합의했다면 너무 늦지 않게 돌려주는 것이 중요하다.

그리고 증여를 하고 재산을 반환하기 전에 정부가 증여세 과세를 결정하는 경우(국세·지방세 체납이 있는 경우 등)에는 신고기한 이내에 반환해도 증여세가 과세되므로, 이런 점에서도 재산 반환을 결정했다면 빠르게 합의해 반환하는 것이 좋다.

증여재산의 종류도 중요하다. 반환한 재산을 처음부터 증여로 보지 않는 규정은 금전을 증여한 경우에는 적용되지 않는다. 금전은 반환 여부나 반환시기를 객관적으로 확인하기 어렵고, 증여와 반환이 용이해 증여세 회피 수단으로 활용될 수 있기 때문이다. 이에 따라 「세법」도 금전 증여에 대해서는 다른 재산의 증여와 달리 신고기한 이내에 합의해제를 해도 증여세를 부과하도록 규정하고 있다.

결국 금전을 증여받는다면 반환해도 당초 증여시나 반환시 그 시기를 불문하고 둘 다 증여세 과세 대상이 되므로 유의해야 한다.

한편, 증여재산을 반환해 증여세는 납부하지 않더라도 지방세인 취득세는 납부해야 하므로 이점 또한 유의해 반환 여부를 결정하는 것이 좋다.

> **금전 증여는 반환 시기 상관없이
> 증여와 반환 재산 모두 증여세 과세**

CHAPTER 7

세금 때문에 울고 웃는 사연
절세극장

아버지가 빌려준
전세보증금

아버지에게 7억 빌려 30평대 신혼집 마련

출산 후 추가로 돈 빌려 40평대 이사

국세청, 전세보증금에 증여세 추징

이자 납부 증거 없어 심판청구도 기각

"김 회계사! 올해 몇이지? 여자친구는 있고?"
"내년에 서른입니다. 여사친만 몇명 있습니다."
"일만 하지말고 연애도 해야지. 소개팅 해볼래?"
"저야 좋죠. 소개만 시켜주신다면 한번 만나보겠습니다."

서울의 명문대학을 졸업하고 공인회계사 자격시험까지 딴 김모씨는 대형
회계법인에 취업했습니다. 서글서글한 성격과 우수한 성적으로 수습기간
내내 선배들의 눈도장을 받았는데요.

회계법인의 새로운 성장동력으로 꼽히는 기업 인수합병(M&A) 부서로
배치돼 밤낮을 가리지 않고 일했습니다. M&A 분야는 전문성을 키울수록
고액 연봉이 보장되기 때문에 하나라도 더 배우려는 열정이 가득했죠. 주
말도 반납하고 업무에 몰두하던 김 회계사에게 어느 날 선배가 소개팅을
주선했습니다.

소개팅에서 만난 그녀는 단아한 외모와 차분한 말투로 김 회계사의 마
음을 사로잡았습니다. 두 사람은 소개팅 이후 자연스럽게 데이트를 즐겼
는데요. 좋아하는 음식과 음악·영화까지 취향이 비슷해서 데이트하는 재
미가 쏠쏠했습니다. 시간이 지날수록 서로에게 호감을 느낀 두 사람은 정
식으로 교제를 시작했고 1년 만에 결혼을 결심하게 됩니다. 김 회계사가
결혼에 대한 계획을 밝히자 그녀가 조심스럽게 말을 꺼냈습니다.

"오빠! 나 신혼집은 강남에 마련했으면 좋겠어. 좀 힘들면 잠실도 괜찮아."
"그 동네는 너무 비싸잖아. 다른 지역은 안될까?"

그녀는 평생 강남 지역을 벗어난 적이 없어서 신혼집도 그쪽으로 마련해
달라고 주문했습니다. 물론 김 회계사가 신혼집과 관련한 모든 비용을 부
담한다는 조건으로 말이죠. 김 회계사가 설득에 나서봤지만 그녀는 고집
을 꺾지 않았습니다.

신혼집 문제로 승강이를 벌이던 두 사람은 헤어질 위기를 겪고 극적으로 결혼에 골인했는데요. 김 회계사는 잠실에 신혼집을 마련하는 대신 전세로 시작하자는 최후 통첩을 보냈고 그녀도 오랜 고심 끝에 수용했습니다.

하지만 김 회계사에겐 또 하나의 큰 산이 남아있었는데요. 평생 강남 사모님으로 살아온 그녀의 어머니였습니다. 예비 장모는 전세로 시작하려면 적어도 30평대 이상의 아파트를 장만하라고 압력을 넣었습니다.

결국 김 회계사는 아버지를 찾아갈 수밖에 없었습니다. 아버지는 꽤 탄탄한 중소기업을 운영했지만 꼬장꼬장한 성격 탓에 아들과 사이가 원만하지 못했는데요. 김 회계사도 웬만하면 '아버지 찬스'를 쓰기 싫었지만 예비 장모를 설득하려면 어쩔 수 없었습니다.

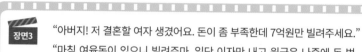

장면3 "아버지! 저 결혼할 여자 생겼어요. 돈이 좀 부족한데 7억원만 빌려주세요."
"마침 여윳돈이 있으니 빌려주마. 일단 이자만 내고 원금은 나중에 돈 벌면 갚아라."

아버지의 도움을 얻은 김 회계사는 잠실의 30평대 아파트를 전세로 마련했습니다. 그렇게 우여곡절 끝에 결혼에 골인했고 '허니문 베이비'로 아이도 낳았는데요. 아내가 산후조리원부터 유아용품까지 모두 최고급을 고집하는 바람에 양육비 부담이 만만치 않았습니다.

김 회계사는 회사에서 인정받으면서 억대 연봉을 손에 쥘 수 있었지만 아내는 만족하지 못했습니다. 아이를 키우기엔 집이 좁다며 더 넓은 아파트를 원했습니다.

김 회계사는 아버지와 2차 협상을 통해 추가 지원을 받았고 인근 40평대 아파트로 이사할 수 있었습니다. 시아버지는 며느리를 자신의 회사에 취직시켜 아들 부부에게 추가 소득원도 제공했죠.

새 아파트로 이사한 지 1년이 지날 무렵 김 회계사는 뜻밖의 우편물을 받았습니다. 바로 세무서에서 보내온 세금 통지서였는데요. 아버지가 대신 내준 전세보증금에 대해 증여세를 내라는 내용이었습니다.

김 회계사는 세무서를 찾아가 억울함을 호소했습니다. 자신의 소득으로 아버지에게 빌린 전세보증금을 충분히 갚을 수 있다고 주장했죠.

장면4
"제 연봉이 얼마인 줄 아세요? 앞으로 계속 오를 예정이고요. 전세보증금은 아버지가 빌려준 돈이라니까요."

"이자와 원금을 한 번도 상환하지 않았네요. 빚도 많은 분이 40평대로 이사했고요. 이건 증여죠."

"이자는 통장에서 인출해 현금으로 드렸어요. 계좌 조회해보시면 다 나올 거예요."

김씨는 통장 사본과 근로소득원천징수영수증을 들고 조세심판원을 찾아갔지만 심판 결정을 뒤집지 못했습니다. 아버지와 차용증을 작성한 적도 없고 이자를 지급했다는 증거도 전혀 남아있지 않았죠.

조세심판원은 "고액의 부채가 있는 상황에서 전세보증금을 증액해 이사하는 것은 사회통념상 납득하기 어렵다"며 "전세보증금은 대여금이 아니라 증여받은 재산으로 봐야 한다"고 밝혔습니다.

절세 Tip
가족으로부터 빌린 전세보증금은 채무계약서와 같은 증빙을 갖추면 증여로 보지 않는다. 다만 적정이자율(4.6%)에 미치지 못하는 이자를 지급한 경우에는 사실상 이익을 증여한 것으로 보고 증여세를 과세한다. 따라서 자녀가 부모로부터 전세보증금을 빌릴 경우 반드시 계약서를 작성하고 적정 이자를 지급해야 증여세 추징을 피할 수 있다.

초대형 세무사기에 걸려든
보험왕

소개받은 세무사 "경조사비 환급 가능" 확언해놓고는

증빙 없이 소득세 신고

국세청, 3년 만에 가산세까지 1억 추징

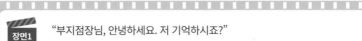

장면1 "부지점장님, 안녕하세요. 저 기억하시죠?"
"어머! 오랜만이네. 거기 지점장님 잘 계시지?"
"잘 계세요. 그리고 저 이번에 결혼해요. 청첩장 드리려고요."

생명보험회사 세일즈매니저(부지점장)인 김모씨는 판매왕을 두 번이나 차지한 보험설계사입니다. 청산유수 같은 말솜씨와 고객을 상대하는 수완이 탁월해 동료들 사이에서도 보험설계사의 롤모델로 꼽힐 정도인데요.

한번 인연을 맺은 고객은 명절마다 선물도 보내고 경조사까지 부지런히 챙겼기 때문에 몸이 열 개라도 모자랄 지경이죠. 연평균 1000건이 넘는 계약을 성사시키면서 억대 연봉을 받고 있기도 하죠.

회사에서도 그에게 중책을 맡기고 있는데요. 보험설계사 선발부터 교육과 지원업무까지 모두 그의 몫이죠. 신입 보험설계사들에겐 영업 노하우를 친절하게 알려주는 멘토이자 언제든지 고민을 털어놓을 수 있는 언니같은 존재였어요.

신입 보험설계사들의 멘토였기 때문에 경조사가 있을 때마다 그를 찾아오는 후배들이 워낙 많았어요. 회사 내부 메일로 받는 경조사 소식도 끊이지 않았는데요. 직접 가지 못할 때는 동료에게 부탁해 축의금과 부의금을 전달했죠. 그가 1년 동안 경조사를 챙긴 사람들을 세어보니 300여명에 달했고 지출한 비용만 1000만원을 넘었어요.

그러던 어느 날 지점장이 김씨를 따로 불러서 이야기를 꺼냈는데요. 경조사비를 나중에 돌려받는 방법이 있다며 자신의 경험담을 조목조목 설명했어요.

 "부지점장! 경조사비 세금 환급되는 거 알아?"
"정말요? 증빙도 없는데 어떻게 환급받나요?"
"나도 받았다니깐. 내가 세무사 소개해줄까?"

그렇게 지점장의 소개로 U세무사를 알게 됐는데요. 그는 거침이 없었어요. 경조사비는 물론이고 마트나 백화점에서 신용카드로 결제한 비용까지 모두 공제받을 수 있다고 했어요. 김씨도 처음에는 U세무사의 말을 믿을 수 없었지만 그가 실제로 세금을 환급받아 준 설계사들의 신고내역서를 보고 나서 마음이 움직였죠.

김씨는 U세무사에게 신용카드 사용내역을 맡기고 종합소득세 신고를 부탁했어요. 청첩장과 부고(訃告)장도 빠짐없이 챙겨서 제출했죠.

U세무사는 다른 세무사에게 맡겼을 때보다 훨씬 많은 세금을 환급받아줬습니다. 법적으로도 전혀 문제가 없어보였고 세금을 돌려받는 재미도 쏠쏠했어요.

혼자만 절세 방법을 알고 있는 게 미안했던 김씨는 동료와 후배들에게도 U세무사를 소개했고 이내 회사 내에도 소문이 퍼졌어요. U세무사는 보험설계사들 사이에서 최고의 절세 전문가로 각광받게 됐죠.

김씨는 U세무사에게 세금 관련 일을 모두 맡기고 고객 관리에만 전념했어요. 3년이 넘도록 국세청에서도 아무런 연락이 없었기 때문에 세금 신고가 제대로 이뤄진 줄 알고 있었죠. 그런데 갑자기 국세청의 세금 통지서를 받게 됐어요.

종합소득세 신고가 잘못됐으니 해명자료를 제출하지 않으면 세금을 추징하겠다는 내용이었어요. U세무사는 전화도 받지 않고 잠적한 상태였어요. 동료 보험설계사들도 국세청 안내문을 받았다며 황당하다는 반응이었죠. 김씨는 직접 세무서를 찾아갔어요.

장면3   "세무사에게 증빙을 보내서 제대로 신고했는데 뭐가 문제인거죠?"
          "그 세무사는 증빙을 제출한 적이 없습니다. 직접 소명하세요."

김씨가 인터넷 카페 등을 통해 수소문해보니 U세무사에게 사기를 당한 보험설계사가 5000명에 달했어요. 마침 사태를 수습해주겠다는 세무사가 있어 도움을 받을 수 있었는데요. 김씨는 세무사의 안내를 받아 146명의 부고장과 신용카드 사용내역, 아르바이트 인건비 지급내역 등 증빙서류를 갖춰 국세청에 제출했어요.

하지만 국세청은 김씨의 소명을 받아들이지 않고 1억원의 세금을 추징했어요. 부의금은 실제로 지출됐는지를 알 수 없다며 인정하지 않았고, 신용카드 사용금액의 상당액도 사업경비가 아니라 가사경비(사회통념상 사업 관련성이 없는 비용)라고 받아들이지 않았습니다.

김씨는 동료 보험설계사들과 함께 조세심판원의 문을 두드렸지만 과세처분을 뒤집을 수 없었어요. 조세심판원은 "증빙으로 제출한 부고장의 지출처가 각 지점 소속 보험설계사이기 때문에 사업소득과 관련한 비용으로 볼 수 없으며 실제로 부의금을 지급했는지 여부도 확인되지 않는다"고 밝혔습니다.

김씨와 함께 심판청구를 제기한 보험설계사들도 모두 기각 결정을 받았습니다. U세무사의 달콤한 유혹에 넘어간 보험설계사들은 환급받았던 세금뿐만 아니라 눈덩이처럼 불어난 가산세까지 물어내며 눈물을 삼켜야 했습니다.

절세 Tip

보험설계사의 사업소득을 계산할 때 업무와 관련해 지출한 경조금은 1건당 20만원 이내까지 접대비로 비용처리할 수 있다. 다만 고객관리를 위한 목적이 아니라 회사 동료와의 관계를 위해 지급한 경조금은 접대비로 인정하지 않는다. 따라서 경조금을 비용으로 인정받으려면 업무 관련자에게 지출한 청첩장이나 부고장 등의 증빙을 갖춰야 한다.

남편 따라 중국 간 아내,
한국에 아파트를 샀는데…

중국에서 사업 시작한 남편 따라 중국 간 아내
돈 모이자 한국에 7억 아파트 구입
국세청, 비거주자로 판단해 세금 2억원 추징했지만,
심판원 "배우자 공제 해줘야"한다며
증여세 1억9000만원 돌려줘

장면1 "여보, 오늘은 왜 출근 안해요?"
"사실 나 회사에서 잘렸어."
"괜찮아요. 이번 기회에 사업 한번 해봐요."

중견기업에 다니던 박모씨는 회사의 갑작스런 해고 통보로 실업자 신세가 됐습니다. 전업주부인 아내와 두 아이를 챙기려면 하루 빨리 일자리를 찾아야 했는데요. 몇 군데 경력사원 모집 공고에 응시해봤지만 그를 채용하는 회사는 없었어요. 회사 다닐 때 인연을 맺은 지인들을 찾아가봤지만 다들 사정이 어렵다며 고개를 돌렸죠.

해고 소식을 듣게 된 아내는 사업을 제안했어요. 오랫동안 중국에 파견 근무했던 경험을 활용하면 충분히 성공할 수 있다며 용기를 줬죠.

하지만 당장 사업을 시작할 자본금이 없었는데요. 박씨는 가족과 함께 살고 있던 서울의 아파트를 전세 주고 받은 보증금 5억원 가운데 3억원으로 중국에서 주얼리 사업을 시작했어요.

아내는 남은 보증금 2억원으로 아파트를 알아보고 있었는데요. 남편의 사업이 혹시라도 잘못되면 전세보증금까지 모두 날리게 될까봐 걱정이었어요. 그래서 여동생에게 2억원을 빌려주는 대신 두 딸을 데리고 여동생과 살림을 합치기로 했어요. 그러던 어느날 남편이 중국에서 전화를 걸어왔어요.

장면2 "여보, 밥은 잘 챙겨 먹고 다녀요? 요즘 사업은 좀 어때요?"
"원래 아침 안 먹잖아. 사업은 아직 시간이 필요해."
"중국으로 갈게요. 같이 지내야겠어요."

아내는 남편의 풀죽은 목소리에 중국행을 결심하게 됩니다. 사업이 잘 풀리지 않는 남편에게 조금이나마 힘이 되고 싶었어요. 오래 머무를 생각은 아니었기 때문에 간단한 짐만 챙겨서 아이들을 데리고 중국으로 떠났죠.

운이 좋았던지 중국으로 간 지 얼마 안돼 남편의 주얼리 사업이 술술 풀리기 시작했습니다. 대형 계약을 연이어 따냈고 거래처도 점점 늘어났습니다.

남편의 성공을 지켜본 아내는 중국에서 더 지내기로 했습니다. 언젠가는 한국으로 돌아올 예정이었기 때문에 8세가 된 첫째 아이는 중국의 한국인학교로 보냈어요. 그렇게 3년을 중국에서 지내고 둘째 아이가 유치원에 갈 나이가 되자 아내는 귀국을 결심합니다.

마침 남편의 사업도 완전히 자리를 잡았기 때문에 아내는 편안한 마음으로 인천행 비행기에 오를 수 있었죠. 돌아와보니 여동생에게도 좋은 소식이 있었어요. 결혼할 남자가 생겼다며 언니에게 소개했어요.

장면3

"세상에! 좋은 일이 계속 생기는구나. 진심으로 축하한다."
"언니, 결혼해도 같이 살자. 신랑한테도 다 얘기해놨어."
"마음은 고맙지만 따로 사는 게 좋을 것 같아."

아내는 남편이 중국에서 번 돈으로 한국에 7억원짜리 아파트를 장만했어요.

남편이 언제 귀국할지 모르는 상황이었기 때문에 아내 명의로 하게 됐는데요. 「세법」을 잘 몰랐기 때문에 증여세는 따로 신고하지 않았어요.

첫째 아이를 중학교에 보낼 무렵 아내는 국세청의 세무조사를 받았는데요. 국세청은 가산세를 포함해 증여세 2억원을 부과했습니다.

아내가 국세청에 문의했더니 아파트를 구입할 당시 비거주자 신분이었기 때문에 배우자 증여재산공제(6억원)를 적용하지 않았다고 했어요.

만약 증여재산공제를 받았다면 증여세로 1000만원만 납부하면 되는데 20배에 달하는 세금을 내게 된 아내는 억울했죠. 아내는 국세청을 찾아가 자초지종을 설명했어요.

아내가 중국과 한국을 오가며 지낼 수밖에 없었던 사연을 털어놨지만 국세청은 꿈쩍도 하지 않았어요.

장면4

"남편 사업 때문에 중국에 갔다왔을 뿐이에요. 국내에서 쓰던 휴대폰과 신용카드도 해지하지 않았어요."

"자녀와 함께 가족이 모두 중국에 갔잖아요. 휴대폰과 신용카드는 국내 생활 근거로 인정될 수 없어요."

"둘째 아이는 서울에서 유치원을 다녔고 부모형제도 모두 한국에 살아요. 저는 중국사람이 아닙니다."

결국 아내는 국세청이 부과한 증여세 2억원을 돌려달라며 심판청구를 제기했어요.

조세심판원은 아내의 입장을 받아들였는데요. 국내에 계속해서 주민등록상 주소를 두고 있었고 중국에서 영주권을 취득한 사실도 없었기 때문에 비거주자로 보기엔 무리가 있다고 판단했죠.

심판원은 "아내의 주거지는 중국이 아니라 한국으로 봐야 한다"며 "국세청이 배우자 증여재산공제 규정을 적용하지 않고 증여세를 추징한 것은 잘못된 처분"이라고 밝혔습니다.

심판 결정에 따라 아내는 거주자 신분을 인정받아 배우자 증여재산공제를 받을 수 있었습니다. 증여세 2억원 가운데 1억9000만원을 돌려받게 된 거죠.

절세 Tip

국내 거주자가 배우자로부터 재산을 증여받으면 6억원을 공제한 후 증여세액을 계산한다. 다만 외국 국적을 가졌거나 영주권을 얻은 경우 비거주자로 판단해 증여재산공제를 받을 수 없다. 따라서 외국에 잠시 거주했더라도 주된 생활근거지가 국내였다는 사실을 입증하면 거주자에게 주어지는 세금 감면 혜택을 받을 수 있다.

대박 빵집 안주인의
통 큰 재테크

노후 준비하며 1년 새 토지 5건 계약

주식·땅 10억원치 모두 아내 명의

빵집은 남편 명의이고 본인 소득은 적어

국세청, 증여로 판단 7000만원 추징

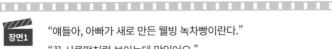

장면1

"얘들아, 아빠가 새로 만든 웰빙 녹차빵이란다."

"꼭 시루떡처럼 보이는데 맛있어요."

"쌀로 만들어서 그렇단다. 다음엔 호두와 복분자빵을 만들어보마."

서울에서 빵집을 운영하는 이모씨는 다양한 재료를 활용해 빵을 만드는 제빵 명장입니다. 아무도 따라할 수 없는 제빵 노하우를 바탕으로 기발한 빵을 만들고 있는데요.

그가 만든 빵은 동네뿐만 아니라 지방에서도 주문이 빗발칠 정도로 유명합니다. 가격은 다소 비싸지만 워낙 맛이 좋기 때문에 단골손님만으로도 일손이 달릴 지경이죠.

이미 제빵업계에서도 입지전적인 인물로 통하는 그도 가족이 없었다면 이 정도까지 성공하진 못했을 겁니다. 아내는 개업할 때부터 하루도 빠짐없이 빵집에 나와 매장관리와 청소, 인터넷 주문·배송까지 도맡았고 자녀들까지 매장에 나와 일손을 거들었습니다. 수많은 신제품을 개발하면서 시행착오도 많았지만 가족의 힘으로 이겨낼 수 있었죠.

이씨는 나이가 들면서 점점 노후에 대한 걱정이 커졌습니다. 평소 재테크에 관심이 많았던 아내가 바쁜 남편을 대신해서 투자에 나서기로 했습니다.

장면2

"여보! 일단 주식부터 시작해봐요. 친구들이 추천한 종목이 있어요."

"노후를 위해 땅도 좀 샀으면 좋겠는데."

"알았어요. 돈은 적금 통장에서 뽑아 쓸게요."

아내는 지인으로부터 권유받은 비상장 기업 주식 2500주를 먼저 산 후 1년 사이에 토지 5건을 자신의 이름으로 계약했습니다. 총투자금액이 10억원 넘을 정도로 규모가 컸는데요. 부부가 함께 빵집을 운영하면서 모아둔 자금이 적지 않았기 때문에 남편도 아내의 투자를 적극적으로 지원했습니다.

시간이 지날수록 아내의 투자는 놀라운 성과를 보였습니다. 아내가 투자했던 기업이 상장하면서 주식 가격이 단숨에 2배로 올랐습니다. 노후를 대비해 매입했던 토지도 주변이 전원주택 단지로 개발되면서 가격이 꽤 올랐죠.

하지만 아내가 보유했던 부동산이 국세청의 레이더망에 걸리면서 삐걱대기 시작했습니다. 2017년 국세청은 부동산 투기에 대해 대대적인 조사에 나섰고 취득자금이 불분명한 아내를 투기 혐의자로 지목했습니다.

아내뿐 아니라 남편의 지난 5년간 부동산 거래내역과 재산 변동 상황을 분석한 결과 세금을 탈루한 것으로 판정했습니다. 남편이 아내에게 투자자금을 증여했고 세금 신고를 제대로 하지 않았다는 이유였죠.

장면3

"제가 모은 돈으로 땅을 샀는데 증여세가 웬말인가요."
"사모님 남편이 유명한 제빵사 아닙니까. 빵집도 남편 명의잖아요."
"남편은 빵만 만들고 나머지 매장관리는 제가 다 했어요."

아내는 국세청을 상대로 억울함을 호소했습니다. 비록 빵집이 남편 명의로 돼 있지만 사실상 공동사업이라고 주장했습니다. 고객응대와 전화·인터넷 주문, 원재료 구입, 직원관리까지 모두 아내가 도맡았고 주말도 없이 일했다고 설명했습니다.

하지만 국세청은 아내의 말을 믿지 않았습니다. 제빵업계에서 독보적인 지위와 성공은 남편의 노력으로 이뤄진 것이고 아내는 직원에 불과했다는 겁니다. 아내가 10억원을 받을 만큼 사업에 기여하진 않았다는 게 국세청의 설명이었습니다.

국세청은 아내가 물려받은 재산 10억원 가운데 배우자 증여재산공제 6억원을 제외한 나머지 4억원에 대해 증여세 7000만원을 추징했습니다. 아내는 국세청의 과세 처분을 받아들일 수 없다며 조세심판원에 심판청구를 제기했습니다.

심판원은 국세청의 과세가 맞다고 결론을 내렸습니다. 아내가 제빵사업에 기여한 것은 인정하지만 공동사업까지는 아니었다는 판단입니다. 남편의 재산 형성에 기여한 부분은 이미 배우자 증여재산공제(6억원)에 반영됐다는거죠.

심판원 관계자는 "공동사업을 입증하려면 아내의 이름이 기재된 계약서나 주문서·거래계좌·수첩 등이 필요하지만 전혀 관련자료가 없었다"며 "아내가 국세청에 신고한 소득도 미미한 점을 볼 때 증여세 과세는 잘못이 없다"고 밝혔습니다.

절세 Tip

국세청에 신고한 소득금액이 재산을 취득한 금액보다 적은 경우에는 취득자금을 증여받은 것으로 추정한다. 아내가 부동산을 취득하기 전 10년간 국세청에 신고한 소득금액은 수천만원에 불과했기 때문에 10억원의 재산을 자력으로 취득한 것으로 인정받지 못했다. 따라서 거액의 재산을 취득할 때 증여세 과세를 피하려면 소득과 재산 상태·직업·연령 등의 요건을 갖춰 취득자금의 출처를 소명할 수 있어야 한다.

결혼했던 아들이
집으로 돌아왔다

이혼한 아들과 손주 데리고 함께 생활
2주택자 부모, 거주하는 집 팔기 전에
1주택자 아들 위장전입 시키고 1채 양도
국세청 '1세대 3주택자' 양도세 부과!
심판원 "같이 살았지만 생계는 별도"
과세 취소···1주택자 비과세 결정

장면1

"엄마! 저 오늘 이혼했어요. 아이들도 제가 키우기로 했어요."

"얼마나 마음 고생이 심했니? 걱정말고 집에 들어와 살거라."

경기도에서 30년 넘게 맞벌이부부로 살아온 정모씨는 3년 전 직장을 그만두고 노후 생활을 즐기고 있습니다. 퇴직 전까지 남편과 함께 모아놓은 재산이 수십억원에 달하고, 꼬박꼬박 나오는 연금이 있어 노후 걱정도 필요없죠.

자녀들도 일찌감치 결혼하고 가정을 꾸렸어요. 대기업 생산직 근로자인 아들은 10년 전 결혼해 초등학생과 유치원생을 키우고 있죠. 결혼 당시부터 부모의 힘을 빌리지 않고 집까지 한 채 마련한 아들이 대견하기만 했습니다.

그런데 어느날 갑자기 청천벽력 같은 소식이 전해졌어요. 며느리의 불륜으로 아들이 이혼소송을 벌이게 된 거예요. 법원은 며느리에게 자녀들이 성인이 될 때까지 매월 양육비 200만원을 지급하라고 판결했어요.

아들은 이혼 후 아이들을 데리고 부모와 함께 살게 됐어요. 엄마 없이 지내야 할 손자들을 할머니가 직접 챙기기로 했거든요. 다행히 아들뿐만 아니라 손자들도 할머니의 보살핌 덕분에 안정을 되찾았어요.

장면2

"저희 아이들까지 살기엔 집이 너무 좁지 않아요?"

"안그래도 이사갈 생각이었단다. 연립주택은 네 명의로 돌려주마."

"그럼 명의변경 전에 동생 집으로 전입신고해 놓을게요."

정씨는 13년 동안 살던 경기도 아파트와 또 다른 연립주택을 갖고 있었는데요. 아파트는 3억원이 올랐는데 당장 팔면 1세대 2주택자가 되기 때문에 양도소득세를 낼 상황이었죠.

게다가 아들도 이미 집 한 채를 보유했기 때문에 한 세대로 묶이면 1세대 3주택자가 될 수도 있었어요.

그래서 정씨는 연립주택을 아들에게 증여한 후 아파트를 팔기로 했어요. 정씨가 아들과 세대를 분리하고 1세대 1주택자가 되면 양도세 비과세 혜택을 받을 수 있었기 때문이죠.

정씨와 함께 살고 있던 아들은 결혼한 여동생 집주소로 위장전입을 시켰어요. 정씨는 이튿날 연립주택을 아들 명의로 넘겼고 한 달 후 아파트도 다른 사람에게 팔았어요.

정씨는 아파트를 통해 3억원의 시세 차익을 올렸고, 세무서에는 1세대 1주택자라며 양도세 비과세 신고를 했어요. 그런데 아파트를 판 지 9개월 만에 세무서 직원이 찾아왔어요.

장면3

"세무서에서 나왔습니다. 잠깐 협조 좀 부탁드립니다."
"무슨 일이시죠? 저희 세금 밀린 적 없는데요."
"양도세 조사입니다. 작년에 집 파신 적 있으시죠?"

세무서 직원은 정씨가 아들과 함께 살았는지 집중적으로 추궁했어요. 거실과 주방·화장실 등 생활공간을 아들과 함께 사용했는지 조사했어요. 정씨는 아들뿐만 아니라 손자들과 함께 한집에서 지낸 사실을 인정했어요.

하지만 30대 후반의 나이에 이혼하고 돌아온 아들과는 독립된 세대라고 주장했어요. 주민등록상으로는 같은 세대지만 생계를 따로 하기 때문에 엄연히 다른 세대였다는 설명이죠.

실제로 아들은 직장에 다니며 돈을 벌고 있었고 자녀 양육비도 전처로부터 따로 받았으니, 정씨와는 생계가 완전히 분리된 상태였어요. 그럼에도 세무서는 정씨를 1세대 3주택자로 판단해 무거운 양도세를 추징했어요.

장면4 "그때 아드님은 왜 위장전입을 한 겁니까?"
"주소가 같으면 동일 세대로 오해받을까봐 한 거예요."
"양도세를 피하려고 증여와 위장전입 플랜을 짠 거잖아요."

정씨는 과세 처분이 억울하다며 이의신청도 내봤지만 국세청은 꿈쩍도 하지 않았어요. 지푸라기라도 잡는 심정으로 조세심판원을 찾아갔더니 4개월 만에 결정이 내려졌어요. 국세청이 추징한 양도세 전액을 돌려주라는 내용이었어요.

조세심판원은 정씨를 1세대 1주택자로 인정했어요. 정씨와 아들이 비록 함께 거주했지만 각자 생계를 유지할 정도로 소득과 재산 상태가 넉넉했다는 판단이에요. 신용카드 사용료나 보험료·지방세 등을 각자 부담했다는 사실도 받아들여졌어요.

심판원은 "이미 결혼 후 독립 세대였던 아들이 정씨의 집으로 전입한 것도 배우자와 이혼하면서 자녀 두 명을 부양하기 위한 목적이었다"며 "동일 세대로 보고 양도세를 과세한 처분에는 잘못이 있다"고 밝혔습니다.

절세 Tip

양도세를 비과세하는 1세대 1주택이란 거주자와 그 배우자가 동일한 주소에서 생계를 같이하는 가족과 함께 구성하는 1세대를 기준으로 한다. 1세대가 양도일 현재 국내 1주택을 보유한 경우로서 해당 주택의 보유기간이 2년 이상이면 1세대 1주택으로 보고 양도세 비과세 혜택을 준다. 배우자가 없는 경우에도 30세 이상이거나 배우자 사망 또는 이혼 등의 사유가 있으면 1세대로 본다.

얌전한 예비 며느리의
잔꾀

상견례 끝낸 예비 며느리,
시댁 가풍 미리 익히겠다며 남자친구 집에 전입신고
실제론 집 사고팔 때 일시적 2주택자
비과세 노린 양도세 회피 꼼수
주소만 옮겨놓고 살지 않아 교통카드·택배 내역에 덜미

장면1 "어머님! 전 어릴 적부터 현모양처가 꿈이었어요."
"기특해라! 우리 집안에 복덩이가 들어왔구나."

스물여덟살 3년차 직장인 김모씨는 동갑내기 남자친구와 연애중입니다. 결혼을 전제로 만나고 있지만 남자친구가 모아둔 돈이 없다며 조금만 기다려달라고 하더군요. 부모의 도움을 받지 않고 신혼집을 장만하겠다는 남자친구의 속깊은 마음을 거스를 수가 없었죠.

이미 양가 부모와 상견례를 마쳤고 결혼 승낙도 받아놨기 때문에 사실상 부부나 다름없다고 생각했어요. 수시로 예비 시어머니를 만나 식사도 하고 쇼핑도 함께 즐기면서 여느 며느리처럼 다정한 모습을 연출했죠.

결혼 전부터 예비 시어머니의 사랑을 듬뿍 받던 김씨는 남자친구에게 이색적인 제안을 했어요. 남자친구가 살고 있는 집에 들어가서 부모를 모시고 함께 살고 싶다는 얘기였어요.

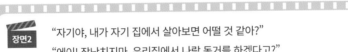

장면2 "자기야, 내가 자기 집에서 살아보면 어떨 것 같아?"
"에이! 장난치지마. 우리집에서 나랑 동거를 하겠다고?"
"동거가 아니라 자기는 우리집에 와서 지내는 거지."

남자친구의 반응은 시큰둥했어요. 아직 결혼도 하지 않았는데 상대방의 부모와 한집에서 지내면 불편할 것 같았거든요. 남자친구는 대수롭지 않게 넘겼지만 김씨는 계속 고집을 피웠어요.

김씨는 양가 어른들도 적극적으로 설득했어요. 예비 시어머니는 김씨의 제안을 흔쾌히 받아들였고 남자친구와 '집 바꾸기 프로젝트'는 일사천리로 진행됐어요. 김씨와 남자친구는 상대방의 집으로 전입신고까지 하며 파격적인 행보를 보였죠.

그런데 김씨는 주민등록 주소만 옮겨놓고 실제로는 남자친구의 집으로 들어가지 않았어요. 애초부터 다른 목적이 있었거든요. 바로 부동산 양도소득세를 내지 않으려고 꼼수를 부렸던 거죠.

장면3
"양도세 피하려고 남자친구 주소로 옮긴 것 아닌가요?"
"미리 가풍을 익히려고 들어간 것뿐이에요."
"그렇다면 전입신고 다음날 연립주택은 왜 구입한거죠?"

세무서 직원은 김씨의 주장을 믿지 않았어요. 사실 김씨는 5년 전부터 아파트 한 채를 보유하고 있었는데요. 함께 살던 아버지 명의로 된 주택 한 채가 있었기 때문에 1세대 2주택자 신분이었죠.

그런데 연립주택을 한 채 더 구입하는 과정에서 미리 '세대분리'를 계획하게 된 거예요. 김씨는 연립주택 잔금을 치르기 전날 남자친구 집주소로 전입신고하면서 단독 세대를 구성했는데요. 아버지와 세대분리를 통해 1주택자 신분이 된 후 연립주택을 구입해 일시적 2주택자가 됐어요. 김씨는 연립주택을 구입한 지 1년 후 기존에 보유했던 아파트를 팔았어요.

일시적 1세대 2주택자가 3년 이내에 종전 주택을 팔면 양도세 비과세 혜택을 받을 수 있거든요. 만약 김씨가 세대분리하지 않았다면 아버지와 함께 1세대 3주택자가 되기 때문에 양도세 폭탄을 맞게 될 상황이었죠.

하지만 국세청은 김씨에 대한 세무조사를 통해 양도세 회피 의도를 알아챘어요. 세금을 추징당한 김씨는 조세심판원을 찾아가 억울함을 호소했어요. 평일에는 남자친구 부모의 집에서 함께 살았고 주말이나 공휴일에만 김씨의 집에서 지냈다고 주장했죠.

장면4
"남자친구 집에서 실제로 거주했다는 증거를 제출하셔야 합니다."
"관공서에서 보내온 우편물이 모두 남자친구 집 주소였어요."
"그렇다면 신용카드와 대중교통·택배 이용내역 좀 봅시다."

조세심판원이 김씨의 신용카드 내역서를 분석해보니 남자친구의 집 근처에서 사용한 내역은 한 건도 없었어요. 전입신고 이후 교통카드 승하차 지역도 모두 김씨 부모의 집주소 인근으로 밝혀졌어요.

인터넷쇼핑을 통한 택배 수령지도 김씨 부모의 집주소였고, 남자친구 집으로 발송된 등기우편물은 '수취인불명'으로 반송됐습니다. 김씨가 남자친구 집에서 받았다고 주장한 관공서 우편물 4건은 주민등록 주소지에 자동으로 발송되는 우편물이었어요.

조세심판원은 김씨가 양도세를 회피하기 위해 실제 거주지를 변경하지 않고 남자친구 집으로 전입신고만 한 것으로 판단했어요. 결국 국세청이 김씨에게 양도세를 부과하는 게 맞다는 결론이 내려졌고 김씨는 고스란히 세금을 내게 됐습니다.

절세 Tip

1주택을 1년 이상 소유한 1세대가 다른 주택을 취득해 일시적 2주택이 되면 3년 이내에 기존 주택을 양도해도 1세대 1주택으로 보고 비과세 규정을 적용한다. 기존에 살던 주택이 팔리지 않거나 새로운 주택을 다소 앞당겨 취득하는 경우 양도세 부담이 생기지 않도록 유예기간을 준 것이다. 1주택자가 상속이나 동거봉양·혼인 등으로 인해 2주택 이상을 소유하게 되더라도 양도세 비과세 혜택이 주어진다.

비닐하우스 후계자의
이중생활

평일 오전 피혁회사 근무, 평일 오후·주말엔 농사

영농자녀 증여세 감면 요구

해당 농지 이웃이 관리해 직접 경작 요건 충족 못해

심사청구 기각 결정

장면1

"내 나이 여든이 넘으니 농사는커녕 숨쉬는 것도 버겁구나."

"농사는 제가 지을테니 아버지는 이제 편안히 여생을 즐기세요."

"회사생활도 바쁠텐데 참 대견하구나. 땅문서는 네가 갖거라."

경기도의 한 피혁회사에 다니는 김모씨는 4년 전 아버지로부터 농지 6420㎡를 물려받았습니다. 비닐하우스 9개동이 설치된 대규모 농지였죠. 농지뿐만 아니라 주택(111㎡)과 대지(69㎡)도 김씨의 명의로 모두 옮겼어요. 아버지의 재산을 물려받은 김씨는 세무서에 증여세 1억2700만원도 정당하게 신고·납부했어요.

재산 승계를 마무리한 이후 아버지의 건강은 점점 악화했어요. 폐질환에 치매 증상까지 보이면서 농사를 지을 수 없는 상황이 되었는데요. 아버지 대신 농사를 도맡게 된 김씨는 회사 대표를 찾아가 양해를 구했어요.

장면2

"사장님! 새벽에 나와서 오전까지만 근무하면 안될까요?"

"일에만 지장이 없다면 그렇게 하게. 자네 능력을 믿네."

"고맙습니다. 공백이 생기지 않도록 더 열심히 하겠습니다."

김씨는 회사에서도 일을 잘하기로 소문난 '일당백'이었는데요. 평소 김씨를 친아들처럼 아꼈던 회사 사장도 흔쾌히 단축 근무를 허락했어요. 연봉도 기존에 받던 대로 3000만원을 유지했고 이듬해에는 3180만원으로 6%를 인상해줬어요.

결국 김씨는 평일 오전에 회사에서 근무하고 오후와 주말 시간에는 농사를 지었어요. 비료와 농약·퇴비 등 농사에 필요한 물품도 직접 구입했고 비닐하우스와 농작물 관리도 모두 척척 해냈죠.

농사에 전념하던 김씨는 증여세 신고를 대행했던 세무사를 다시 만나게 됐어요. 세무사는 김씨가 영농자녀로서 직접 경작한 농지에 대한 증여세를 낼 필요가 없다고 하더군요. 김씨는 세무사의 조언에 따라 농지에 대한 증여세 9100만원을 돌려달라는 경정청구(납세의무자가 과다 납부한 세액을 바로잡을 것을 요청하는 행위)를 세무서에 신청했어요.

장면3

"비닐하우스 9개동을 혼자서 경작했다는 게 말이 됩니까?"
"농작물 수확할 때만 일손이 부족해 이웃의 도움을 받았어요."
"그런데 평일 오전에만 근무하는 회사가 어디 있습니까?"

세무서 직원은 김씨의 말을 믿지 않았어요. 증여세를 환급받기 위해 김씨가 경작 사실을 허위로 꾸며낸 것으로 판단했죠. 실제로 세무서 직원이 인근 주민에게 문의해 김씨가 인부들을 고용해 경작했다는 사실을 확인했어요.

세무서는 김씨가 제기한 경정청구를 거부했어요. 반면 김씨는 국세청장에게 심사청구를 내고 자신의 주장을 굽히지 않았어요. 회사 사장을 찾

오전에는 회사에서 근무하고 오후에는 농사를 지었어요.

아가 '평일 오후 개인생활 활용을 허락한다'는 확인서를 받고 국세청에 증거로 제출했어요.

직접 경작한 사실을 입증하기 위해 아버지의 병원 진단서, 농협판매장의 비료·농약거래 매출상세내역, 이웃 주민들의 확인서까지 증거 자료로 냈죠. 하지만 김씨의 농지를 관리했다는 이웃의 결정적 진술이 나오면서 그의 주장은 물거품이 돼버렸어요.

장면4

"김씨의 비닐하우스에서 농사를 도운 적이 있습니까?"
"비닐하우스에서 시금치와 열무·쑥갓 등 농작물을 직접 관리했습니다."
"농작물을 수확할 때 인부를 고용한 적이 있습니까?"
"저는 기름값과 담뱃값만 받았고 인부 3명이 경작에 참여했습니다."

이웃의 진술로 인해 김씨는 국세청 심사청구에서도 기각 결정을 받았어요. 영농자녀 증여세 감면 요건 중 가장 중요한 '직접 경작' 요건을 충족하지 못했기 때문이죠.

비닐하우스에서 10km 이상 떨어진 피혁회사에 근무하는 김씨가 오전 근무만 하고 오후에 직접 경작했다는 사실도 인정받지 못했어요. 회사 사장의 확인서가 있었지만 그외에는 딱히 입증할 만한 증거가 없었어요.

국세청은 "단순 확인서만을 근거로 농작물 경작에 상시 종사했다고 인정할 수 없다"며 "다른 직업에 전념하면서 시간나는대로 틈틈이 농지를 경작한 것에 불과하다"고 밝혔습니다.

절세 Tip

영농자녀가 직접 경작하는 농지를 증여받는 경우 세액의 100%를 감면받을 수 있다. 이때 직접 경작의 기준은 농작업의 2분의1 이상을 자기 노동력으로 수행하는 경우에 해당한다. 또한 농지로부터 30km이내에 거주하는 18세 이상 자녀로서 증여일 이후 3년 이상 직접 영농에 종사해야 증여세 감면 혜택을 받을 수 있다.

부동산 고수가
위장이혼한 까닭

부인 있는 서울 떠나 수원에서 부모 모시며 소유한 밭 직접 경작

밭 주변 개발되며 땅값 급등하자 팔고

자경농지 감면받아 양도세 확 줄여

위장이혼·대리경작 국세청에 덜미

감면 취소되고 양도세 전액 납입

CHAPTER 1

"여보! 부모님은 이제 우리가 모셔야겠어."

"갑자기 왜 그래? 병원에서 무슨 일 있었어?"

"병원을 자주 다녀야 하는데, 우리집이 가깝잖아."

"그럼 당신이 모시고 살아. 나는 절대로 못 모셔."

대학에서 부동산 강의를 하는 김모씨는 서울 목동의 한 아파트에 살았습니다. 직장을 그만두고 전업주부가 된 아내의 헌신 덕분에 아이들을 번듯하게 키울 수 있었습니다.

동갑내기인 김씨 부부는 신혼 시절부터 줄곧 티격태격하면서 지내왔지만, 최근에는 부부싸움이 더욱 잦아졌어요. 김씨가 건강이 악화한 부모님을 집으로 모시겠다고 선언하면서 아내의 불만이 극에 달했죠.

장남인 김씨 입장에서는 부모님이 불편한 몸을 이끌고 병원을 왕래하는 모습이 안타까웠습니다. 지난 30년 동안 자녀들을 뒷바라지했던 아내는 곧 아이들을 결혼시키고 편하게 지내려 했는데, 갑작스런 '시집살이'를 용납할 수 없었어요.

결국 두 사람은 법원에 협의이혼 신청을 냈고, 별거 생활을 하게 됐습니다. 김씨는 수원에 아파트 한 채를 장만해 부모님을 모시고 살았고, 아내는 목동 아파트에서 결혼을 앞둔 자녀들과 함께 지냈어요.

"어머님! 제가 캔 도라지와 당귀 좀 드셔보세요."

"농사가 쉬운 일이 아닌데 참 대견하구나."

"내년엔 블루베리도 한번 심어보려고요."

김씨는 10년 전 취득한 밭(2393㎡)에서 직접 농사를 지었어요. 어려서부터 농사에 관심이 많았던 김씨는 부모님의 건강에 도움이 될만한 식물들을 심어 경작했어요.

자녀들에게도 밭에서 찍은 인증샷을 보내주면서 땀 흘려 일한 보람을 함께 나눴어요. 농사에 재미를 붙인 김씨는 수원에서 영농회의 대의원까지 지낼 정도로 왕성하게 활동했어요.

그런데 김씨가 소유한 밭 주변이 개발되면서 토지 가격이 급등했어요. 한창 가격이 올랐을 때 김씨는 밭을 팔았고, 수억원의 양도차익을 실현했는데요. 자경농지 감면 규정을 적용해서 양도소득세를 확 줄일 수 있었어요.

관할 세무서에서는 김씨의 행적을 수상히 여겼어요. 부동산 전문가인 김씨가 지난 10년 동안 주소지를 네 차례나 이전했고, 법원에 이혼의사 확인 신청을 한 이후 실제 이혼하지 않은 점도 이상했어요.

장면3

"혹시 이 사진에 나온 남자분 아시나요?"
"잘 압니다. ○○○호 선생님이네요."
"지금도 이 아파트에 살고 계신가요?"
"그럼요. 저기 주차된 ○○○○ 차가 선생님 차입니다."

국세청은 세무조사를 통해 김씨 주변을 탐문했습니다. 아내가 살고 있는 목동 아파트 경비원으로부터 김씨의 거주 사실을 확인했어요. 주차장에서는 김씨가 직접 몰고 다니는 승용차도 발견됐어요.

김씨의 은행계좌 10개도 모두 서울 소재 지점에서 개설됐고, 아내가 김씨의 신용카드를 계속 사용하고 있다는 점도 드러났어요. 김씨가 정기적으로 이용했던 병원과 약국도 모두 아내가 살고 있는 아파트 주변이었어요.

반면, 김씨가 부모님을 모시고 살았다는 수원 아파트의 입주자 관리카드에는 김씨의 이름이 없었어요. 국세청은 김씨가 아내의 거주지에서 함께 살고 있는 것으로 판단했어요.

세무조사 과정에서 또 다른 사실도 밝혀졌는데요. 김씨는 10년 동안 다른 부동산을 통해 고액의 임대수입이 있었고, 서울의 한 회사에서 고정적인 월급도 받고 있었어요.

장면4
"경운기도 없으면서 농사를 어떻게 짓습니까?"
"동네 지인의 경운기를 잠깐 빌렸습니다."
"그럼 지인이 대부분의 경작을 해줬군요."

국세청은 김씨가 직접 경작하지 않은 것으로 보고 양도세를 추징했어요. 김씨가 신고한 자경농지 양도세 감면을 인정하지 않았는데요. 김씨는 농지에서 찍은 사진과 인근 주민들이 작성한 경작사실 확인서 등을 증거로 제출했지만, 국세청은 김씨의 주장을 믿지 않았어요. 서울에서 거주하는 김씨가 양도세를 감면받기 위해 거짓말을 했다고 판단했죠.

조세심판원도 김씨의 심판청구를 '기각'했어요. 김씨가 서울 소재 대학에서 부동산 강의를 하면서 근로소득과 임대소득이 발생한 점을 감안하면 농사에 전념했다고 보기 어려웠죠.

결국 김씨는 감면받을 줄 알았던 양도세를 모두 납부하게 됐습니다. 양도세뿐만 아니라 과소신고가산세까지 더 내게 됐는데요. 대학에선 유명한 부동산 전문가였지만, 그의 얄팍한 절세 플랜은 실패로 끝났습니다.

절세 Tip

농지 소재지에 거주하는 사람이 8년 이상 직접 경작한 토지(자경농지)는 양도세를 100% 감면받을 수 있다. 직접 경작의 기준은 소유농지에서 농작업의 절반 이상을 자기 노동력에 의해 경작하는 것으로 규정한다. 사업소득금액과 총급여의 합계액이 연 3700만원 이상인 경우에는 경작 기간에서 제외한다는 점을 유의해야 한다.

교회 영어캠프로
헌금 챙긴 목사님

교회 부설 어학원 교습비 외에 별도 계좌로 '캠프 헌금' 수령

세무조사 통해 소득세 추징

목사, 다급히 '캠프 헌금' 없애 오히려 종교 목적 아님을 증명

조세불복 신청했지만 기각

장면1 "저희 영어캠프는 미국 명문대에 입학시키는 실제 커리큘럼입니다."
"교회에 다니지 않는 아이도 신청할 수 있나요?"
"물론이죠. 얼마든지 환영합니다. 지금 바로 신청하세요."

서울 강남의 유명 교회 담임목사인 서모씨는 영어교육에 남다른 애정을 쏟고 있습니다. 매년 여름과 겨울 방학 시즌이 되면 영어캠프를 개설해 학생들에게 배움의 기회를 제공하는데요. 영어캠프는 서 목사가 설립한 교회 부설 어학원에서 직접 운영합니다. 이 어학원 출신 학생들이 미국 명문대에 대거 진학하면서 학부모들을 깜짝 놀라게 만들었죠.

어학원의 교육 과정과 똑같이 운영하는 영어캠프는 학부모들 사이에서도 인기가 높았어요. 교회 신도가 아닌 일반 학생들도 영어캠프에 들어갈 수 있었는데요. 강남 지역을 중심으로 순식간에 입소문을 타고 200여명의 학생들이 몰려들었어요.

장면2 "캠프 참가비는 어학원과 교회 계좌에 따로 나눠서 입금해주세요."
"영어캠프만 보냈는데 왜 교회가 돈을 받아요?"
"수업이 교회에서 이뤄지기 때문에 헌금도 좀 내셔야 합니다."

어학원은 학부모들을 상대로 고액의 캠프 참가비를 요구했어요. 참가비는 영어학습비와 캠프 헌금으로 구분해서 각각 다른 계좌에 입금하도록 안내했는데요. 학부모들은 혹시라도 캠프에 참가한 자녀들이 불이익을 받을까봐 어학원에서 시키는대로 따랐어요.

영어캠프는 방학 기간에 매일 오전 9시부터 오후 9시까지 총 8주 동안 진행됐어요. 총 23명의 강사가 학생들을 상대로 영어를 집중적으로 가르치고 인성과 리더십 교육도 실시했는데요. 전직 장관이 캠프에서 리더십 특강을 해주고, TV 방송에도 명문대 진학의 산실로 소개되면서 영어캠프는 본격적으로 유명세를 탔어요.

캠프가 끝난 후에도 어학원을 계속 다니는 학생들이 늘어났고, 교회 신자로 등록하는 학부모와 학생들도 많았어요. 신자로 등록하면 어학원비 할인 혜택도 받을 수 있었는데요. 영어캠프 덕분에 교회는 문전성시를 이뤘고, 어학원 측은 입학설명회까지 개최하며 점점 사업 규모를 늘렸어요.

하지만 일부 학부모들은 영어캠프의 효과와 운영 방식에 대해 불만을 제기했어요. 영어캠프의 탈세를 의심하는 눈초리도 점점 많아졌죠. 결국 어학원과 교회를 운영하던 서 목사는 국세청의 레이더망에 포착됐어요.

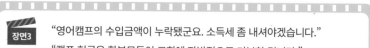

장면3
"영어캠프의 수입금액이 누락됐군요. 소득세 좀 내셔야겠습니다."
"캠프 헌금은 학부모들이 교회에 자발적으로 기부한 겁니다."
"영어학습비가 무슨 헌금입니까? 종교 목적도 아니잖아요."

국세청은 서 목사에 대해 한 달 동안 세무조사를 진행했어요. 교회에서 벌어들인 종교사업 소득은 비과세 혜택이 주어졌기 때문에 국세청도 별다른 문제를 삼지 않았어요. 하지만 서 목사는 어학원을 포함해 2개의 사업체를 운영하고 있었는데요. 국세청은 서 목사가 어학원의 영어캠프 수입을 제대로 신고하지 않았다고 판단했어요.

서 목사는 과세전적부심사를 통해 국세청의 과세 처분이 부당하다고 주장했어요. 국세청은 20일 간의 재조사를 진행한 끝에 서 목사가 챙긴 캠프 헌금이 소득세 과세 대상이 맞다고 결론을 내렸어요. 명목은 종교 목적의 헌금이었지만, 실제로는 교육서비스업에서 발생한 소득이었기 때문이죠.

소득세를 추징당한 서 목사는 다시 조세심판원에 심판청구를 제기했습니다. 영어캠프는 순수한 종교 목적이었다는 점을 강조하며 소득세를 돌려받기 위해 안간힘을 썼어요. 캠프를 진행한 장소가 교회였고, 성경 교육도 실시했기 때문에 학생들로부터 헌금을 받는 것은 당연하다는 논리를 내세웠어요.

> **장면4**
>
> "종교와 무관한 학생들이 왜 캠프 헌금을 냈죠?"
> "그게 진정한 캠프의 목적입니다. 비종교인을 전도해야죠."
> "자발적 헌금이 아니라 강요에 의한 입금 아닙니까?"
> "교회의 수고에 감사하는 마음으로 내주신 헌금이라고 믿습니다."

심판원의 심사 과정에서도 서 목사와 국세청은 캠프 헌금의 목적에 대해 팽팽하게 맞섰어요. 국세청은 어학원 홈페이지와 블로그 홍보자료를 통해 캠프의 목적이 영어실력 향상과 명문대 진학이라는 점을 입증하려고 노력했어요.

반면 서 목사는 교회 청년부 소속 강사들이 영어캠프를 통해 자발적으로 봉사했기 때문에 학생들의 참가비도 순수 헌금으로 봐야 한다고 주장했죠. 이듬해부터는 학부모들의 혼란을 막기 위해 캠프 헌금을 폐지하고 영어캠프비로 일원화했다는 점도 강조했어요.

심판원은 국세청의 과세에 문제가 없다며 '기각' 결정을 내렸어요. 캠프가 영어 중심으로 진행됐고, 강사진도 대부분 어학원 소속이었기 때문에 교육 서비스로 봐야 한다는 겁니다. 결국 서 목사는 국세청에서 추징당한 종합소득세를 고스란히 내게 됐습니다.

서 목사가 스스로 캠프 헌금을 없앤 점도 오히려 발목을 잡았는데요. 영어캠프가 종교 목적이 아니라는 점을 인정한 셈이 되면서 심판원의 결정에도 영향을 끼치게 됐습니다.

절세 Tip

교육서비스업에서 발생하는 소득은 사업소득으로 분류해 소득세를 과세한다. 종교단체가 본연의 목적이 아닌, 교육서비스를 제공해도 수익사업으로 판단해 과세 대상에 포함한다. 교회에서 교육서비스의 대가를 헌금 명목으로 받았더라도 종교 목적이 아니라면 '실질과세' 원칙에 따라 「세법」을 적용할 수 있다.

2020 세금 완전정복

초판 1쇄 발행 | 2019년 11월 1일
초판 2쇄 발행 | 2019년 12월 30일

지은이 | 택스워치팀
펴낸이 | 이원범
기획·편집 | 김은숙
마케팅 | 안오영
표지디자인 | 강선욱
본문디자인 | 김수미
본문일러스트 | 변혜준

펴낸곳 | 어바웃어북 about a book
출판등록 | 2010년 12월 24일 제313-2010-377호
주소 | 서울시 강서구 마곡중앙로 161-8 C동 1002호 (마곡동, 두산더랜드파크)
전화 | (편집팀) 070-4232-6071   (영업팀) 070-4233-6070
팩스 | 02-335-6078

ⓒ 택스워치팀, 2019

ISBN | 979-11-87150-62-6   03320